税法上の配当概念の
展開と課題

小塚 真啓

成文堂

はしがき

　本書は，京都大学に提出した学位論文『税法上の配当概念の意義と課題』（京都大学学位記番号：法博第166号，2014年（http://hdl.handle.net/2433/188440））を基とした，税法上の配当概念に関する研究書であり，京都大学大学院法学研究科若手研究者出版助成事業による補助を受けている。所得税制では配当のみを対象とする税負担軽減措置が設けられることが多く，日本の所得税・法人税も同様であるが，なぜ配当のみが対象とされているのか，源泉による所得の区別を否定的に捉える包括的所得概念とはどのような関係にあるのか，さらには，どのような場合に税法上配当があったとされ，特別な取扱いを及ぼすべきであるのか，といった，直ちに想起される疑問について，満足のいく回答は未だ存在していないように思われる。本書は，これらの問いに答えようとしたものである。

　もちろん，税法上の配当概念をめぐる問いは本書で扱ったものに尽きるわけでないし，扱った問いの中にも，例えば，配当と法人利益とは二重課税排除を目的としない場合にあっても連動させるべきか，というもののように，なお一層の検討を要するものが残されている。また，本書が示した回答についても，さらなる検証が不可欠な，仮説の段階にとどまるものも数多いことは認めざるを得ないところである。

　だが，日本における税法上の配当概念にはインテグレーションにより規定された部分が多く認められるにもかかわらず，一方でインテグレーション措置は後退を続けており，同措置の影響で歪められたとも謂うべき部分の正当化は困難となりつつある，という本書が提示する視座は，税法上の配当概念の今後，ひいては所得税・法人税のあるべき姿を見据える上で大いに有用であると確信している。荒削りの域を出ない本書であるが，今後の議論の一助となることを願っている。

　なお，本書の初出等は下記の通りである。

序　説　書き下ろし
第 1 章　『税法上の配当概念の意義と課題』 1 -31頁
第 2 章　『税法上の配当概念の意義と課題』81-135頁
第 3 章　「非正常配当の否認可能性についての一考察」岡法64巻 3 ・ 4 号
　　　　568頁（2015年）
結　語　『税法上の配当概念の意義と課題』136-148頁

　本書では，配当による株式譲渡損失の創出と控除の濫用をどのように規律すべきかを論じた論稿を第 3 章として加えた。本書の第 2 章で詳しく論ずるように，税法上の配当概念が法人利益と連動すべき根拠は，株主の所得が株式譲渡所得というかたちで実現した場合にも二重課税排除措置の利益が及ぶようにするためと理解されるが，その関係が見過ごされた結果として濫用の余地が生じていると考えられるのであり，その検討を含めることが適切であると判断したからである。その結果，紙幅の都合上，*Macomber* を中心とする，アメリカ連邦所得税初期の配当概念をめぐる一連の連邦最高裁判決の検討（『税法上の配当概念の意義と課題』32-80頁）を本書では割愛することとなったが，税法上の配当概念の展開を跡付け，かつ，その課題を明示するという目的を達するための最善の方策であったと考えている。割愛せざるを得なかった *Macomber* などの検討は別の機会に，組織再編税制の展開との関係などにも留意しつつ，より精緻な形で改めて公表することとしたい。

　完全というにはまだほど遠い状態ではあるものの，本研究をともかくも一冊の本として出版できるまでに進めることができたのは，岡村忠生先生（京都大学教授），渡辺徹也先生（早稲田大学教授），髙橋祐介先生（名古屋大学教授），酒井貴子先生（大阪府立大学准教授）をはじめとする，多くの先生方のご指導・ご鞭撻があったからにほかならない。

　特に，岡村先生からは，学部 4 回生のゼミから今に至るまで，厳しくも大変暖かく，かつ，大変鋭いご指導を賜り続けている。税法の「ぜ」の字さえ知らぬまま，何気なく岡村先生のゼミに飛び込んだため，当初は全く理解できずに苦労したが，先生の精緻な理論構成に感銘を受け，次第に税法に没頭

していった。岡村先生と出会い，ご指導を賜ることで，税法を学ぶことの楽しさ，奥深さを知ることができたのは僥倖としか言いようがない。賜った学恩に少しでも報いることができるよう，精進を積み重ねていきたい。

渡辺先生，髙橋先生，酒井先生にあっては，研究会でご一緒させていただき，勉強させていただいているが，先生方がまとめられたアメリカ法の先行研究は私の研究の偉大な道標となっている。本書がその後に続くことができるとすれば望外の喜びであるが，至らぬところについてもご指導，ご鞭撻を賜れれば幸いである。

本書の研究を遂行する間には，金沢大学から岡山大学への異動を経験した。金沢大学には京都大学の博士後期課程を一年残しての赴任であったこともあり，右も左も分からず，同僚の先生方にはご迷惑をかけてばかりであったが，早い段階で税法の教育に携わる機会を頂けたことは，研究の視野を拡げる大変よいきっかけとなったし，他分野の先生方と同僚として接させていただくことで，より広い見地から税法を眺めることの重要性に気づくこともできた。現在勤める岡山大学でも，学生や同僚の先生方から，日々様々なことを学ばせて頂いている。そして，両大学から良好な研究環境を与えていただいたことも，本書の研究の遂行に大いに寄与したことは言うまでもない。学生や同僚の先生方に恩返しできるよう，より良い教育・研究に邁進していきたい。

また，本書の出版にあっては，成文堂の飯村晃弘さんに大変にお世話になった。飯村さんの温かい励ましとご助力がなければ，出版までとても辿りつけなかったであろう。

最後に，修士論文の頃から，いつも私の拙い原稿を欠かさずチェックし，的確かつ温かいコメントを返してくれる妻の真木子にも心からの感謝を伝えるとともに，本書を捧げることとしたい。

津島キャンパスの研究室にて

小　塚　真　啓

目　次

序説 …………………………………………………………………… 1

第1章　税法上の配当概念の現状分析 …………………… 5

第1節　問題の所在 ……………………………………………… 5
第2節　実現利益としての配当と，未実現損失としての配当落ち
　　　　…………………………………………………………… 16
第3節　本来の配当——株主たる地位に基づく支払い—— ……… 22
第4節　みなし配当
　　　　——税法上の法人資本・法人利益との連動—— ………… 30
第5節　株主個人か，それとも株主集団か …………………… 41
第6節　配当への所得課税の性格——具体例の検討 ……………… 51

第2章　インテグレーションと税法上の配当概念 ………… 63

第1節　問題の所在 ……………………………………………… 63
第2節　「二重課税」の排除と配当概念 ………………………… 65
　（1）二重課税排除論 …………………………………………… 65
　（2）間接的調整の特徴と限界 ………………………………… 73
第3節　日本における配当課税，法人課税の展開 …………… 79
　（1）シャウプ税制下の配当税額控除，受取配当益金不算入，みなし配当
　　　……………………………………………………………… 79
　（2）清算所得課税の意義・変遷，及び，株式譲渡所得課税の必要性
　　　……………………………………………………………… 92
　（3）Vickreyのインテグレーション論 ……………………… 99
第4節　配当概念の現代的課題 ………………………………… 107
　（1）シャウプ税制後の配当概念 ……………………………… 107

（2）シャウプ勧告インテグレーションの正当化 ……………………*113*
（3）個人所得課税中心主義の限界 …………………………………*124*

第3章　税法上の配当概念の現代的課題
　　　　──非正常な法人間配当の検討を中心に── ……*131*

第1節　問題の所在 …………………………………………………………*131*
第2節　IBM事件 ……………………………………………………………*132*
　（1）事件の概要と背景 ………………………………………………*132*
　（2）第一審判決，控訴審判決の概要と検討 ………………………*141*
　（3）みなし配当課税は適正化されたか？ …………………………*149*
第3節　アメリカ法 …………………………………………………………*158*
　（1）判例法 ……………………………………………………………*158*
　（2）判例法の意義と限界 ……………………………………………*171*
　（3）E&Pへの着目 ……………………………………………………*175*
第4節　日本法への示唆と課題 ……………………………………………*181*

結　語 …………………………………………………………………………*187*

　事項索引 …………………………………………………………………*205*
　判例索引 …………………………………………………………………*207*
　アメリカ法判例索引 ……………………………………………………*208*

序　説

「所得課税の難問を一つ挙げるとすれば，それは何か？」
　このように問われた際の回答には様々なものがあり得るであろうが，その一つとして配当への課税を挙げることに異論は少ないだろう。個人や法人の所得が包括的に把握され，課税の対象とされる中にあって，配当への課税には，配当収入の一部または全部を非課税としたり，他と比較として税負担を軽くしたり，といった他の収入への課税にはない特徴が認められる。そのような特別な取扱いの根拠や意義について説明を与えるのは，税法学の務めであろう。しかし，本書第1章で詳しく見ていくように，そのような特別の扱いが要請される配当とは何であるか，換言すれば，配当とはどのような概念であるのかという重要な問いがこれまでに十分に解決されたとは言い難いのである。
　本書の目的は，そのような配当への課税に付きまとう不透明さの原因を明らかにすること，及び，その処方箋への道筋を示すことにある。すなわち，本書第1章および第2章では，税法上の配当概念がどのような内容となっているのか，過去から現在に至るまでに，どのように展開してきたのか，過去や現在の同概念の内容はどのように評価すべきものであるのかが明らかにされる。そして，本書を締めくくる第3章では，いわゆるIBM事件を素材として，受取配当益金不算入という配当についての特別な取扱いに起因する，不合理，不自然な課税結果はどのように対処されるべきであるかを考察する。IBM事件は，第2章で明らかにされる，現状の税法上の配当概念が抱える深刻な問題がまさに噴出した事例であり，その具体的な検討は配当課税の今後のあるべき姿を見出す上で不可欠の作業と言えよう。
　このように本書は税法上の配当概念の展開を批判的に検討しようとするものであるが，それらには通底する一つのテーマが存在する。それは，税法上

の配当概念についての解釈論と租税政策論との間に存在する隙間であり，この隙間こそ，配当への課税の包括的な理解を阻む壁であって，様々な問題を生じさせる温床であるとさえ言える，というのが本書の立場である。

　ここではその一端に触れておきたい。例えば，第1章では，いわゆる鈴や金融事件—株主相互金融会社の行う株主優待金に対する配当（源泉）所得課税の有無が争われた事案—を扱うが，同事件では，税法で規定される「利益の配当」が私法上の配当概念とどのような関係にあるものなのか—税法独自の概念であるのか，それとも，共通の概念であるのか—が訴訟で争われ，最高裁判所は，税法（（旧）所得税法）と商法との間に「取引社会における利益配当」という共通項の存在を認めて論争に決着をつけた（第1章第3節）。この最高裁の判断は，税法で用いられている概念のうち，他の法分野で用いられている，いわゆる借用概念については，法秩序の一体性と法的安定性を重視して，原則として当該他の分野と同義に解釈すべきとする見解（統一説）を採用したリーディング・ケースであると一般的には理解される[1]。そして，その後の事件においても，「取引社会における利益配当」という表現こそ登場しないものの，鈴や事件最高裁判決の判示と整合的な「法人がその株主等に対し株主たる地位に基づいて供与した経済的利益」という解釈が安定的に見られるようになった。

　このような借用概念であるという税法上の配当概念の理解は，同じ文言が用いられているのであるから，当然のようにも見える。しかし，実際のところ，税法上の配当概念は，鈴や事件の当時においてさえ，借用概念と断言できるものではなかった。日本の所得税・法人税は，シャウプ勧告及び，それを大筋で受領した昭和25年の税制改革（いわゆるシャウプ税制改革）を経て，「取引社会における利益配当」に当たらない清算分配などの場合に，その収入の一部または全部を配当として受け取ったものとみなし，同様の特別な取扱いに服させるようになっていたばかりでない。どの部分を配当とみなすかという点について，商法などでなく，税法独自の見地から決めるようになっ

---

[1]　たとえば，金子宏「実質課税の原則（2）—納税者の利益に適用した例—」雄川一郎＝金子宏編『租税判例百選』（有斐閣，1968年）28頁参照。

ていたのである（第1章第4節，第2章第3節）。

　換言すれば，税法上の配当概念には，固有概念であるとしか理解しようのない部分が存在したのであり，それらについては所得税・法人税の目的に則した解釈が必要なはずである。また，そのような税法の目的は，特別な取扱いが同様に妥当する「利益の配当」の理解にも影響を与えて然るべきであったと言える。それにもかかわらず，最高裁がそのような固有概念の要素を考慮にいれずに，別個独立の借用概念であると「利益の配当」を理解したことにより，税法上の配当概念は，ある角度から見ると借用概念であるが，別の角度から見ると固有概念であるという，ぬえ的な性格を帯びたのである。その結果，配当への課税を包括的に理解することは著しく困難なものとなったし，そうした性格こそ，旧2項みなし配当を巡る（租）税法学者と商法学者との間の論争（いわゆる，金子＝竹内論争）が互いに妥協点を見いだせないまま終わった根本的な原因であり，固有概念の本質を見定めることを困難にした要因であるように思われる。

　鈴や事件から現在に至るまで税法上の配当概念が不変であったわけではなく，平成13年の改正では組織再編成税制の整備に伴って，固有概念たる配当（みなし配当）について変更が加えられているし，平成18年の改正では会社法の制定に伴って，借用概念たる配当に関する規定も改正された。しかし，そうした変更は，それらが片側ずつ独立に実施された点からも窺われるように，税法上の配当概念のぬえ的性格を解消するものではなかった。平成13年改正では，固有概念たる配当の内容が，法人から株主への（税法上の）法人利益の移転として純化・強化される一方で，借用概念たる配当については，資本の払戻を容易にする同時期の商法改正への対応が実施されなかったため，両者の間の距離は寧ろ拡大したとさえ言える。これに対し，平成18年の改正は，借用概念たる配当につき，「資本剰余金の減少を伴うもの…を除く」という除外規定を導入することにより，確かにその間の距離を縮めた。しかし，そのような除外規定も固有概念ではなく借用概念によって形作られたから，借用概念と固有概念との混在状況を解消するものでは決してなく，せいぜい，その間の距離を平成13年の改正前に戻したに過ぎないと評するのが限

界であろう。

　さらには，平成18年改正を経た税法上の配当概念の現状が，平成13年の改正前の状況と比較して，配当課税のあり方と整合的であると断言することも困難であろう。なぜなら，上述の平成13年の改正は，（税法上の）法人利益の移転の有無に着目する理由が明らかにされないものであったばかりか，インテグレーション措置の後退という，それまでの配当課税のあり方の変遷からすると，寧ろ異質なものであったからである。そして，第3章で詳しく見るように，そのような平成13年の改正も要因となって，所得課税の原則に反する課税結果がIBM事件というかたちで具体的に生じてもいるのである。

　本書で行う検討・考察のアウトラインは以上の通りである。続く第1章においては，第2章において税法上の配当概念の展開を追いかけ，その正当性の可能性を探り，また，第3章において税法上の配当概念がもたらす課税上の弊害の内実とその対処の可能性を探る前準備として，現状の税法上の配当概念の内容とそこに潜む問題点についての検討を行っていくこととしたい。

第1章　税法上の配当概念の現状分析

第1節　問題の所在

　日本の所得税・法人税において，配当の収入・収益は特別な課税上の取扱いを受ける。個人株主の配当収入から成る配当所得（所税24条1項）には，それが総合課税の対象となる場合には，その支払額の一定割合の税額控除が認められる（配当控除，所税92条）[1]。法人株主の配当収益についても，その一部または全部の益金不算入が認められる（受取配当益金不算入，法税23条，23条の2）。これに対し，株式を譲渡したことにより得られる収入については，法人への投資から生じた点で配当と類似するにもかかわらず，このような特別な取扱いは認められていない。

　所得税・法人税において，配当の収入・収益として特別な取扱いの対象となるのは，法人が，毎年度，前年度の税引き後利益の一部を支払原資に，株主に対して按分的に交付する現金だけではない。第1章第3節，第4節でみるように，それまで留保してきた利益の大部分を払い戻すものであっても，現物を交付するものであっても，法人がその利益を分配する手続きが採られる限り，その収入・収益は通常の配当の収入・収益と同様に取り扱われる（所税24条1項，法税23条1項）。また，自己株式の取得や，法人の解散に伴う残余財産の分配，法人の合併や分割などに際し，株主が受領する金銭その他の財産は，それらの交付の基因となった株式への投資を一部または全部清算する対価である点で通常の株式譲渡収入と類似する。しかし，これらの収入

---

[1]　所税92条は，配当収入の額の一部を所得でなく，税額から控除することを認めるものであるが，これを本書では同条項の柱書に倣って「配当控除」と呼ぶこととする。なお，本書で参照する日本の法令は，特に断らない限り，2016年1月1日のものである。

については，その一部を配当の収入・収益とみなして，上記の特別な取扱いを受けさせるものとされている（所税25条，法税24条）。

　だが，こうした収入や収益の額は，剰余金の額や資本金等の額（法税2条16号）といった法人の下で記録された数値を基準に算定されるものだから，その時点での株主のもうけや投下資本を表わしている保証はない。その結果，株主の下では増加益[2]が発生していないにもかかわらず所得課税が行われること，すなわち，所得なき所得課税が起こり得ることとなる。そして，この所得なき所得課税があり得るという特徴は，外国法人の分割（spin-off）に伴う配当課税（みなし配当課税）の合法性が争われたいくつかの事件において，裁判所が認めたことはないものの，納税者によって当該課税の違法性を示す根拠ともされてきた。

　その一例として東京地判平21・11・12を挙げよう[3]。

　この民事訴訟事件では，Tyco International Ltd.（バミューダ会社法に基づいて設立された，バミューダに本店を置く外国法人であり[4]，以下，Tyco社という）が，アメリカ連邦所得税上の非課税法人分割（I.R.C. §355 (a)）の要件

---

[2] 本書は，包括的所得概念への依拠が正しいことを前提に，配当への課税と株式譲渡益への課税とを，いずれも過去に発生した所得に対する課税とみる清算課税説の立場にたつ（第1章第2節）。しかし，配当への課税を，配当支払前に生じた所得を，配当を機会に課税上認識したものとは見ない理解も取り上げるから，株式の値上がりに起因する純資産増加（の構成要素）を指す用語として，「未実現の所得」（たとえば，金子・後掲注(29)）のような所得を含む表現は用いず，清算課税説に倣って「増加益」という表現を用いることとした。また，英語文献を翻訳するにあたり，"gain"という用語を，資産の値上がりに起因して生じたことのみが着目されていると思われる文脈においては，これを「増加益」と訳すこととした。これに対し，Internal Revenue Code of 1986, §1001 (a)（以下本書ではI.R.C.と略す）で定義され，収入を得た場合などにおいて，総所得に算入される"gain"は，実現した「増加益」を指すものと思われるから「実現利益」と訳すこととした。なお，この訳語は渡辺徹也「米国組織再編税制における非適格資産への課税に関する覚書」金子宏編『租税法の発展』（有斐閣，2010年）749頁から借用したものである。

[3] 東京地判平21・11・12判タ1324号134頁。この判決の評釈としては，田島秀則「米国法人のスピンオフと本邦居住者に対するみなし配当課税」ジュリ1429号153頁（2011年）がある。

[4] FORM 10-K *in* TYCO INTERNATIONAL 2007 Annual Report, *available* at http://library.corporate-ir.net/library/11/112/112348/items/276539/TYC_AR.pdf. (last visited Jan. 31, 2016).

を満たすかたちで，その子会社の Tyco Electronics Ltd. 及び Tyco Healthcare Ltd. の 2 社（いずれもバミューダ会社法に基づいて設立された，バミューダに本店を置く外国法人であり，以下，TE 社及び Covidien 社という）[5] の spin-off を実行したことにより，日本の居住者たる被告 Y は，Tyco 社株主として，TE 社株式及び Cividien 社株式の交付を受け，それらの TE 株式及び Covidien 株式が原告の X 社（三菱 UFJ 証券株式会社）の管理する Y 名義の外国証券等取引口座に入庫された。その際，X 社は，Y に係る国外株式の配当等の支払者として，Tyco 社が上記 spin-off に際し，Accumulated Earning 及び Contributed Surplus を減額させた点に着目して，TE 社株式の交付と Cividien 社株式の交付のいずれについても，Accumulated Earning の減額に対応する部分が所税24条 1 項の配当に，Contributed Surplus の減額に対応する部分が所税25条 1 項 3 号の資本の払戻に該当し，それぞれ6964ドル63セントと7398ドル 2 セントの配当収入となると判断し，それらに伴う源泉所得税（租特 9 条の 2 ）を X 社の所在する管区の所轄税務署長に納付した上で，Y にその支払いを請求した。これに対し，Y が当該源泉所得税相当額の支払いを拒否したため，X がその支払いを求めて Y を東京地方裁判所に提訴した。

　Y が支払いを拒否した理由は，X の源泉徴収の前提となる X 自身の納税義務が存在しないというものである。具体的には，所得税法には spin-off の取扱いについて定めがない，上記 spin-off がアメリカ連邦所得税制上は非課

5） FORM 10-K *in* TYCO ELECTRONICS 2007 Annual Report, *available* at http://library.corporate-ir.net/library/20/209/209396/items/276889/2007_TE_annual1.pdf (last visited Jan. 31, 2016); FORM 10-K *in* COVIDIEN 2007 Annual Report, *available* at http://library.corporate-ir.net/library/20/207/207592/items/276691/Covidien2007AnnualReport.pdf (last visited Jan. 31, 2016). Tyco Healthcare Ltd. は，spin-off に伴って Covidien Ltd. へと社名を変更している。なお，これらの FORM 10-K によると，TE 社及び Covidien 社は当初より事業会社であったわけではなく，spin-off 直前に Tyco 社から事業資産の移転を受けているようであり，その直後に Tyco 社は TE 社株式・Covidien 社株式を Tyco 社株主に分配した（但し，事業資産の移転と株式の分配とが同日中に行なわれたかどうかは不明）。このことは，当該 spin-off が分割型分割（法税 2 条12号の 9 ）に極めて近い取引であったことを示唆しており，適格分割型分割としてみなし配当課税が非課税となるかどうか，慎重な検討が必要な事案であったようにも思われる。

税であったことを主張したが，それら以外に次のようにも主張した[6]。

　　日本の所得税法は，飽くまで所得が生じた場合に限って適用されるのであって，所得が生じていない場合にこれを適用することは違法である。被告には，本件スピンオフが実施された前後において，株主資産の増加（キャピタルゲイン）が生じていない以上，本件スピンオフについても所得の発生という課税要件を満たさず，所得税法を適用することはできない。

　配当課税の違法性を基礎づけようとする類似の主張は，やはり外国法人のspin-offに伴う配当課税—ただし，上述の事件と異なり，平成13年の改正前の所得税法下のもの—の適法性が問題となった取消訴訟事件（東京地判平16・9・17）[7]でも見られる。

　この事件では，BCE Inc.（カナダを本店所在地とする外国法人であり，以下，BCE社という）が，カナダ所得税制上非課税となるかたちで，Nortel Networks Corporation（カナダを本店所在地とする外国法人。以下，NN社という）のspin-offを実施し，その結果，BCE社株主であり，日本の居住者でもあったＸ１，Ｘ２はNN社株式の交付を受けることとなった[8]。また，Ｘ１，Ｘ２に係る国外株式の配当等の支払者である訴外Ａ社（公共証券株式会社）[9]は，BCE社がRetained Earningsを支払原資としたことを理由に[10]，

---

[6]　判タ1324号140頁。
[7]　東京地判平16・9・17税資254号順号9751。
[8]　裁判所は，BCE社が保有するNN社株式を分配したと認定したが，法形式としては，カナダ所得税制上非課税のspin-offとなるために，従前のNN社（以下，旧NN社という）の全株式を保有することとなる会社（以下，新NN社という）を新たに設立し，新NN社がBCE社株主に対しBCE社株式の一部（BCE社保有の旧NN社株式の価値を反映するようBCE社株主に新たに交付されたもの）と引換えに，新NN社株式を交付するというかたちが採られた。See Notice of Application and Joint Arrangemet Circular at 24-25, F30-33 (*hereinafter* Distribution Arrangement), *in* Notice of 2000 annual and special meeting (March 13, 2000), *available* at http://www.bce.ca/assets/Uploads/Documents/norteleproxy2000.pdf (last visited Jan. 31, 2016). 関連会社への株式譲渡が配当となることは，日本の所得税制上（行為計算否認規定の適用がない限り）ないのだから，この事案においてＸ１，Ｘ２が所税24条の配当を得たと結論づけられたことは，法令に反するものだった—BCE社株式を新NN社株式と交換したものとして，株式譲渡所得を得たものとすべきであった—とも考えられる。

NN社株式の交付が所税24条1項の配当に該当すると判断し，それに伴う源泉所得税の支払いをX1, X2に求めた。そこで，X1, X2は当該源泉所得税をA社に支払い，その年の確定申告においても受領したNN社株式の時価を配当所得の金額に含めた。しかし，その後に，所轄税務署長Yが，X1, X2に対し，外国税額控除の計算の誤りを理由とする増額更正処分を行い，これに対し，X1, X2は，上記NN社株式の交付が配当に当たらないと主張して，その取消しを求めたのである。

X1, X2は，配当課税の違法性を主張するにあたり，上記spin-offがカナダ所得税制上非課税であるのは，「BCE社が元々保有していたNN社の株式を経営戦略上の理由でP社の株主に（分配）返還したにすぎないため，これら株式の分配（返還）を受けたP社の株主には，何らの所得や配当，経済的利益が発生していない［ため］」であるとする。また，所税24条についても「何らかの金銭又は経済的利益の供与等があった者に対し課税することを定め〔たもの〕」と理解し，したがって，X1, X2が配当所得を得たものとして課税される筈はないと主張した。さらに，X1, X2は，BCE社株式の株価について，当該spin-offによるBCE社資産の減少を反映した下落があったとも主張した[11]。

これらの納税者の主張は，新たに何かを得た，何かを儲けたとは言い難い状況下で所得を得たとして課税を受けることの不自然さを論難するものであって，シンパシーを覚える向きもあろう。しかし，素朴な直観を排し，日本の所得税・法人税全体に目を向ければ，これらの主張には相当の問題があると言わざるを得ない。なぜなら，これらの主張は，配当課税を実施するための必要条件として，あるいは，日本の所得税の基本原則として，配当課税が

---

9) 判決前の2000年10月に勧角証券株式会社と合併し，みずほインベスターズ証券株式会社となっていた。なお，同社はさらに2013年4月にみずほ証券株式会社に吸収合併されている。
10) 取引直後のBCE社の貸借対照表では，NN株式の減少により専らRetained Earningsが減少するものとされた。*See* Distribution Arrangement, *supra* note 8, at I5-6. しかし，法形式上，BCE社は，新NN社が保有するBCE社株式を消却したのであり，Retained Earningsを支払原資にNN社株式を分配したのではない。See *Id.* at F31.
11) 税資254号順号9751，12-13頁。

行われる課税期間中に増加益の発生を要求するものとなってしまっているからである。

　すなわち，日本の所得税では，譲渡所得について，既発生の増加益が「資産の譲渡」という事象があった時点で所得として認識されたものとみる，いわゆる清算課税説が通説・判例として確立している[12]。また，法令に目を向けても，資産の所有者たる地位を失ったことのみを理由に譲渡所得課税を実施すべきものとする，いわゆるみなし譲渡の規定（所税59条1項）が適用範囲を縮小されつつも維持されているし，平成27年の改正を経て，含み益のある有価証券を保有する居住者がそれらへの所得課税を免れる目的で日本国からそれらの譲渡益に課税しない国に転出することに対処する，いわゆる出国税の規定も所得税法に存在するようになっている（所税60条の2）[13]。もちろん，清算課税説が妥当し，課税対象の期間内に所得が発生することが不要であるのは，譲渡所得の局面だけである，という理解も不可能ではないであろうが，配当所得と譲渡所得との間[14]に強い結びつきが存在すること，すなわち，配当所得の中に，みなし配当のルールを通じて株式等に係る譲渡所得等（租特37条の10第1項。以下，株式譲渡所得という）から転換されたものが含まれる（租特37条の10第3項）という構造があることを踏まえれば，配当課税の実施と，その時点での所得の発生とを結びつけることには，相当な困難がある。したがって，裁判所が納税者の主張を認めなかったのは結論として正当と考えることができよう。

　ところが，納税者の主張を退けるにあたり，裁判所は，問題の年中に所得が発生する必要がないとは判示しなかった。裁判所は，問題のspin-offによって所得が発生したという理解に基づき，配当課税を適法と判断したように見えるのである。このことは，たとえば，平成21年11月12日判決の次の箇所

---

[12]　端緒として，最判昭43・10・31訟月14巻12号1442頁（榎本家事件最高裁判決）。
[13]　同改正の立案担当者は出国税（所税60条の2）の趣旨を「国外転出時点の未実現の所得（含み益）を国外転出前の居住地で課税する」ものという，清算課税説に整合的な説明を行っている。財務省『平成27年度 税制改正の解説』（2015年）81頁参照。
[14]　法人株主の場合には，配当収益と株式譲渡利益との間ということとなるが，個人株主の場合と同様である。法税24条1項，61条の2第1項参照。

に明確に見て取ることができる(下線は引用者が付加。また,社名も改めた)[15]。

> …被告は,本件スピンオフが実施された前後において,株主資産の増加が生じていない以上,所得の発生という課税要件を満たさず,課税することはできないと主張する。…上記主張は,本件割当てが被告がTyco社の株主としてした出資(払込み)の返還にすぎないことなどから,本件スピンオフが実施された前後において,被告に株主資産の増加が生じていないという趣旨をいうものであると解される。
> しかし,法人の資本金の額を減少させると,その金額は,株主に対する分配が可能な剰余金になり,これをスピンオフにより分社化された他の外国法人の株式という資産に転化させて払い戻せば,その実態は利益配当と異ならず,株主資産の増加が生じたとみることができるから,これを課税の対象とすることは,何ら不合理ではない。株主に対し,減資を伴うスピンオフにより分社化された他の外国法人の株式を交付することは,会社が,いったん剰余金を株主に分配した上,改めてスピンオフにより分社化された他の外国法人につき資本の払込みをさせるのと同一の効果をもたらすことからも,上記の合理性は裏付けられる。

また,平成16年9月17日判決についても,配当課税といわゆる配当落ち[16]との関係を論じる次の箇所において,(利益の)配当それ自体が株主に所得をもたらすとの理解が示されている(下線は引用者が付加)[17]。

> 原告らの主張のとおり,本件株式分配の実施に伴って,BCE社の資産が大きく減少し,その株価が大幅に下落しているとしても,利益配当等の基準日の経過後に株価が当該利益配当等の額に見合った額だけ下落すること(いわゆる「権利落ち」)は,利益配当等の実施に伴い一般的に発生し得る現象である。仮

---

15) 判タ1324号142頁。
16) 同判決では「権利落ち」という表現が用いられているが,これは株式分割などの場合の値下がりも含めた表現と思われるので,(引用箇所を除き)本書では,「配当落ち」という表現で統一することとした。
17) 税資254号順号9751,19頁。

に，留保利益の大半が利益配当として株主に分配されたような場合には，これにより会社の資産が大きく減少し，株価の大幅な下落が生ずることになるはずであるが，そのような場合であっても，当該利益配当が配当所得に該当することに何ら変わりがないことは明らかである。このように，利益配当等の実施に伴い株価が下落したことを根拠として，<u>当該利益配当等による経済的利益が存しないと見ることはできない</u>

　こうした裁判所の見解については，「資産の譲渡」(所税33条) に起因して譲渡所得が生じたとする理解との親和性・類似性が窺われる[18]。そこで，本書ではこのような理解を「配当益説」と呼ぶこととしたい。そして，配当益説によれば，配当所得は，配当を機会に(個人)株主が新たに手にした経済的利益を把握したものであって，上記の2つのspin-off事件で配当課税が正当化されるのは，別会社の株式を新たに手にしているからだ，ということとなる。

　もっとも，全ての裁判例において配当益説の採用が見られるわけではない。その一例は，利益の資本組入れに伴うみなし配当(いわゆる旧2項みなし配当)課税の合憲性を争った取消訴訟事件における，大阪地判昭55・12・19である(丸番号，下線は引用者が付加)[19]。

　　…利益積立金額の存在は，元来，会社の利益の反映であって，①<u>利益積立金額は，会社の稼得利益のうちの株主への未分配金額を示す</u>ものである。したがって，利益積立金額が資本に組み入れられた場合，②<u>その時点までに株主の保有株式の価値が少くとも資本金額の増加の範囲までは増加していることに着目</u>し，③<u>この保有株式の価値の増加益に担税力を認め</u>，④<u>これが資本への組み入れという形でいわば顕在化した時期をとらえてこれを課税の対象とすること</u>は，何ら不合理ではない。また，利益積立金額を資本に組み入れることは，会社が，いったん利益積立金額を株主に分配したうえ，あらためて同額の資本の

---

18) 佐藤英明『スタンダード所得税法〔補正3版〕』(弘文堂，2014年) 95頁では，このような理解に「譲渡益説」との名称が付されている。
19) 大阪地判昭55・12・19行集31巻12号2606頁，2614頁。また，その上告審判決として，最判昭57・12・21訟月29巻8号1632頁がある。

払込みを受けることと同一の効果をもたらすことからも，課税の合理性は裏付けられる。

　この昭和55年12月19日判決については，株式譲渡所得を株式の譲渡によって生じた所得でなく，既発生の所得が譲渡の機会に把握されたものとするのと同様に，配当所得を基因となった株式に係る既発生の増加益を「資本への組み入れ」という事象を契機に課税上認識されるものと理解しているということが出来よう（下線部③，④）。

　したがって，配当所得の理解については，配当益説と清算課税説との対立を指摘できるが，配当益説を支持することは至難であり，上記の昭和55年の判決のように，清算課税説の適用範囲を配当所得にまで拡張する態度は，日本の所得税を包括的所得概念に依拠したものとみる通説的見解を支持する限り，不可避であるように思われる。なぜなら，配当所得を配当それ自体から得た利益であると理解しつつ—すなわち，配当益説を採用しつつ—，包括的所得概念を支持しようとすれば，いわゆる配当落ちによるマイナスの純資産増加をその規模の大小にかかわらず無視することの説明困難に直面してしまう—敢えて説明しようとすれば，消費に当たるという外はないであろうが，説得力に乏しい—からである。これに対し，清算課税説によれば，現金等の分配資産と併せてプラスマイナスがゼロであるからであると説明することができる。また，配当益説によると，配当所得とは配当によって新たに生じた所得であって，配当原資の法人利益の発生に応じ，株式の増加益というかたちで発生済みの純資産増加とは異なるものと考えられるから，後者についても配当落ちで消滅する機会を捉え，（おそらく）譲渡所得として課税すべきという奇妙な帰結とならざるを得ないであろう。

　しかしながら，包括的所得概念との整合性のみに依拠して，配当益説を排し，清算課税説のみが正当と断ずるのは性急に過ぎる。税法上の配当概念に関するリーディング・ケースと目される鈴や事件最高裁判決でも，明示的にではないものの，配当益説と親和的な判示が見られるのであり，その後の判決でも配当の理解について，この理解が踏襲されている（第1章第3節）。も

ちろん，主流であることが必ずしも正しさの証左となるものではないが，配当益説が採用されている理由や背景について，包括的所得概念の正当性の検証をも視野に入れつつ，検討を行うことは，同説の当否の判断に不可欠であろう。さらに，配当課税を既発生の増加益への課税と理解する清算課税説の側も，以下でみるように，決して完全無欠というわけではない。

清算課税説に基づく配当課税の理解の難点は，上記昭和55年の判決においては，既発生の増加益が資本に組み入れられた利益の範囲では確実に存在すると仮定するところに現れている（下線部②）。なるほど，留保された法人利益の数値が利益積立金額であり（下線部①）（法税2条18号）[20]，また，法人がその利益を留保したままで株主が配当を得たものとするルールはない。したがって，資本に組入れられた利益積立金額に対応する株式の増加益で，それまでに配当所得として認識されたものは存在しない，とは言える。だが，利益積立金額に対応し，配当所得として把握されるべき株式の増加益が，組入れ時点の株主のものである保証はなく，また，それまでに課税所得（株式譲渡所得）として把握されていなかった保証もない。そして，このことは，本章で見ていくように，平成13年の改正で廃止されて現存しない旧2項みなし配当に特有の問題ではなく他のみなし配当や通常の配当についても同様に妥当するのである。

こうしてみると，配当課税は，所得税・法人税の全貌の整合的な理解にとって大きな課題であるというべきではなかろうか。清算課税説は，譲渡所得の理解として判例・通説の地位にあるばかりでなく，源泉所得説などの他の所得概念と比較して租税政策上，実施可能な所得課税の余地が大きく，公平・公正な所得課税の実現に資する包括的所得概念と整合的である点で，譲渡益説や配当益説よりも優れていると考えられる。しかし，包括的所得概念によれば，各個人に対し，その消費と純資産増加との合計額に応じた所得課税が要請されるはずであるにもかかわらず，配当課税の局面では，株主が自

---

[20] 判決当時は，「イに掲げる金額」のうち「ロに掲げる金額」を超過する部分と定義されていたが（法税2条18号（昭和40年法律第34号のもの）），前者は「法人が留保している金額の合計額」，後者は「各事業年度の欠損金額の合計額」であって，その実質は現在のそれと変わらない。

第 1 節　問題の所在　15

身の増加益（純資産増加）ではないもの―すなわち，所得でないと考えられるもの―を課税において所得とされる可能性がある。もちろん，包括的所得概念はただ墨守すべきものではなく，公平・公正な所得課税を実現するための手段に過ぎないから，それと矛盾・乖離するというだけで否定的に評価することは適当でない。しかし，乖離の原因が何であるのか，また，そこに正当性があるのかといった点を明らかにすることは必要であろう。だが，そうした検討はこれまでに十分に行われてきたとは言い難いのである。

なお，配当課税が所得なき所得課税となり得るという問題の検討は，本書での取り組みが初めてものでは決してない。旧 2 項みなし配当への課税を「未実現の所得」のみを対象とするものへと改善することの必要性は，旧 2 項みなし配当のルールの維持を主張した金子宏も指摘しているし[21]，また，旧 2 項みなし配当の政策的凍結に際し，その措置を肯定的に評した渋谷雅弘からは，およそ配当課税が所得なき所得課税となり得る点で包括的所得概念と整合しないものであって，その程度が小さい通常の配当に限り正当化可能であるに過ぎないとの指摘も行われている[22]。

しかし，これらの先行研究においては，日本の所得税・法人税の配当概念が現在のかたちに至るまでの経緯や理由が検討の対象とされていない[23]。また，配当であることに着目した軽課措置として，配当控除や受取配当益金不算入が存在することの意義の検討も，十分であるとは必ずしも言えない[24]。こうした点において，本書が取り組むべき課題が残存していると考えられるのである。

もっとも，このような新たな検討にあたっては，上述の先行研究を踏まえ

---

[21]　金子・後掲注（29）235-236頁を参照。
[22]　渋谷・後掲注（71）を参照。
[23]　第 2 章第 2 節で取り上げる武田昌輔の先行研究ではみなし配当の沿革について検討が加えられているが，昭和28年の改正に言及がないなど，包括的なものではなかった。
[24]　たとえば，渋谷・後掲注（71）25頁は「…現行制度における二重課税排除措置は，個人株主について配当控除，法人株主について原則としての 8 割益金不算入というように，不徹底なものである。不徹底な措置を完全に適用しても，得られる結果は不徹底なものでしかなく，それにどの程度の意味があるのか疑問である」と述べるにとどまり，二重課税排除措置を徹底することによる正当化の可能性については検討を行なっていない。

ることが不可欠であるし，配当概念の現状や特徴を整理しておくことが有用であろう。そこで，本章の内容は主としてそのような現状確認の作業が中心となる。新たな検討は主に次章で行う。

第2節　実現利益としての配当と，未実現損失としての配当落ち

　第1節でみた東京地判平21・11・12では，法人利益が株主の手に渡る点に着目して，「株主資産の増加が生じた」ものと判示された。その一方，法人利益や法人資本が株主へ移転したことに伴って生じ得る株式価値の減少する可能性—マイナスの増加益の発生可能性—について，裁判所は，それが留保利益を法人が払い出すだけの利益配当の場合にあってすら起こり得る点に着目して，そのようなマイナスの増加益があったとしても，所税36条1項にいう経済的利益が無かったと言うことはできないと判示する。留保利益を支払い原資として分配された新たな株式の取得によって株主が所得を得たと理解しつつ—すなわち，配当益説を採用しつつ—，配当落ちによる経済的損失の発生を事実と認識し，しかも課税上無視することが説明困難であることは前節で述べた通りである。

　しかし，同判決の帰結それ自体は，清算課税説と整合的に理解することができるものかもしれない。すなわち，株主への現金やその資産，あるいは経済的利益の流入を，当該株主の下で所得が生じたこと，ではなく，既に生じていた所得を課税上把握することの原則的要請と理解し，かつ，株式の値下がりによる損失については外形上の変化がないこと等を理由に無視しているものと理解する途である。

　これは，有限会社による利益の配当の取扱いを説明する際に増井良啓が「実現主義の現れ」の一例と呼んだ説明である[25]。増井は，2人の自然人が有限会社を設立して個人社員となり，当該会社が法人税支払い後の当期利益を当該個人社員に配当した（有限会社法44条）という事例を念頭に，次のよ

---

25)　増井良啓「有限会社の利益配当と所得税」税事78号37頁，41頁（2004年）。

うに述べる。

> もともと，会社財産の時価が過去において増加していた時点で，個人社員の持分も増価しており，それが未実現の利得を構成していた。しかしそれは未実現であるがゆえに，未だ個人社員の所得税の課税対象とはなっていなかった。そして，配当という形で現金が流入する時点においてはじめて，所得が「実現」したものとして課税がなされる。
> 　その際，持分について配当落ちが生じたとしても，その減価部分は持分にかかる未実現の損失とされ，その時点での課税には影響しない。つまり，配当落ちの部分に対しては目をつぶり，受取配当というキャッシュ流入のみに着目して所得税の課税対象とする。配当が支払われた時点において，配当に充てられた金額のみをいわばえぐり出して個人社員の所得税の課税対象に含めるのが，現行法である。

　増井によるこの説明には，2つの注目すべき点がある。第1に，所有持分の値上がりによる増加益だけでなく，同持分の値下がりによる損失（マイナスの増加益）についても同様に実現主義が妥当するとされていること，第2に，そのような実現主義の理解を前提に，有限会社法上の利益の配当が，増加益を実現させる一方で，損失については，これを未実現のままにするものとの評価がなされていること，である。

　第1の点は，増井によって言及された実現主義が，会計上の収益計上基準のそれ（企業会計原則第二-三-B）を指すものでないことを意味する[26]。すなわち，その意味するところは，課税期間中に発生した資産の値上がりに伴う当該資産の増加益，及び，資産の値下がりに伴う損失の全てを税法上認識（recognize）するものとせず，資産の譲渡などの一定の事象があった時点において，それらを税法上認識する原則である[27]。さらに別の言い方をすれ

---

[26]　岡村忠生『法人税法講義〔第3版〕』（成文堂，2007年）56-57頁。
[27]　たとえば，岡村忠生＝渡辺徹也＝髙橋祐介『ベーシック税法〔第7版〕』（有斐閣，2013年）117頁，佐藤・前掲注（18）18-19頁を参照。また，増井良啓「譲渡所得課税における納税協力」日税50号125頁，126頁（2002年）では，「現行所得税法は，実現主義を原則としている。そのため，資産の値上り益は，資産価値の上昇が発生した年度に課

ば，清算課税説を配当収入だけでなく，キャピタルロスにも妥当させるものであるともいうことができよう。なお，増井は「現金が流入する時点においてはじめて，所得が『実現』した」と述べるが，この説明は所税36条の規定を前提としたものであって，理論的には経済的価値の流入は必ずしも必要ないと考えるべきであろう。

　もちろん，税法上の実現主義については，その実質的な根拠として，所得を経済的価値の外部からの流入と理解する伝統的理解との関係や，納税資金の問題—すなわち，各課税年度において課税することとした場合には納税者が納税に必要な資金を有する保証がなく，当該納税者に値上がりした資産の売却等を強制することとなって好ましくない，という発想—がしばしば指摘されるのであり[28]，さらに，その論理的帰結として，税法上の実現を経済的価値の外部からの流入とみる見解が主張されてきた[29]。しかし，経済的価値の外部からの流入の有無が税法上の損益の認識の決め手であるとの理解は，値上がりした資産を担保とする借入れの場合において，値上がりに対応し，増加益を表彰する経済的価値（金銭）を現実に手にしているにもかかわらず，課税がないこと—さらには，その結論に異論は見られないこと—と整合しない[30]。また，経済的価値の流入を税法上の実現にとって不可欠とすることは，譲渡所得の限界に関する一連の最高裁判例とも整合し難いのである[31]。

　税されるのではなく，譲渡の時点において譲渡所得として課税される。つまり，譲渡所得という類型は，実現主義の産物なのである。」（引用にあたり文末注は省略した）との説明が加えられている。
[28] 金子宏「所得概念について」同『租税法理論の形成と解明（上巻）』（有斐閣，2010年）421頁，427頁（初出，1970年）。
[29] たとえば，金子宏「商法改正と税制」同『所得概念の研究』（有斐閣，1995年）230頁，235頁（初出，1990年）は，税法上の実現主義について，税法上の所得を原則として「外から入ってくる利得」と理解するもの，との説明を加える。
[30] 岡村忠生「所得の実現をめぐる概念の分別と連接」論叢166巻6号94頁，103-104頁（2010年）。
[31] 最判昭47・12・26民集26巻10号2083頁の事件では，税法上の資産の譲渡に係る売却代金の支払いが割賦弁済で行われることとされた場合において，譲渡時点でまとめて課税すべきかどうかが争われ，最高裁は，当該譲渡のあった年度に支払われた代金の総額が売却代金総額を収入金額として算出した所得税額を下回る場合であっても課税すべき

こうした点を考えると，経済的価値の流入を伴わない時点で課税することを問題視した故のものとする説明を税法上の実現主義について貫徹することは困難と言えるだろう[32]。各課税期間に資産の値上がり，値下がりの全てを税法上認識しようとすれば，全ての資産について期間末に時価評価を行って，1つ前の課税期間末の値と比較するという作業が課税期末を迎えるごとに必要となるが，そのための執行コストは膨大なものとなろうし[33]，エージェンシー問題──課税権者たる国が正確な評価益・評価損の値を観察し難いために，納税者に於いて不正確な数値を申告し，それによって（あったはずの税収を犠牲に）自身の利益を得ようとするインセンティブが生じてしまうという問題──[34]も深刻な問題となるだろう。税法上の実現主義は，そうした欠点を回避するための執行の便宜の観点から説明されるべきで[35]，画一的な

と判断した。なお，現在では，延払条件付譲渡について延納制度が設けられており（所税132条），納付すべき税額が受領済みの代金総額を上回る事態は回避されるようになっている。また，離婚に伴う財産分与による資産の譲渡が譲渡所得課税の対象であるかが争われた最判昭50・5・27民集29巻5号641頁の事件においても，最高裁は，当該離婚に伴って発生した財産分与義務の消滅を所税36条1項にいう経済的利益と理解し，しかも，その額を移転した財産の時価と把握して譲渡所得課税が行われるべきものとした。

32) 特に，最判昭50・5・27については，贈与契約によって生じた給付義務からの解放であっても移転した財産の時価だけ経済的利益を生じたとする結論を導き得るものであり，その点を突き詰めれば，所税59条1項は移転した財産の時価が収入金額となることを確認し，さらには，個人間の贈与の場合に譲渡所得課税が行われないことを消極的に定めた条項と理解されることになる。金子宏＝水野忠恒＝中里実編『租税判例百選〔第3版〕』（有斐閣，1992年）61頁（岡村忠生執筆）を参照。また，水野忠恒＝中里実＝佐藤英明＝増井良啓＝渋谷雅弘編『租税判例百選〔第5版〕』（有斐閣，2011年）74頁（本書著者執筆）も参照。

33) たとえば，金子・前掲注（28）427頁。

34) 岡村忠生「法人課税の基本問題と会社法制──資金拘束とインセンティブ──」税法学559号69頁，71-73頁（2007年）。

35) なお，アメリカ連邦所得税の目的においても，資産の譲渡に係る実現利益，実現損失（Gain or Loss on Disposition of Property）が，日本の所税36条の収入金額に類似した概念である実現額（amount realized）と，所税38条の取得費に類似した概念である譲渡資産の調整基準価格（adjusted basis）との差額と定義される（I.R.C. §1001 (a)）。また，懲罰的損害賠償金がアメリカ連邦所得税制上課税所得に当たるかが争われた事案において，「実現したことが明白であり，納税者が完全な支配権を有している確実な富の増価」に当たることを理由に，これを肯定した連邦最高裁判決が存在する。See Commissioner v. Glenshaw Glass Co., 348 U.S. 426, 431 (1955). こうしたアメリカ連邦所得税制上の実現主義について，たとえば，Horst 判決は，「所得を享受する最終的な

内容を有するものではないと考えられるのである[36]。

したがって，配当落ちによる損失を未実現とする第2の点については，一見すると当然のことのように見えるものの，実は当然自明と言えるものではなく，これをどのような根拠で未実現であるとするのかの分析を行うことが必要と言えるだろう。税法上の実現主義の理解—特に，経済的価値の外部からの流入が損益の認識の有無の決め手にならないこと—からすると，利益の配当という形で現金等が流入する場合において，増加益が実現したとする一方で，損失は実現しなかったとすることは，相対的なものに過ぎず，実現主義の枠内での変更が可能であるからである。

このような疑問に対しては，所得税法では，各種所得として配当所得と譲渡所得が設けられており，同じ収入金額が複数の所得種類に分類されるとは考えられないから[37]，利益の配当という形で流入した現金が専ら配当所得の収入金額とされる以上，譲渡所得については総収入金額に算入されるべき収入が見当たらず，損失が未実現とされるのは当然であるとの反論も予想される。だが，経済的価値の外部からの流入は税法上の実現の要件ではないから，利益の配当を受ける権利について現金等の経済的価値の流入があったこ

事象の時，通例は，納税者が当該所得を受領する時まで，課税を繰り延べる，執行の便宜に基礎を置くルール」と判示する（Helvering v. Horst, 311 U.S. 112, 116 (1940)）。また，Marvin A Chirelstein と Lawrence Zelenak とが著した，アメリカ連邦所得税制についての著名な概説書においても，これは，執行上のルールであると明言されている。See Marvin A Chirelstein & Lawrence Zelenak, FEDERAL INCOME TAXATION, at Sec. 5.01 (12th Kindle version 2011).

36) 岡村・前掲注（30）130頁は，税法上の実現主義を「…包括的所得概念に従った純粋な所得課税が行われているのではなく，逆に，キャッシュ・フローまたは現金主義による課税が行われているわけでもないという程度の意味」と理解する。さらに，岡村は，従来議論されてきた税法上の実現の概念が，課税時点，所得の人的帰属（所得がだれに対して課税されるか），および，所得概念（課税される所得の内容）という3つの判断事項の連接点であったと指摘した上で（前掲96頁）—なお，ここでの連接点とは，課税時点，所得の人的帰属，所得概念に関する判断の特定の組合せを同定する標識（のようなもの）であると考えられる—，（連接点たる）実現の有無からそれらの判断が決まるべきものではなく，逆に，後者から前者が決まるべきものと理解すべきことを理由に，その概念の有用性を疑問とする（前掲125-128頁，130頁）。

37) たとえば，租特37条の10第3項は，分配資産の価額のうち，みなし配当とされた額，すなわち，配当所得の収入金額に分類された額を控除した額が，株式譲渡所得等の収入金額になることを明らかにしている。

とのみを理由に，配当所得については実現があり，譲渡所得については実現がないと即断することはできないし，以下で見るように，資産について変化を見出せないわけではない。

すなわち，有限会社の個人社員は，利益の配当を受ける権利を有すると共に，会社解散時に残余財産の分配を受ける権利も有しており（有限会社法73条），前者の権利の具体化に伴い，後者の権利に縮減という変化が生じる，という関係性が認められる。すると，利益の配当を受ける個人社員は，残余財産の分配の権利の一部を手放す代わりに利益の配当の権利を取得し，その直後に後者の権利を現金化したとみることもできるはずである。そして，もし仮にこの見方に沿うよう課税ルールを構築するとすれば，現在とはちょうど正反対に，譲渡所得が，残余財産の分配の権利の一部と，利益の配当を受ける権利との交換というかたちで実現し，配当所得については，課税済みの利益の配当を受ける権利に関する原資の回収があっただけなので，実現がないとすべきことになるだろう。

もちろん，こうした代替的な実現のかたちがあり得ることは，現在，利益の配当の局面において，専ら利益の配当の権利のみが実現したとされ，その反面において生じるはずの損失（いわゆる配当落ち）を未実現のままとする取扱いが採用されていること，及び，そのような取扱いをするべきとの理解を前提に，現在の所税24条において，利益の配当の権利からもたらされる金銭等がそのまま配当所得の収入金額になると定められていることが，直ちに不当であると評価されるべきことを意味するものではない。

さらには，上で示した代替的な実現のあり方は，租税政策として好ましくないことが予想される。なぜなら，残余財産の分配の権利の一部譲渡を税法上認識する場合には，当該一部譲渡を認識せず，利益の配当の権利が現金化されたことのみを税法上認識する場合と比べて，保有株式の増加益という株主の所得への課税が不徹底なものになりがちであるだろうし[38]，また，前者

---

38) 資産の一部譲渡の場合の譲渡所得課税については，大きく分けて次の3つの可能性が考えられる。第1は，譲渡収入はまずその資産を取得するために直接・間接に要した金額（原資の金額）から成ると考えるものであり，当該金額が尽きるまで譲渡所得は生じないとするもの。第2は，当該資産の増加益を（その時価から，原資の金額を差し引

の場合には後者の場合と比べて判断すべき要素が多く，より多くの執行コストが伴うことになると考えられるからである。しかしながら，税法上の実現主義からすると，利益の配当によって流入した現金等の額がそのまま配当所得の収入金額になるとの結論は，絶対的なものではなく，いくつかの選択肢の中の１つに過ぎず，場合によっては別の選択肢に変更することもあり得る[37]と理解すべきであること，また，上記の予想の検証を行う上でも，現在の選択がどのようになされてきたのかの検討が不可欠であると考えられることは，ここで強調しておきたい。

第３節　本来の配当――株主たる地位に基づく支払い――

前節では，配当益説に基づくのと同様の結論が，清算課税説からも導き得るものであることを確認した。もっとも，所得税・法人税における配当としての取扱いには，本来の配当（所税24条）とみなし配当（所税25条）とがあるから，それぞれについて検討を加える必要があろう。本節ではまず本来の配当について検討する。

最初に，日本の所得税制上の配当概念についてのリーディング・ケースと一般に認知されている最判昭35・10・7（いわゆる，鈴や金融事件の最高裁判決）[40]を検討しよう。この事件は昭和40年の全面改正前の所得税法に基づく

いて）算出し，譲渡収入はまずこの増加益から成るとするもの。第３は，何らかの基準（たとえば手放した権利の時価と手元に残る権利の時価との比率）によって原資の金額から取得費に算入すべき額を算出し，これを譲渡収入から控除して譲渡所得の額とするもの，である。See also Chirelstein & Zelenak, supra note 35, at Sec. 2.01 Paragraph 3-6. つまり，第２の手法が採られる場合を除き，取得費となるべき額がゼロでない限り，受け取った現金等の額が発生済みの増加益の額の範囲であるとしても，一部しか所得として課税されないことになる。なお，日本法で広く見られるのは第３の手法であり（たとえば，所税58条１項），その他の手法は基本的に見られない。但し，第１の手法も，平成13年の改正前では，有償減資などのみなし配当事由に伴う譲渡所得課税について採用されていた。第２章第２節の注（10）を参照。

39)　実現のあり方に変更が加えられた例としては，たとえば，平成13年の税制改正が，みなし配当の処理に続く有償減資の取扱いを，原資の回収から株式の部分譲渡へと変更したことが指摘できよう。

40)　最判昭35・10・7民集14巻12号2040頁。もっとも，当該優待金の受領者の下での所

課税が問題となったものであるし，現在では，配当所得となる配当収入の定義の仕方にも会社法制定に対応するための平成18年の改正を経て同事件当時と実質的な違いが認められるようになっている[41]。したがって，本判決は本来の配当の現状を明らかにする作業に相応しくないのではとの疑問も湧くところであるが，その疑問はおそらく正しくない。なぜなら，本判決の本来の配当の理解を前提としたものと目される課税実務上の理解（所税基通24-1）は上記改正後も微修正のみでほぼそのまま維持されているし[42]，第1節でみた外国法人による spin-off の事件にも本判決の影響が明らかに認められるからである（このことについては後で詳述する）。

そこで，同事件から現在までの税制改正の影響にも留意しつつ，本判決における配当の理解を確認しよう。同事件は，いわゆる株主相互金融会社であった鈴や金融株式会社（以下，鈴や社）によって支払われた株主優待金[43]が，鈴や社が源泉徴収義務を負う所得税法上の「利益の配当」に当たるか否かが

得分類が争われた事案ではなく，原告会社の源泉徴収義務の存否が争われ，これが否定されたものである。

41) 当時の配当収入（基金利息や（公社債投資信託以外の）証券投資信託の収益の分配といった特別な類型は除く）の所得税法上の定義は，「法人から受ける利益若しくは利息の配当又は剰余金の分配」である（所税9条1項2号（昭和22年法律第27号））。この内容は，平成18年の改正までは，「法人（…公益法人等及び人格のない社団等を除く。）から受ける利益の配当，剰余金の分配（出資に係るものに限る。）」（所税24条1項（平成18年法律第10号による改正前のもの））として全面改正後の所得税法においても実質的には維持されてきたが（なお，利息の配当は昭和50年の改正以降は（前年の商法改正で認められた）中間配当と共に，所税2条3項（昭和50年法律第13号による改正後のもの）によって配当所得に含められることとされていた）会社法の制定に伴って株式会社が「利益の配当」ではなく「剰余金の配当」を行うものとされたことを受けて，「利益の配当」に相当する箇所が「資本剰余金の額の減少に伴うもの及び分割型分割…によるものを除〔いた〕」剰余金の配当と「分割型分割によるものを除〔いた〕」利益の配当とから成るものへと改められている。

42) この通達は昭和40年の所得税法全面改正を受けた昭和45年の所得税基本通達の全面改正（昭和45年7月1日付直審（所）30）の際に設けられたものであるが，「法人が株主等に対しその株主等である地位に基づいて供与した経済的な利益が含まれる」という内容は平成18年の改正後もそのまま維持されている。

43) 株主優待金は，株主に対し，その保有株式の額面額の数倍まで融資を行うことを業とする，いわゆる株主相互金融会社において，融資を受けなかった株主に対し，融資を受けなかった期間に対応して，会社から支払われる金銭を意味する。たとえば，東京地判昭31・11・28訟月3巻1号105頁を参照。

争われたものであるところ，最高裁はこれを否定した。その理由のうち利益の配当の意義に係る判示は，次の3点に集約することができよう[44]。

　第1に，商法には，「損益計算上の利益を株金額の出資に対し株主に支払う金額」という意味の「取引社会における利益配当」を前提として，「利益の配当」に関する種々の規制が設けられているところ，所得税法上の「利益の配当」も同様に「取引社会における利益配当」と理解すべきものであること。第2に，商法上の「利益の配当」に関する規制は，「取引社会における利益配当」を前提に，これに一定の規制を加えるものだから，そういった商法上の規制に違反したもの—たとえば，蛸配当や株主平等の原則に反する配当—であっても，所得税法上の「利益の配当」に該当すること。第3に，しかし，問題となった株主優待金は，「損益計算上利益の有無にかかわらず支払われるもの」であって，「株金額の出資に対する利益金として支払われるもの<u>のみ</u>」（下線は引用者が付加）であるとは断定出来ないから，所得税法上の「利益の配当」とは言えないこと。以上3点である。

　これらのうち，第1点及び第3点の前半部分にだけ着目すれば，最高裁が「利益の配当」に該当しないとしたのは，鈴や社が「損益計算上の利益」を計算した上で，これを分配するという実態が存在しなかったと判断した故であるようにも見える[45]。また，この最高裁判決は，第一審，控訴審と続けて敗訴した東京国税局長（第一審被告，控訴人，上告人）が，商法上の配当規制への違反だけでなく，正しい法人利益計算の欠如も所得税法上の「利益の配当」に当たる上で支障とならないとの理由で上告したことによるものであった。それにもかかわらず，鈴や社の勝訴となったことが「損益計算上の利

---

44) 民集14巻12号2423頁。
45) このような税法上の配当概念の理解は，上告人（東京国税局長）が，その上告理由において，原審判決について示したものである。上告人は，この理解によると，架空経理を通じて配当課税の回避が可能になってしまうと主張した。なお，田中勝次郎「株主相互金融の優待金の税法上の性質について—最高裁判決の批判」ジュリ222号14頁（1961年）は，前記最高裁判決においても，同様の問題があるとして，これを批判する。これに対し，保住昭一「いわゆる株主相互金融会社が株主に支払う優待金は利益配当か」法論34巻5号147頁（1961年）は，商法上の有効な「利益の配当」であることを税法上の配当概念に要求すべきであったとして，前記最高裁判決に反対する。

益」の現存を重視したとの理解に肯定的に作用するものであることは否定し難い。

　しかし，第2点で示したように，最高裁は，配当可能利益がないにもかかわらず実施された「利益の配当」である蛸配当[46]について，何等の限定を付すことなく，「取引社会における利益配当」ひいては，所得税法上の「利益の配当」に当たることを肯定している。このことも踏まえれば，この最高裁判決において，「損益計算上の利益」の現存という「取引社会における利益配当」の実質が要求されていると理解するのは困難であろう[47]。なぜなら，蛸配当には株主の払込資本が充てられるものも含まれるからである[48]。

　それでは，最高裁はなぜ問題の株主優待金を「利益の配当」に当たらないものと結論付けたのか。このことの理解にあたっては，第3点の後半部分が注目される。すなわち，第3点に関する判示を仔細に見てみると，問題の株主優待金が専ら「株金額の出資に対する利益金として支払」いとしての性格のみを有するものとは言えないものであったことが指摘されているのであり，そうした「取引社会における利益配当」の性格だけでなく，「損益計算上利益の有無にかかわらず支払われるもの」という性格も存在したことが前半部分では指摘されている，と考えられるのである。また，指摘された「取引社会における利益配当」の内実であるところの「損益計算上の利益を株金額の出資に対し株主に支払う金額」という表現からは，蛸配当も「取引社会における利益配当」に当たると考えていることと相まって，株主が会社に出資をしたこと—あるいは出資をした者から出資をしたという地位を引き継いだこと—に由来して「損益計算上の利益」を元手として金銭等が支払われるという関係が存在することの重視が窺われる[49]。

---

46)　たとえば，鈴木竹雄『新版 会社法〔全訂第2版 補正版〕』（弘文堂，1983年）235頁。
47)　岡村＝渡辺＝髙橋・前掲注（27）135頁（岡村忠生執筆）は，鈴や金融事件最高裁判決を「外形に着目した判断である」と評価する。
48)　増井・前掲注（25）48頁を参照。
49)　白石・後掲注（50）364頁は「ここに損益計算上の利益云々というのは，損益計算が商法や会計学の原則に従い適法・厳正になされたものであることを要する趣旨ではあるまい。また，損益計算が客観的評価に合致するものでなければならないとする趣旨でもあるまい。そうすると，その意味は，株金額を出資の元本とみて，この資本を基礎とし

したがって，問題の株主優待金が所得税法上の「利益の配当」とされなかったのは，株主の地位を有する者に対し，その地位に着目して会社が支払ったものと言い切れるものではなく，別の地位に着目して「損益計算上利益の有無にかかわらず支払われ」たものである可能性が排除されなかったためと理解すべきであろう[50]。要するに，この最高裁判決は，税法上の配当概念に対して，株主たる地位を根拠に法人が支払う利益という理解を与えたものと考えられるのである。

そして，こうした株主たる地位への着目・重視を最高裁がより明白な形で打ち出したのが最大判昭43・11・13（いわゆる，東光商事事件最高裁判決）[51]であると考えられる。この事件も鈴や金融事件と同種の株主優待金の取扱いを審理したものであるが，この事件で争われたのは，優待金の損金算入性であり，法廷意見はこれを否定した。その理由は次の4点にまとめることができる[52]。

第1に，「資本の払戻し」や「利益の処分」以外の純資産減少の原因たる「事業経費」は原則として損金となるが，法律上禁止されている支出についてはこの限りではない。第2に，問題の株主優待金は，会社決算期の利益にかかわらず，株式の払込金に予め定められた利率を乗じた額を支払うものであって，このような支払いを行うことを約して行う資金調達は，商法上の資

て行われる経済活動により資本の増殖が行われたかどうかという見地からなされる一応の損益計算に基づき資本の増殖すなわち利益があったものとし株主に支払われるものであれば足りるという趣旨であろう。…ただ，それは，あくまで，株金額の出資者たる地位すなわち株主固有の地位に基づき支払われるものでなければならない…。」と述べる。

50) この最高裁判決の調査官解説である白石健三「最高裁判例解説118事件」曹時12巻12号92頁（1960年）は，株主相互金融会社がいわゆる殖産無尽を合法的に行うための手段であった点を重視する。すなわち，同解説では，当事者の目的が「加入者が支払った株式代金額を払い込んだ掛金額に見立てた，一種の殖産無尽類似の契約関係を設定することにあ」って，「加入者は，株主固有の地位と契約上の地位とを二重に有し〔て〕」おり，前者の地位は後者の地位を得るための手段的意味しかないと考えられるとの理由により，「優待金は，契約上の地位に基き支払われるものと見るのが当事者の真意に沿う見方でもあるし，また実体に即した見方でもあ」るとされ，「株金額の出資者たる株主固有の地位に基き出資金の増殖として支払われる配当とは，その法律的性質も経済的実質も異なるものといわねばならない」と結論付けられるのである（前掲96-97頁）。

51) 最大判昭43・11・13民集22巻12号2449頁。

52) 民集22巻12号2453-2455頁。

本維持の原則に違反するから，当該優待金を損金に算入することは許されない。第3に，株主優待金に係る払込みは，実質的には「株金の払込み」の性質が認められるから，当該優待金も実質的には「株主が払い込んだ株金に対して支払われるもの」に当たる。第4に，「会社から株主たる地位にある者に対し株主たる地位に基づいてなされる金銭的給付」については，会社に利益が無かったり，株主総会決議の不備があったりといった事情があっても，法人税法上の配当たる性質を失わせない。以上4点である。

　これらのうち，第3点及び第4点は，株主優待金についての表現と税法上の配当についての表現との間で違いが設けられ，前者が後者に当たるかどうかは明言されなかったから[53]，この事件の解決に限ってみれば，いわゆる傍論である。しかし，鈴や金融事件最高裁判決が，蛸配当のような商法上違法な配当であっても税法上の配当足り得ると判示するに留まり，利益計算がおよそ行なわれなかったような場合でも税法上の配当となるのかについては必ずしも明らかではないとしていたこと（鈴や金融事件最高裁判決に関する第2点）と比較して，東光商事事件最高裁判決では，上記第4点で示したように，支払時点での会社の下の利益が不要であることが明言されている点において，より「利益の配当」としての外観が重視されていると言うことができるだろう。

　そして，税法上の配当に当たるか否かが問題となった以後の事案において，下級審判決や審判所裁決は─明確な引用がないため，推測とならざるを得ないが，おそらくは上記2つの最高裁判例を意識して─「株主たる地位に

---

[53]　なお，松田裁判官は法廷意見に与せずに補足意見を述べたが，そこでは，商法違反を理由とする損金不算入の結論について反対の立場が示されると共に，「会社という法的形態を利用した者は，たとえ，この形態を或る経済的目的達成の便宜のための手段としたに過ぎないとしても，この形態の背後に存する経済的実体を強調して，会社という法的形態に基づいて生ずる法律上の責任を逃れることは許されない」ために，株主優待金は「株主たる地位」に基づくものといえるから，「利益の配当」であると理解する他はなく，その支払いは損金にはあたらないと結論付けられた。また，株主優待金の損金算入の可否をめぐる後の事件に係る最判昭45・7・16判時602号47頁（これは松田裁判官が裁判長裁判官であったものである）は，「株主たる地位」に基づいて支払われるものだったとの判断を理由に，株主優待金を税法上の配当に当たると判断し，その損金算入性を否定した。

基づく」ことがその要件であるとの命題を示すようになっていく[54]。増井はこれをして「一般論を宣明する先例として引用するにはやや弱いものであるが，この〔『法人が，その株主等の出資者に対し，出資者としての地位に基づいて分配した利益は，その名目いかん［や決算手続の有無］にかかわらず，所得税法上の配当所得に該当する』という〕定式が下級審段階で徐々に定着しつつあったことがうかがえる」というのである[55]。

さて，鈴や金融事件最高裁判決に端を発し，裁判所の理解としてはかなりの程度定着したように見える「株主たる地位に基づく」支払いという意味での税法上の配当概念は，清算課税説からすると，どのように評価されることになるであろうか。

清算課税説によれば，配当の収入・収益とされるものは，株主の下で生じた増加益が「株主たる地位に基づく」支払いを機会として課税上把握されたものでなければならないはずである。しかしながら，「株主たる地位に基づく」支払いであれば実質的には資本を払い戻すものであっても「利益の配当」とするのが鈴や金融事件最高裁判決や東光商事事件最高裁判決の理解であったから[56]，配当として把握されるものの中に，受領した株主の実現した増加益とは言い難いものが多数含まれることが避けられない。したがって，この定義を支持しつつ，およそ配当の収入・収益が所得であるとするには，

---

54) 増井良啓「外国会社からの現物分配と所得税―再論」税事126号47頁，58-60頁（2012年）参照。たとえば，東京地判昭52・4・25訟月23巻6号1132頁は，「投下資本の直接の対価としての性質を有〔さない〕」ものであっても，「法人がその株主等に対し株主等たる地位に基づいて供与した利益」である限り，税法上の配当に当たるとする。また，裁決平11・4・23裁集57号553頁も，税法上の配当には「法人がその株主等に対し株主たる地位に基づいて供与した経済的利益」，すなわち，「投資の直接の対価としての性質…のない経済的利益の供与，すなわち贈与としての性質を有するものが含まれている」とする。

55) 増井・前掲注(54) 58-60頁参照

56) 鈴や金融最高裁判決それ自体は蛸配当の税法上の法的評価について明言しなかったが，同事件の調査官解説は「税法の見地からは，その取引行為が，商法その他の法律の見地から適法であることは必要でなく，その取引行為が当事者間に一応有効のものとして成立し，現実に所得を生じ，それが担税力の表現として課税標準としてとらえるに適するものであれば十分である」と述べる（白石・前掲注(50) 363頁）。これは，実質的には資本の払戻であっても所得税・法人税においては所得と理解すべきであるとの立場，すなわち，配当益説の採用を意味するものと考えることが出来る。

清算課税説でなく配当益説を採るほかに途はないと言うべきであろう。

　さらに，会社法の制定に伴う平成18年の改正前には，商法上適法であるが，実質的には資本を株主に払い戻すこととなる「利益の配当」が所得税・法人税において「利益の配当」とされ，配当の収入・収益とされるといった状態があった[57]。この状況は，商法上の「利益の配当」が幾度もの商法改正を経て「取引社会における利益配当」と乖離してしまったことに対応しきれなかった結果とみるべきかもしれず，実際，平成18年の改正を経て，上記の実質的には資本の払戻たる「利益の配当」に相当する，資本剰余金の減少を伴う剰余金の配当は配当の収入・収益から除外されることとなった。しかし，平成18年の改正により，「株主たる地位に基づく」支払いという外形に増加益の実現という実質が劣後してしまう契機が一掃されたわけではない。なぜなら，損失の処理が行われることにより，経済的には何ら儲けを得ていない株主が，会社法上適法で，資本剰余金の減少を伴わない剰余金の配当を受けるという状況がなお生じ得るからである[58]。

---

[57] 　そのような利益の配当や利益剰余金の減少を伴う剰余金の配当は，ほとんどの場合，商法ないし会社法上違法なものとなるだろうが，平成13年の商法改正（平成13年法律第79号）の結果，適法な利益の配当を通じた実質的な出資の払戻しがあり得るようになった。すなわち，同改正では，資本の減少額から欠損の填補又は株主への払戻しに要した額を控除した残額（減資差益）が，配当可能利益の算定上控除される資本準備金の構成要素から，（利益の配当の手続きを通じて処分可能な）その他資本剰余金の構成要素へと振り替えられると共に（商法288条の2第1項4号（平成13年法律第79号による改正後のもの），商法施行規則89条（平成18年2月7日法務省令第12号による改正前のもの。以下同じ）），さらに，資本準備金の減少額や自己株式処分差益についても，同様にその他資本剰余金の構成要素とされることとなった（商法施行規則89条）。その結果，これらを充てる利益の配当があり得るようになったのである。このような利益の配当を税法上の配当とすることへの異論として，渡辺徹也「適格要件のあり方および会社法・商法との関係」岡『企業組織再編成と課税』（弘文堂，2006年）27頁，43-44頁（初出，2003年）。なお，法基通3-1-7の5（平成15年課法2-7「十一」により追加，平成19年課法2-3「十三」により削除）では，資本準備金の減少額を充てた利益の配当が，法人税法上の配当に当たるとの解釈が示されていた。

[58] 　岡村・前掲注（34）101-103頁。なお，岡村・前掲注（26）379頁には，「無償減資により捻出された剰余金を原資とする配当は，株主に対してどのように課税されるか。配当原資は，どのように認定するのか。」（問題143）という，損失の処理が行われた後に生じた利益剰余金の取扱いを念頭においた問いかけがある。難問であるが，所税24条1項（法税23条1項1号）にいう資本剰余金が借用概念と理解されている―但し，借用先が会社計算規則であるのか，企業会計であるのかは必ずしも明らかではない。岡村・前

第4節　みなし配当
―― 税法上の法人資本・法人利益との連動 ――

　前節では，税法上の本来の配当の概念について，鈴や事件最高裁判決に端を発する展開を確認し，それがどのように評価されるべきものかを検討した。その結果明らかとなったのは，その内容が清算課税説ではなく，配当益説と極めて整合的なものであるばかりでなく，発端となった鈴や金融最高裁判決の着想が配当益説であったと考えられるということであった。もちろん，鈴や事件最高裁判決は，最高裁が譲渡所得について清算課税説を採用することを明言した最判昭43・10・31（榎本家事件最高裁判決）[59]に先立つものではある。しかし，その当時においても贈与等などへのみなし譲渡課税が，シャウプ税制改革を経て存在していたことを踏まえれば[60]，配当益説に過度に傾斜する判示となったことはやや軽率であったとの評価を免れえないであろう。

　これに対し，みなし配当（所税25条，法税24条）については，その算定ルールに原資の回収は所得ではないという発想の存在を認めることができる。すなわち，所得税・法人税では，現在のところ，資本剰余金の減少を伴う剰余金の配当や残余財産の分配，合併や分割型分割といった，「株主たる地位に基づく」金銭その他の財産の交付は，本来の配当（所税24条，法税23条）と区別され，交付された金銭その他の財産の価額全額ではなく，そこから「資本金等の額…のうちその交付の基因となった当該法人の株式…に対応す

　　掲注（34）96頁注69を参照―以上，当該剰余金の配当を「資本剰余金の額の減少に伴うもの」として把握することは困難であり，その全額が本来の配当として税法上の配当になると考えざるを得ないように思われる。この点については，岡村・前掲注（34）104頁も参照。
59）　最判昭43・10・31訟月14巻12号1442頁。
60）　なお，鈴や金融事件最高裁判決が出された当時，個人株主の株式譲渡所得は非課税所得とされていた。所税6条1項5-10号（昭和28年法律第173号による改正後のもの）参照。しかし，問題の株主優待金が支払われたのは，昭和27年1月から昭和28年6月の間であり，上記非課税化は未実施であった（同改正法の公布日は昭和28年8月7日，国会提出日も昭和28年6月20日）。

る部分」（以下，対応資本金等の額という）を控除した額が配当の収入・収益とされる（所税25条1項本文，法税24条1項本文）。また，資本金等の額は「株主等から出資を受けた金額」と定義される税法上の資本概念であって（法税2条16号），この値には「株主段階で課税済みの資産が，どれだけ法人に出資されているか」が示される[61]。したがって，みなし配当の場合には，本来の配当の場合とは異なり，資本金等の額で示された「株主段階で課税済み」の額を超過して配当の収入・収益が生じることはないのである[62]。

　原資の回収を所得としないことは，所得と原資との区分という所得課税の根本原則の現われであり，さらには，発生済みの増加益を所得として把握するという清算課税説との整合性も指摘できる。そうであるとすると，本来の配当の場合でも，みなし配当の場合と類似の取扱いをすべきと立論すべきかもしれない。実際，岡村忠生は，会社法制定を受けたあるべき税制の対応を論じる一環で，同趣旨の提言を行っている[63]。

> 　…やはりこの場面（引用者注：損失の処理が行われ，その後に生じた利益剰余金を原資に剰余金の配当が行われる場面）でも，剰余金の配当は，利益積立金額が存在する限りで配当課税の対象とする方向で立法をすることが，適当ではないかと思われる。このような課税のあり方は，表面的には会社の計算と一致しない。しかし，現在の課税方法を続けると，課税上の不利益が損失の処理を阻害する可能性がある。会社法に対して中立的な税制とするためには，税法独自に配当の概念を導入すべきことになる。このことは，納税者の予見可能性を高める。また，何よりも，所得が存在しないのに課税されるということがな

---

61) 岡村・前掲注（26）318-319頁。また，岡村＝渡辺＝髙橋・前掲注（27）235-237頁（渡辺徹也執筆）も参照。
62) 但し，ある法人の資本金等の額が，当該法人の株主の下で課税済みの額を一貫して示していることは保証されないことに注意。岡村・前掲注（26）539-540頁。
63) 岡村・前掲注（34）104頁。増井・前掲注（25）48頁も，「所得税法上の『利益の配当』の概念を，法人税法上の利益積立金の概念に連動させて定義する」という立法論を提唱する。また，渡辺・前掲注（57）46-47頁や，岡村＝渡辺＝髙橋・前掲注（27）252-253頁（渡辺徹也執筆）も，問題意識と対象は異なる―ここでは，利益の配当や剰余金の配当ではなく，資本の払戻しの場合において，どの範囲までをみなし配当の額とすべきかが論じられている―が，「利益積立金額の範囲内で配当とみなす」という処理を提唱する。

いという意味で，正しい所得計算が行われることになる。会社法上の取引に対応して課税要件を定めるという政策は，ここでは適当ではない。

　この岡村の提言は，利益積立金額を参照して本来の配当の場合の配当の収入・収益の額を算定すべきとしているのであって[64]，みなし配当の場合のように資本金等の額を参照すべきとするものではない。しかし，利益積立金額とは「法人…の所得の金額…で留保している金額」と定義されるものであって（法税2条18号），税法上の留保利益を示す値であるから，資本金等の額を参照するか，それとも利益積立金額を参照するかは，基本的に，原資の回収のタイミングの問題である。

　なお，上記岡村の提言中には，資本金等の額ではなく，利益積立金額を用いるべきとする理由を述べた部分は見当たらないが——さらに言えば，非按分的な自己株式取得や残余財産の分配のような，経済的実質が「取引社会における利益配当」と異なるものの取扱いについては，資本金等の額を参照するみなし配当のルールの維持を含めたいくつかのオプションが提示されるに留まっている——[65]，これは，配当の収入・収益が基本的に定期的・回帰的なものであると想定され[66]，その都度原資の回収を認めるのが適当ではないとの判断[67]によるものと理解できよう。また，みなし配当の場合の配当の収

---

[64] 利益積立金額が不足する場合については，その範囲で原資の払戻しとしての課税を行うべきであるという。岡村・前掲注（34）99頁を参照。この場合の取扱いの詳細については，岡村・前掲注（26）369頁を参照。

[65] 岡村・前掲注（34）100-101頁。

[66] 所得税24条2項において，配当所得の金額が原則として「その年中の配当等の収入金額」とされ，せいぜい負債利子の額しか控除が認められないのは，「配当等」が定期的・回帰的な収入であることに着目したものと考えられる。また，鈴木・前掲注（46）233頁には，商法上の利益の配当についての指摘ではあるが，「会社事業による利益は，会社の解散の場合における残余財産の分配によっても株主に配分することができるが，ほとんどすべての会社は存続期間を予定せず永続的な生命を有するため，定期的に決算を行って，株主に利益を配当することが必要となる」との記述も見られる。

[67] この判断は会社が永続的存在とみる限り合理的である。たとえば，Chirelstein & Zelenak, *supra* note 35, at Paragraph 10 (Sec. 2.01) は，「ある種の事業を遂行する法人それ自体は，時間の経過と共に減価し，最終的には『陳腐化する』生産財のポートフォーリオを有する。…しかしながら，企業体自身は自己更新的である。そこで，経営者は，既存の生産財が摩滅し，置き換えられなければならない時に，新しい生産財を賄う

入・収益の額を算定する際に求められる対応資本金等の額を控除する処理については，株式譲渡損益を算定する際の取得費や譲渡原価を控除する処理（所税38条1項，法税61条の2第1項2号）との類似性も指摘できる[68]。この類似性からも，資本金等の額の参照を配当の収入や収益の算定一般に妥当させることは適当でないと言えるかもしれない。さらに，株主の下で配当の収入や収益とされる額だけ法人の下の利益積立金額も減少させるルールがあるから（法税令9条1項8号以下），利益積立金額を通じて税法上の配当概念を確定すること[69]は，この関係を貫徹させるものとの評価も可能であろう[70]。

　しかし，資本金等の額や利益積立金額を参照することにすれば所得税・法人税における配当の収入や収益の内実が配当益説の側から清算課税説の側へと綺麗に移動するかというと，事はそこまで単純ではない。資本金等の額は「株主等から出資を受けた金額」，すなわち，株主が法人の活動の元手として

　　ために必要で十分な会社の所得を（実際か，名目的であるかはともかく）取り分ける。これは，活動に採算性がある限り継続すると想定される，すなわち，永続的なプロセスである。したがって，毎年の配当は，そうした置換え用の資金に必要な追加を行なった後の，法人所得の超過ないし残余を示すものとなり，その結果，法人の株式は，時を超えてその収益力を保持し，配当の支払いでは減少しないと考えられることになるのである」と説明する。

68) 岡村忠生「法人清算・取得課税におけるインサイド・ベイシスとアウトサイド・ベイシス」論叢148巻5・6号194頁，214頁（2001年）は「53年改正は，個人に対する有価証券譲渡益非課税により，アウトサイド・ベイシスの意味を失わせ，今日に至るまで，法人における資本等の金額がその代替的なものとして利用されている」と述べる。なお，みなし配当のルールの趣旨を配当課税防止に純化するべきとの観点から，立法論として，みなし配当の額を利益積立金額の範囲に制限すべきことを主張するものとして，渡辺徹也「法人税法における出資と分配」税法学556号151頁，167-168頁（2006年）を参照。

69) みなし配当の額についてではあるが，日本法においても，かつて，利益積立金額により税法上の配当となる額が決定される局面が大きく2つ存在した。第1は，昭和25年の税制改正から昭和28年の税制改正の前までの，残余財産の分配や合併などに際してのみなし配当（所税5条1項（昭和25年法律第71号による改正後のもの））であり，第2は，昭和26年の税制改正で設けられた，利益の資本組入れなどに際してのみなし配当である。詳細については，第2章第3節及び第4節を参照。

70) 岡村・前掲注（26）368頁は，「利益積立金額の性質として特に重要なのは，株主段階課税がまだ済んでいない法人の利益をあらわしていることである。逆に言えば，法人において，利益積立金額から支払われる分配（貸方で利益積立金額を，借方で現金等を減少させる取引）は，株主において配当としての課税を受けるべきことになる」とする。

拠出してきた原資の総額であり、利益積立金額は、そのような原資を元とした活動から生じた「法人…の所得の金額…で留保している金額」ではある。だが、これらの数値と株主の側から見た原資や増加益の総額とが一致する保証はない。ある株主は法人設立からしばらくして既存の株主から取得するかたちで株式、すなわち、「株主たる地位」を保持しているかもしれず、その場合には資本金等の額や利益積立金額は株主の側から見た数値としては過小又は過大となっている可能性が高いのである。

したがって、資本金等の額を参照して原資の回収を認めた上で配当の収入・収益が算定されるとしても、「株主たる地位に基づく」支払いそれ自体から所得が生じたかのように取り扱ってしまうことがあり得るのである。このことは、渋谷雅弘により、株式の利益消却の場合のみなし配当を素材として、次のように明確に指摘されている[71]。

> 株価1000円、発行済株式数1000万株、資本金等（ママ）60億円[72]の会社が、200万株の自社株買いを行ったとする[73]。このとき、売却株主については、一株当たり、売却価格1000円と資本等の額（ママ）600円との差額である400円が、みなし配当課税の対象となる。このことについて、株式の取得価額と無関係にみなし配当課税がなされることが批判される。例えば、ある売却株主が、当該株主を一株当たり800円で取得していたとしても、みなし配当課税の対象となるのは、1000円と800円との差額である200円ではなく、400円である。
>
> また、残存株主については、一株当たりの資本等の額（ママ）が600円から750円へと増加するので、150円のみなし配当課税が行われる。この点についても、単なる見かけ上の一株当たり資本金等（ママ）の増加を、株主の所得とは

---

71) 渋谷雅弘「自己株式の取得とみなし配当課税」租税25号14頁、15頁、23-24頁（1997年）。

72) 売却株主（個人）が認識すべき配当の収入・収益の額を算定する際に参照されるのは「資本等の金額」とされていたから（所税25条1項1号（平成13年法律第6号による改正前のもの））、この2センテンス中の「資本金等」及び「資本等の額」はいずれも「資本等の金額」の誤りであろう。

73) 渋谷・前掲注（71）が執筆された当時では、利益による株式消却を前提とする場合に限ってしか、自己株式取得規制が緩和されていなかった。商法210条の2（平成6年法律第66号による改正後のもの）を参照。

考えにくいと批判される[74]。

（中略）

　最初に挙げた例で言えば，ある残存株主が当該株式を1株当たり950円で購入していたとすれば，その株主に発生している未実現利得は50円である。それにもかかわらず，みなし配当課税の対象となる金額は150円である。

　ところで，このとき生じる問題は，1株当たり950円で株式を購入した株主について，株価が1000円に上昇した後に，150円の現金配当が支払われたという場合の問題と，理論的に共通である。しかし，後者の現金配当に対する課税が許されるとしても，前者のみなし配当課税も許容されるということにはならない。後者の事例は，前述した「配当は当期の利益の一部から支払われる比較的少額のものである。」という前提に該当せず，その点で稀な事例であって，比較の対象として適切でない。そして，後者にある現金の受け取りさえも，前者には欠けるのである。

　以上の設例の検討にあたってまず注意すべきは，その当時には，株式の利益消却があった場合，次の2通りの配当の収入・収益があったものとされていたことである。すなわち，第1は，利益消却の対象となった株式を保有していた株主に対するものであり，個人株主—上記設例では売却株主が該当—の場合には，配当の収入の額は，交付された金銭その他の財産の価額と消却された株式に対応する資本等の金額との差額である[75]。この取扱いは，現行の所得税では，自己株式の取得の場合の取扱いに相当するものである。したがって，現行法下で設例と同様の取引が行われても，売却株主が認識すべき1株あたりの配当の収入は，当該株主にとっての1株あたりの増加益200円ではなく，設例と同様に株式の譲渡対価の額1000円と資本金等の額600円との差額400円となろう。

　第2は，株式の利益消却の直後に残存する株主—上記設例中では「残存株

---

74) 残存株主（個人）が認識すべき配当の収入・収益の額は「消却した株式に対応する資本の金額」とされていたので（所税（平成13年法律第6号による改正前）25条2項1号），この2センテンス中の「資本等の額」及び「資本金等」はいずれも「資本の金額」の誤りであろう。

75) 所税25条1項1号（平成13年法律第6号による改正前のもの）。

主」が該当—に対するものであり，消却した株式に対応する資本の金額が配当の収入となった（以下，旧2項1号みなし配当という）[76]。現行の所得税・法人税にこれと類似の取扱いは存在しないが，平成13年の改正前においては，利益積立金額の資本への組入れがあった時点の株主は，組み入れられた利益と同額の配当の収入を認識すべきものとされており（以下，旧2項2号みなし配当という）[77]，これら2つの取扱いは実質的には同じと指摘されるものだった[78]。なぜなら，旧2項1号みなし配当の局面は，資本の金額を維持したまま，発行済株式の一部が利益で消却されてその総数が減少する場合であり，そのような状況下において，株式一株あたりの資本の金額の増加額を配当の収入と把握しようとするものと理解することが可能であったからである。

旧2項1号みなし配当は，旧2項2号みなし配当と共に，平成13年の改正で廃止されている。このため，設例の取引が現行法下で行われたとしても，残存株主が認識すべき配当の収入の額はない。しかし，以下で見るように，1株あたりの増加益50円を超過して配当の収入を生じさせる旧2項1号のみなし配当の取扱いは，平成13年の改正後でも実質的には維持されているといえる。

仮に，この残存株主がその直後に1株あたり1000円で自己株式の取得を受けるとしよう。すると，残存株主は，1株あたりの増加益の50円ではなく，400円を配当の収入として認識しなければならない。なぜなら，配当の収入の額の算定時に参照される対応資本金等の額が，平成13年の改正前のそれとは異なり，剰余金を減少させて資本金の額を増加させたり，剰余金を原資に自己株式を取得した後，それらを消却したりしても，変化しないものとされているからである（法税令8条1項13号）。他方，平成13年の改正前であれ

---

[76] 所税25条2項1号（平成13年法律第6号による改正前のもの）。
[77] 所税25条2項2号（平成13年法律第6号による改正前のもの）。
[78] 武田昌輔「民商法と課税問題（6）」会計141巻2号240頁，247-249頁（1992年），渡辺徹也「法人分割と租税回避」同『企業取引と租税回避』（中央経済社，2002年）121頁，175頁（初出，1996年）。旧2項1号みなし配当の導入当時の説明としては，たとえば，「II 利益による株式消却の場合のみなし配当」財経詳報233号3‐4頁（1959年），田中嘉男「みなし配当」財政24巻11号9頁，9‐10頁（1959年）参照。

ば，旧2項1号みなし配当として150円の配当の収入が生じた上で，株式の利益消却を伴う自己株式取得による配当の収入の額として，株式譲渡の対価1000円から基因となった株式に対応する資本等の金額750円を控除した250円が生じた[79]。要するに，平成13年の改正後でも，当該株主は1株あたりの投資額である950円を配当の収入の額の算定に用いることができないため，350円の経済的利益を新たに得たかのように取り扱われることになるのである。

当時の取扱いの説明は以上である。そこで，以下では渋谷の見解を具体的に見ていくこととするが，最初に強調しておくべきは，同見解が旧2項みなし配当（特に旧2項2号にみなし配当）に関する，他の数多くの批判と異なるものであったということである。すなわち，旧2項2号みなし配当については，竹内昭夫が，株式配当は株式分割と変わらないとの見解に基づき，株式配当可能利益の資本組入れに伴う新株発行を不要とする商法改正と同時に廃止することを提案したが[80]，当該商法改正後の平成3年の改正では，最低資本金の規制を満たす目的の場合には実施を凍結するという時限付きの特例が設けられただけで，結局維持されたという経緯がある。他方，金子宏は，平成3年の改正前に，旧2項2号みなし配当の維持を主張しており[81]，そのため，金子と竹内との間で論争が繰り広げられた（いわゆる金子＝竹内論争）[82]。

---

[79] 但し，後述するように，平成7年の追加経済対策の一環で，上場会社が公開買付により行う自己株式取得の場合にはみなし配当が生じないものとされた。後掲注（88）参照。

[80] 竹内昭夫「株式配当・無償交付と株式分割（上）」商事1181号24頁（1989年）。竹内は，株式分割が所得税・法人税において配当の収入と見られるべきではないとの理解を前提に，株式配当はこれと同じものであるから，やはり課税対象とすべきではないと主張した。

[81] 金子・前掲注（29）は，①租税政策上好ましい未実現のキャピタルゲインへの課税である，あるいは，②所得種類が配当から株式譲渡利益に転換されるのを防止する上で必要である，という2つの理由により，このみなし配当の維持を主張した。

[82] 竹内昭夫「利益積立金の資本組入れとみなし配当課税の当否（上・下）」商事1258号43頁・1259号30頁（1991年）は，金子・前掲注（29）を，特に，①について，現金その他の財産を手にしていない時点での株主には正当性がないとして，強く批判した。竹内の主たる主張は，「株主にとって，問題は配当の可能性の有無ではなく，配当の有無である」との発想に基づく，資本組入法人と単に利益配当を行わないだけの法人（利益留保法人）との間での公平が達成されるべき（竹内（上）・前掲49頁），あるいは，「未実現のキャピタル・ゲインに課税」することは，「将来必ずそれだけのキャピタル・ゲイ

既にみたように、旧2項1号みなし配当の実質は、旧2項2号みなし配当と同じである。したがって、旧2項2号みなし配当に対する竹内、及び、その賛同者らによる批判[83]は、旧2項1号みなし配当にもそのまま当てはまる。しかしながら、渋谷の指摘は、正当性がないという結論の点でのみ竹内らの批判と共通するに過ぎず、その内実はまったく異なる。そもそも、渋谷は、金子の旧2項2号みなし配当擁護論の前提である「未実現のキャピタル・ゲインも理論上は所得であり、政策的に必要性が認められる限り、これに対して課税することには別段の障害はない」という理解[84]を否定せず、これを受け容れている。その上で渋谷は、「配当の直前において株式を購入した者について」行われる配当への課税が「包括的所得概念を厳密に適用すれば、この株主は所得を得ておらず、この配当への課税は実現どころか発生もしていない所得に対する課税」であるとして擁護し得ない可能性を指摘するのである[85]。このような渋谷の態度は、本書の用語法で言えば、みなし配当について、その実態を清算課税説に沿うものとする必要性を指摘するものと言うことができるだろう。

そして、渋谷は、旧2項1号みなし配当と通常の配当とが「理論的に共通である」ことを承認しつつ、それらの区別を主張する。その区別は、適宜言葉を補って敷衍すれば、以下のようになる。

ンが実現される」のでない限り正当化し難い（竹内（下）・前掲31頁）といったものであり、収益の発生を所得課税の必要条件と見ていたのだろう。それゆえ、収益が発生していなくとも、場合によっては課税可能であるとする金子の主張を決して容認できなかったのだと考えられる。

83) たとえば、岸田雅雄「自己株式取得規制緩和と証券取引法・租税法」ジュリ1029号27頁、30-31頁（1993年）は、みなし配当について、「会社が将来配当をなすことを前提として、これが現時点でなされると『みなし』て課税するものであるが、そもそも会社の配当は利益があって初めてなされるものであり、会社が常に利益を生ずると考える前提が問題である」とする。また、荒井勇「税制上の問題への対応策」日本証券経済研究所『企業金融と自己株式取得に関する研究の中間報告』（日本証券経済研究所、1992年）53頁、54-56頁は、旧2項1号みなし配当を「会社の発行済株式数が消却により減った分だけ1株当たり資産価値が増加するもの」と認識し、これを批判する。

84) 金子・前掲注（29）235頁。

85) 渋谷・前掲注（71）21-22頁。もっとも、金子・前掲注（29）236頁においてもこの点が旧2項2号みなし配当の欠点であると認識されると共に、その対処の必要性が指摘されていた。

通常の配当であっても，それが「配当の直前において株式を購入した者」に対して認識されるものである場合には，「発生もしていない所得に対する課税」となる可能性は確かに高いであろう。だが，その課税は「当期の利益の一部から支払われる比較的少額のもの〔であって〕…過去に留保された利益にまで食い込むことは少な〔く〕…金額の点でも，株価と比較すれば配当額は小さく，配当落ちによる株価下落も，通常の株価変動に吸収される程度であるに過ぎない」であろう。そのため，「所得のないところに課税されるということは少なく，それによる実害は小さい」から，不当と評価する程のものではない[86]。他方，旧2項1号みなし配当は，その原因たる利益による株式消却が「当期の利益の一部から支払われる比較的少額のもの〔といい難い〕…稀な事例」である。したがって，旧2項1号みなし配当を通常の配当と同様に考えることはできず，それは不当と評価されるべきである[87]。

　もっとも，このような渋谷の指摘は，自己株式取得の場合のみなし配当への課税が通常の配当への課税と異なり，容認しがたい不当なものである，との評価にとどまるものであり，具体的な改善策の提示には至っていない。すなわち，自己株式取得の場合のみなし配当は，この渋谷論文の公表時点で「証券市場の活性化」という政策の達成を目指して，自己株式取得が公開買付けを通じて実施される限り，当面の間凍結することとされていたが[88]，渋

---

86) 渋谷・前掲注（71）22頁。なお，「配当がこのように当期の利益の一部から支払われる比較的少額のものであるということが，現行の配当及び株式譲渡益に対する課税を許容し得る前提である」とも表現されることから明らかなように，正当とは評価されず，不当とは言えないとされているに過ぎないことに注意。

87) 渋谷・前掲注（71）23-24頁。また，売却株主に対するみなし配当についても同様の指摘がなされている。同24-25頁。もっとも，これらの箇所においても渋谷は，通常の配当と同じとは言えないと述べるのみで，不当であるとの断定を慎重にも避ける。そして，自己株式取得の場合のみなし配当に対する課税が凍結されたことを契機に，はじめて自己株式取得が行われるようになった事実を以て，上記みなし配当への課税が当該取引の禁止的効果を持ってしまっていたと評価し，その凍結を好ましいものだったと結論付けるのである。同28頁。なお，凍結後の自己株式取得の実態としては，たとえば，大和証券法務部「自己株式取得と利益消却の実務〈第6回・完〉」資料版商事法務146号11頁，13頁（1996年）を参照。これによると，日本アムウェイが先陣を切ってからの約半年の間の事例10件のうち，予定消却総額が税引予想利益を下回るのは3件のみであったようである。

88) 経済対策閣僚会議「経済対策―景気回復を確実とするために―」（平成7年9月10

谷はこの凍結への支持を表明するだけで，これを廃止すべきとも，何らかの改善を施すべきとも述べなかったのである[89]。

公開買付けを通じて行われる限り，自己株式取得が行われてもみなし配当がなかったものとする特例は，拡大と延長が幾度も繰り返された後[90]，平成22年3月31日をもって終了している。だが，上述したように，みなし配当の取扱いの根本には凍結前から変化がない。それにもかかわらず，みなし配当の取扱いが再開されたのは，株式譲渡損失と配当所得との間での損益通算が上場株式等について認められるようになったためであるが（租特37条の12の

日）を参照。この平成7年の追加経済対策の1つとして，上場会社等が公開買付を通じて行う利益消却の場合のみなし配当は，残存株主に対するもの（旧2項1号みなし配当）だけでなく，売却株主に対するもの共に平成11年3月31日まで凍結されたのである。租特9条の5（平成7年法律第131号による改正後のもの），67条の7を参照。

[89] 渋谷・前掲注（71）28-29頁。なお，他の論者による提言や指摘には次のようなものがある。増井・前掲注（25）48頁は，税法上の配当概念の基礎の候補として，利益積立金額だけでなく，「社員の観点からみて元本の拠出部分と投資リターンに相当する部分とを峻別するための個人用勘定項目」も指摘する。また，渡辺徹也「みなし配当課税と租税回避」同『企業取引と租税回避』（中央経済社，2002年）209頁，216-220頁（初出，1996年）では，旧2項2号みなし配当について，①株主の「未実現」所得（株式の所有により株主に帰属する値上がり益）の額と旧2項2号みなし配当の額とが不一致となる可能性があること，②旧2項2号みなし配当などを通じた，課税されない「未実現」所得の範囲の縮小が，値上がり益のみを対象とする片面的なものになってしまっていること，③個人株主について，株式譲渡所得と配当所得との通算が認められないために，課税所得の過大計上の余地が拡大してしまっていること，といった問題点を指摘する。なお，渡辺・前掲注（57）49頁注90も参照。

[90] 平成10年の改正では，消却特例法に基づき資本準備金を原資とする自己株式取得が可能となったことに伴い，その場合のみなし配当が期限の定めなく廃止された。租特9条の7（平成10年法律第11号による改正後のもの）参照。また，公開買付けを通じた自己株式取得の場合のみなし配当の凍結は当初平成11年3月31日までとされていたが，平成11年の改正（平成11年法律第9号）により平成14年3月31日まで延長された後，平成13年の改正の際には，旧2項1号みなし配当の廃止に伴い，売却株主に対するみなし配当をの凍結として残存させられている。租特9条の4（平成13年法律第7号による改正後のもの）参照。さらに，この措置は，平成13年の商法改正に伴って，公開買付を通じた自己株式取得を受けた売却株主に係る取扱いへと改変された後（租特9条の4（平成13年法律第80号による改正後のもの）参照），次のように延長が繰り返された。平成14年の改正（平成14年法律第15号により，平成17年3月31日まで延長），平成17年の改正（平成17年法律第21号により，平成19年3月31日まで延長），平成19年の改正（平成19年法律第6号により，平成21年3月31日まで延長），平成21年の改正（平成21年法律第13号により，平成22年3月31日まで延長）。

2)[91]，その損益通算も同様に政策的措置の色合いが強いものであって，みなし配当の取扱いに理論的な正当性が備わったとは必ずしも言えないのである。

　また，この場合の損益通算が単なる政策措置とみるべきものでなく，理論的に正当なものであるとしても[92]，そのことから直ちにみなし配当の取扱いが全く問題のないものになると言うことはできないように思われる。なぜなら，配当の収入と通算されるとはいえ，株式譲渡損失を作り出すことが正当であるのかという疑問が残るからである。

第5節　株主個人か，それとも株主集団か

　第3節では，本来の配当の取扱いについて，第4節では，みなし配当の取扱いについて，配当益説に親和的であるのか，それとも清算課税説に親和的であるのかという視点から，それらの特徴について検討してきた。その結果を簡潔にまとめるなら，次のようになる。

　まず，本来の配当については，「株主たる地位に基づく」という外形に大きなウェートが置かれる結果，配当益説に依っているという以外に説明が困難な状況が存在していると言うことができる。もちろん，みなし配当というカテゴリの存在それ自体が示唆するように，あらゆる「株主たる地位に基づく」支払いが配当とされているわけではなく，交付された金銭等に原資の回収の要素が含まれる可能性が高い，合併や分割型分割，残余財産の分配，資

---

91)　平成22年法律第6号を参照。財務省『平成22年度　税制改正の解説』（2010年）127頁は，この改正の趣旨について，「この特例は，所有する株式の取得価額が，その株式を発行した上場会社等の資本金等の額のうちその株式に対応する金額よりも大きい株主が公開買付けに応じた場合には，譲渡損失が生じていながら配当に課税が行われることになり，結果としてその株主が公開買付けに応じないことがあるという事情等に配慮して措置されたものですが，平成21年分から上場株式等の譲渡損失と配当所得の損益通算が可能となったことによってこのような事情が解消された」と説明する。なお，上場株式等に係る通算制度の趣旨については，税制調査会「金融所得課税の一体化についての基本的考え方」2-(2)-[2]（2004年6月15日）を参照。
92)　損益通算は包括的所得概念と親和的とされることが多い。たとえば，佐藤・前掲注(18) 291-294頁。

本剰余金の減少を伴う剰余金の配当などは，本来の配当の対象から除かれている。しかし，取引の外形とその経済的実質とは必ずしも合致しないから，その場合，株主の所得には過不足が生じざるを得ないことになる。

　他方，みなし配当は，「株主たる地位に基づく」支払いのうち，株主による法人への投資が全部または一部が終了する際に用いられるであろう諸取引において，投資の終了という性格に相応しい取扱いを認める一方で，本来の配当と同様の扱いも同時に行おうとするものだから，外形だけのオール・オア・ナッシングの判断とはならず，数値を参照した量的な判断となる。だが，量的判断のために参照される数値は，その時点での株主の側から見た原資の総額とは必ずしも一致しない資本金等の額である。そのため，配当の収入・収益とされる額と株主の下での増加益の総額とはやはり乖離する傾向にある。なお，乖離が生じるのは，株主の下で配当の収入・収益となるべきものの総額を示す利益積立金額を参照せずに，株主が拠出した原資の総額たる資本金等の額を参照しているからではない。このことは，第4節でみたように，資本に組み入れられた（あるいは組み入れられたとみることができる）利益積立金額を配当の収入や収益とする旧2項1号・2号みなし配当がやはり乖離を生じさせるものであったことから明らかであろう。

　このように，本来の配当，みなし配当のいずれについても，株主の下で既に生じていた増加益を「株主たる地位に基づく」支払いがあったことを機会に把握するものとは言い難い側面が認められる。しかし，この認識は，分配があった時点の個々の株主に着目することを前提としたものであり，その前提に異論があり得るかもしれない。なぜなら，法人に原資の拠出を行ったり，法人から利益を受け取ったり，原資の回収を受けたりするのは，集団としての株主であるからである。

　個々の株主でなく，集合としての株主に着目するという発想は，これまで見てきた日本の判決にはあまり見られない。これに対し，アメリカ法には，集団としての株主にとって増加益が存することを根拠に，個々の株主の増加益がないという納税者の異議申立てを排斥した連邦最高裁判決がある（*Phellis* 判決）[93]。そこで，本節では集団としての株主を基準とした場合には

第 5 節　株主個人か，それとも株主集団か　*43*

どのような評価になるのかを，上記連邦最高裁判決の考察を手がかりとして，確認しておくこととしたい。

　Phellis は，E. I. du Pont de Nemours Powder Company（以下，旧 du Pont 社という）が New Jersey 州から Delaware 州へと移転する組織再編成を達成するために実施した E. I. du Pont de Nemours & Company（以下，新 du Pont 社という）の普通株式の配当が，株主であった C. W. Phellis の所得を増加させるものであるか否かが争われた事件である。問題となった制定法は1913年歳入法（Revenue Act of 1913）であり―同法は，合衆国憲法修正16条の発効に伴い，今日まで続く連邦所得税が創設された時点の制定法である―，具体的には，連邦所得税の課税標準たる「純所得（net income）」を定義する同法第 2 節 B 条本文の「純所得には…配当…から生じた利益，利潤，収益（gains, profits, and income derived from … dividends）…を含む」という規定が上記の配当をも対象としたものであるか否かが争点であった。

　旧 du Pont 社の株主らが承認し，会社の行為として実施された組織再編成の内容は次のようなものであった。新 du Pont 社は 6 パーセントの累積優先配当がある優先株（debenture stock）と普通株式とを発行する権限が与えられて設立される。旧 du Pont 社の暖簾を含む全資産は新 du Pont 社へと譲渡され，新 du Pont 社は株券（capital stock）及び担保付社債（funded debt）以外の旧 du Pont 社の返済義務の全てを引き受ける。また，上記譲渡の対価として，旧 du Pont 社は1,484,000ドルの現金を保持するほか，額面総額59,661,700ドルの新 du Pont 社優先株と額面総額58,854,200ドルの新 du Pont 社普通株式を受領するが，それらのうち新 du Pont 社普通株式はその直後に旧 du Pont 社の普通株主に対し，旧株 1 株あたり新株 2 株ずつとなるように配当として分配される。

　なお，組織再編後も旧 du Pont 社は同社の発行済普通株式の額面総額と額面総額が同じ新 du Pont 社優先株を保有し続けたまま存続し，旧 du Pont 社株主は同社普通株式をそのまま保有し続けた[94]。したがって，*Phellis* の

---

93) United States v. Phellis, 257 U.S. 156 (1921).
94) *Phellis*, 257 U.S. at 166-167.

組織再編は、経済的実態としては設立地変更に近いが、形式的には spin-off であったわけである[95]。

納税者のC. W. Phellis は、旧 du Pont 社普通株式250株を保有しており（1株あたりの時価795ドル）、新 du Pont 社普通株式500株の交付を受けた（1株あたり347.5ドル）。これに対し、内国歳入庁長官は新 du Pont 社普通株式1株あたりの時価347.5ドルの所得を得たものとして不足税額決定を行った。そこで、C. W. Phellis が不足税額を納付した上で還付を請求して訴訟となったところ、請求裁判所（Court of Claims）は、配当の前後で所有株式全体の価値に変化がなく、問題の取引全体は「事業の財務的組織再編成（a financial reorganization of the business）」に過ぎないと考えられるから、Peabody 判決[96]でなく Macomber 判決[97]が適用されるとして、C. W. Phellis には所得が生じていないと判決した[98]。しかし、連邦最高裁は、Pitney 裁判官の法廷意見により、新 du Pont 社の現物配当を受けたとみるべきであり、C. W. Phellis には所得が生じていると判断して、請求裁判所の判決を覆した上で差し戻したのである[99]。

Pitney 裁判官は、Phellis において、Macomber 判決の適用のある「事業の財務的組織再編成」に当たるか否かについての詳細な分析も行っており——なお、Phellis においては結論において否定——、その箇所も判例法上の非課税組織再編成の要件を示したものとして重要ではあるが[100]、本書の目的で注目されるのは、次に引用する、連邦所得税初期の諸事件の集大成ともいう

---

95) Phellis には、連邦最高裁において併合審理され、同日に判決が下されたコンパニオン・ケースの Rockefeller がある。この事件では、石油の生産等を行う会社が、製品を輸送するためのパイプラインを持つ会社の株式を株主に分配するという純然たる spin-off の取扱いが問題となったが、連邦最高裁は、同じ Pitney 裁判官の意見により、Phellis 判決の判示に依拠しつつ、課税対象の配当であったと結論づけている。See Rockefeller v. United States, 257 U.S. 176 (1921).
96) Peabody v. Eisner, 247 U.S. 347 (1918).
97) Eisner v. Macomber, 252 U.S. 189 (1920).
98) Phellis, 257 U.S. at 168.
99) Phellis, 257 U.S. at 175. なお、McReynolds 裁判官が反対意見を書き、Van Devanter 裁判官がこれに同意している。See Phellis, 257 U.S. at 175-176.
100) 日本における紹介と分析として、岡村忠生「マッコンバー判決再考」税法学546号48頁（2000年）参照。

べき，税法上の配当の意義についての判示である（名前を一部改めた。また，丸番号，下線は引用者が付加）[101]。

　市場価値が本源的価値（intrinsic values）の正確な像であると仮定するとしても，①それらは，請求人たる C. W. Phellis が組織再編成とそれに伴う問題の配当があっただけで財産全体の増加を得たわけでないことを示すだけのものであって，それらは，問題の配当が所得を構成しないことを示すものではないのである。そのように仮定しても，New Jersey 株式の価値は，当初からの投下資本（original capital investment）と，旧 du Pont 社の事業活動に由来し，その剰余金を構成していた増価（accpretions）を反映するものであること，また，剰余金は，配当が行われるまで，個々の株主が自身の原資（capital）の価値の増加という途以外には権利関係を有しないものであったことが想定される。そのような，②会社の財産が積み重ねられた剰余金の一部を個々の株主の財産へと転換することがまさに配当の役割なのである。株主の持分（share）は配当によって解放され，株主によって，会社からの利潤または収益として引き出されるのである。分配によって，同額だけ，持分の本源的な原資としての価値が減少することは──金額の大小にかかわらず，現金で支払われるか，それ以外の分配可能な資産で支払われるかにかかわらず──全ての配当に認められる通常かつ必然的な効果（normal and necessary effect）である。しかし，③そうした減少は，法人が過去に獲得した増加益（gain）を表象するものである限り，配当，すなわち，株主が得た収益を構成するものなのである。したがって，問題の配当直前の価値合計と問題の配当の直後の価値合計との比較は，配当という手段を通じた個人所得の受領があったか否か，ひいては，株主が課税されるか否かを決する際に参照すべきテストではないのである。

　税の賦課において，いかにも困難そうな事例が生じる可能性は確かにある。この事件のように，配当が長期間にわたって積み立てられた利潤の分配から成っており，株式の額面額の大部分を担う場合において，ある投資家が配当の直前にたまたま株式を購入してしまい，会社の原資に剰余金を足したものの測定によって拡大した価格を支払い，剰余金の分配の後に，その株式の本源的な市場価値が分配に対応して減少する中，受け取った配当について当該投資家は税

---

101) *Phellis*, 257 U.S. at 170-171.

を支払わなければならないとしよう。この投資家のケースは，原資への課税のケースに見えるかもしれない。しかし，あくまでそのように見えるだけに過ぎない。積み立てられた利潤を反映した価格での購入する際，この投資家は，交換価値のある諸権利の一部として積立からの配当の見込みも取得した—いわゆる「配当付き」で購入を行った—のである。したがって，配当がなされる場合には，その時に，配当を理由に自身に賦課されるべき所得税の負担に服さなければならないのである。④この投資家は，その他の点と同様に，この点においても，取得した株式の持主であった株主の跡を引き継いだ（stepped into the shoes）に過ぎないのである。また，⑤配当の見込みは支払価格に影響するだろうし，見込まれる配当について支払うことになる所得税の見込みだけ割り引かれもするだろう。したがって，会社の利潤から支払われる配当が株主の所得を構成するか否かという問題は，配当に先立つ株式の転々譲渡によって影響を受けないのである。

　この判示は2つのパラグラフから構成されているが，前半部分は配当の所得性—配当がなぜ所得であるのか—についての一般論であり，後半部分は，*Phellis* で実施されたような，巨額の留保利益を払い出す場合であっても配当の所得性に影響がないとする理由である。ここで，最初に注目すべきなのは，前半部分の①及び②において，第2節で見た清算課税説に整合的な配当の理解が示されていることであろう。すなわち，①では，一般論として，配当の前後で株主の経済状況が好転するわけでないことが明言されており，これは配当益説の否定と言える。そして，②では，過去に株主が原資の価値増加を通じて享受してきた増加益が，形を変えて株主の下に流入する機会を捉えて所得が認識されていること—税法上の実現主義が妥当すること—が明らかにされる。

　もっとも，第2節でも指摘したように，税法上の実現は，理論的には，特定の形態に縛られるものではなく，②のすぐ上で提示されている権利関係の増加という基準の提示は，本来は立法政策上の判断によるべきものと考えられる。それにもかかわらず，アメリカ法では，連邦議会でなく連邦最高裁がその基準を *Macomber* 判決において示し，今なお裁判などで通用している

のであるが[102]，それは，連邦議会の直接税の課税権限が所得に限定されるという独特の憲法構造に由来するものと言うべきであろう。また，アメリカ法においても，実現の基準は連邦議会が決定できるものと理解するのが現在では一般的である[103]。

前半でもう一つ注目されるのが③の箇所である。当然のことを述べているにすぎないと感じる向きもあろうが，Pitney 裁判官が過去に関わった *Hornby* 判決[104]を踏まえれば，この箇所には同判決の明確化の意義が認められる。

Hornby は，連邦所得税の課税が開始した1913年 3 月 1 日に先立って発生した値上がり益や留保利益が1914年中に配当として支払われた場合に株主の下で所得が生じたこととなるのかが争われた事件であり，連邦最高裁は，そのような1913年前の利益を払い出しても課税所得とならないものとする改正が行われた後であったにもかかわらず[105]，Pitney 裁判官の法廷意見により，全員一致で所得として課税できると判決した[106]。もちろん，*Hornby* 判決に

---

102) *E.g.* Cottage Savings Association v. Commissioner, 499 U.S. 544, 554-556 (1991).
103) Chirelstein & Zelenak, *supra* note 35, at Sec. 5.01 Paragraph 1-2. *See also* William D. Andrews & Peter J. Wiedenbeck, BASIC FEDERAL INCOME TAXATION, at 235 Notes and Questions No. 7 (6th Ed., 2009).
104) Lynch v. Hornby, 247 U.S. 339 (1918), *rev'g* 236 F. 661 (8th Cir., 1916).
105) Revenue Act of 1916, §2 (a), 39 Stat. 756, 757 (1916). 同法では 2 条 (a) 但書きにおいて「タイトルI（引用者注：タイトルIの名称は"Income Tax"）における『配当』という文言は，法人 (corporation)，ジョイント・ストック・カンパニー，団体 (association)，生命保険会社が実施する，ないし，実施することを命ずる分配のうち，1913年 3 月 1 日以降に発生した（accrued）上記法人等の E&P（earnings or profits）から払い出され，かつ，その株主に対して支払われるものの意味である」と規定された。なお，このような配当の定義は，優先順位―払出しは新しい E&P から行われたものとみなす―の追加（(1917年の）戦時歳入法による改正。Revenue Act of 1916, §31, *added by* War Revenue Act, §1211, 40 Stat. 300, 337-38 (1917)），当期 E&P を留保 E&P と別に配当の原資とする（1936年歳入法による改正。Revenue Act of 1936, §14, 49 Stat. 1648, 1687 (1936)）などの若干の付加的改正を経た上で今日でも維持されている。*See* I.R.C. §316 (a).
106) Hornby は同改正を1913年歳入法における「配当（dividend）」という文言の意義を宣言する趣旨のものだったと主張したが，Pitney 裁判官は，憲法上の疑義を考えた上での譲歩（concession）であったと考えるのが合理的と判示してこれを退けている。*See Hornby*, 247 U.S. at 345-346.

おいても，Pitney 裁判官は「法人が，事業を継続する間に（in the ordinary course of business），その株主に対して宣言し，支払ったすべての配当は，当期の収益（current earnings）からのものであるか，過去の収益（past earnings）や法人資産の価値上昇から成る留保剰余金からのものであるかにかかわらず，また，全部または一部が1913年3月1日前に当該法人に生じたものであったとしても，…納税者（taxable person）の純所得に含まれる」と判示したのであり，法人利益が払い出されることの重視は窺われる[107]。しかし，連邦最高裁は，課税開始日前の値上がり益から成る譲渡利益への課税を否定する判断を，Pitney 裁判官による全員一致の法廷意見によって *Hornby* 判決の直前に下しており（Michell Bros. Co. 判決）[108]，さらに，Pitney 裁判官は，*Macomber* の法廷意見において，*Michell Bros. Co.* 判決の内容が連邦所得税下の事件についても先例となることを明言していた[109]。したがって，*Hornby* 判決だけでみれば，第3節で見た（日本の）鈴や金融最高裁判決と同様に，配当としての顕著な外形が存在さえすれば配当として認識されるとの判示と理解することもできたのであるが[110]，*Hornby* と同様に1913年歳入法の解釈が問題となった *Phellis* において③の判示がなされたことで，そのような理解は妥当でないと言うことができるようになったわけ

---

[107] *Hornby*, 247 U.S. at 344. しかし，「～は純所得に含まれる」いう言い回しであるので，法人利益からのものでなくとも配当と理解され，純所得に含まれることとなる可能性は排除されていないと考えられるのである。

[108] Doyle v. Mitchell Bros. Co., 247 U.S. 179 (1918). 但し，1909年の法人所得税（Corporate Excise Tax）下の事件ではある。

[109] *Macomber*, 252 U.S. at 207. *Macomber* 判決は「所得（income）とは，資本（capital），労務（labor），あるいはその両方から得られる利得（gain）であると定義できよう」という所得定義を示したものとしても著名であるが，この下りは *Michell Bros. Co.* 判決からの引用なのである。

[110] さらに，*Hornby* とは異なり，1913年3月1日前に発生した値上がり益や留保利益を清算分配として手にした場合の課税が争われた *Turrish* では，連邦最高裁が同日に判決したにもかかわらず，所得として課税できないとされた（McKenna 裁判官法廷意見。但し，Pitney 裁判官が参加）。*See* Lynch v. Turrish, 247 U.S. 221 (1918). したがって，*Hornby* に，株主にとっても，法人にとっても連邦所得税において所得として課税されないものが，配当の外観を有する以上は所得として課税できるとした側面があったことは否定し難いのである。*See also* Roswell Magill, TAXABLE INCOME, at 28 (revised ed. 1945).

である。

　また，上記③の箇所は，後半のパラグラフの④および⑤の箇所の意義を考える上でも重要であろう。④および⑤の箇所は，それら単独で見れば，課税権者から配当を受け取ったと認識される地位を他の株主たる地位と共に引き継ぐこと，および，そのような不利な地位を引き継ぐ以上，購入代金を引き下げるであろうと推測されることを述べたものにしか見えないが，③の箇所も踏まえ，それらを一体として見れば，法人利益は，どこかの時点では，その時点での株主の下で配当として把握され，所得課税に服することが予定されたものである，との理解が可能となる[111]。この理解は，配当への連邦所得税の課税が新株主に対して行われ得ることを，資産の値上がり益への連邦所得税の課税が新所有者に対して行われ得るようになっていることとパラレルに把握しようとするものと言えるだろう。

　すなわち，子会社清算や，出資，組織再編成では，一定の要件を満たすことにより，実現利益の非課税（損益不認識）が認められるが[112]，その場合でも，移転資産の基準価格（basis）が移転先に引き継がれること（carry-over basis, transferred basis）によって，――実現利益がそのまま引き継がれるわけはなく，新たに実現利益が生じるという形ではあるものの――将来に課税する機会の確保が図られる[113]。あるいは，含み益のある資産の贈与でも，贈与者は連邦所得税の課税を受けず，受贈者も受贈益について連邦所得税の課税を受けないが[114]，贈与者の基準価格が受贈者に引き継がれることにより，

---

111) Magill, *supra* note 110, at 29.
112) I.R.C. §337 (a); §351 (a);§354 (a); §355 (a).
113) I.R.C. §334 (b); §362 (a)-(b). 但し，（非課税）組織再編成のうち，法人から株主への移転（分配）については，旧株式の基準価格の全部または一部が付け替える（substituted basis, exchanged basis）とされているから，（分配）法人が付していた基準価格は失われる。See I.R.C. §361 (c); §358 (a). もっとも，この局面で非課税（譲渡利益不認識）が認められるのは，分配資産が自己株式である場合か，組織再編成のプランに則って交換で取得した組織再編成の当事者法人の株式や債務（obligations）である場合だけであるから（I.R.C. §361 (c) (2)），実質的な基準価格の喪失はないことに注意（失われるのは，C型組織再編成や（分割型）D型組織再編成において組織再編成当事者法人に資産を移転するのと引き換えに取得した（組織再編成当事者法人の）株式等の基準価格であり，これは移転した資産に付していた基準価格が付け替えられたものである）。また，移転資産の基準価格は，組織再編成当事者法人の下で維持されるのである）。

―贈与者の下で生じる可能性のあった実現利益と同程度のそれが受贈者の下で生じ得るようにすると形で―将来の課税の機会が残される。このような課税の可能性に直面する新所有者は，―非課税規定の作用により，総所得の算定上認識しなかったとはいえ―譲り受けた資産の時価に相当する収入や収益を得ていたのであるから[115]，その立場は株式を時価取得した新株主のそれと類似する。さらに，受贈者への課税の合憲性を確認した *Taft* 判決においては，受贈者に対する課税を通じて贈与者に対して行われるはずだった課税を確保する連邦議会の権限が合憲の理由とされたが，その根拠として *Phellis* 判決が引用されているのである[116]。

もっとも，以上のように，新株主に対する配当への課税は，組織再編成や贈与などがあった場合の新所有者に対する実現利益への課税と同じ土俵で評価されるべきものという見地に立つと，前者のそれは過剰ないし不要ではないか，との疑念も生じる。なぜなら，旧株主は確かに配当への連邦所得税の課税は受けないものの，新株主に株式を売却したことによる実現利益への連邦所得税の課税は受けているはずであろう。旧株主から新株主に株式が贈与された場合のように，旧株主に対する実現利益への課税が未実施ということも考えられるが，その場合には，新株主は配当への課税の可能性に加えて，実現利益への課税の可能性にも直面することとなる。配当も実現した増加益（実現利益の一種）とみる限り，この結果は，清算課税説でなく，配当益説に

---

114) I.R.C. §102 (a) で非課税となるのは贈与等で取得した財産の価値のみであって，贈与者が連邦所得税の課税を受けないことを直接根拠づける制定法の規定は存在しないが，連邦所得税に関する高名なケースブックである Andrews & Wiedenbeck には，「〔贈与者〕は譲渡に際して何も実現させていない〔からだ〕。1001条（b）参照」との説明が見られる。1001条（b）は，実現利益を算定するための実現額（amount realized）の定義規定であり，同額は日本の所得税・法人税における収入・収益に相当する概念であるから，代わりに何も得ていないので資産の値上がり益は実現しない，という趣旨であろう。See Andrews & Wiedenbeck, *supra* note 103, at 165; I.R.C. §1001 (b).

115) I.R.C. §1032 (a); §102. また，Roswell Magill は「〔出資を受けた〕法人は出資財産の価値を自身の株式によって支払っているし，当該財産を取得した時点の時価で帳簿に記録するのが，課税以外のすべての目的においては通常である。それゆえ，譲渡人の取得費（cost）に基づく連邦所得税は，法人の原資（corporate capital）に対する税であると主張されるのである」と述べる。See also Magill, *supra* note 110 at 171.

116) Taft v. Bowers, 278 U.S. 470, 482-483 (1928).

よってしか説明できないようにも見えるのである。

第6節　配当への所得課税の性格——具体例の検討

本章では税法上の配当概念の内容を概観しつつ，その内容が配当の時点で新たに生じた所得とみる配当益説ではなく，発生済みの増加益を所得として把握したものという清算課税説から説明できるものであるのか，説明が困難とすればそれはどのような点によるのかを明らかにするという見地から，検討・考察を行ってきた。この第6節では，そうした配当の取扱いの特徴を一層明確化し，さらなる検討の助けとするために，具体例を示しておくこととしたい。なお，第5節はアメリカ法（連邦所得税）を検討の素材としたが，第2章では主として日本法を検討の対象とするので，具体例は基本的に日本法（所得税）で示すこととし，必要な範囲でアメリカ法（連邦所得税）の取扱いにも言及することとする。

最初は，事業の失敗も，株主の交代もない例である（以下，ケース1という）。

> ケース1：
> 日本の居住者であるAは，内国法人の株式会社B社の原始株主として，ある年（以下，この文脈において0年目という）の1月1日に1株あたり1500円，合計で150万円を拠出してB社普通株式1,000株を受け取った。Aは，翌年以降の1月1日に[117]，毎年1株あたり現金60円，合計で6万円の剰余金の配当を受けるが，その際，B社はその他利益剰余金を減少させるものとする。また，Aは，B社が解散することなく，上記の剰余金の配当を半永久的に行うものと予測しており，AがB社への投資に必要と考える課税前の収益率は4パーセントであったとする。

---

[117] この日に配当決議があり，AのB社に対する具体的剰余金配当支払請求権が生じるものとする。剰余金の配当に係る権利関係については，たとえば，江頭憲治郎『株式会社法〔第6版〕』（有斐閣，2015年）683-685頁を参照。

ケース1において，Aは，B社普通株式を永久年金（perpetuity）の一種と考えているのであり[118]，それゆえ，毎年，1月1日に1株あたり60円の剰余金の配当を受け取ることになった後，すなわち，配当落ちとなった後であっても，B社普通株式1株を最初に投資した時と同じ1,500円と評価する[119]。Aは，新たに1株あたり600円の現金を手にする一方で，B社普通株式1株について何らの損失も蒙らない―マイナスの増加益を経験することはない―のである。ケース1において1株あたり60円，合計で6万円となる剰余金の配当が所税24条1項により，全額が配当の収入とされ，その全額がXの配当所得に算入されること（所税24条2項）は，清算課税説と完全に整合的な，至極まっとうな所得課税の結果だと言えるであろう。

なぜなら，Aが毎年1月1日に6万円の剰余金の配当を受けること―より正確には，6万円の現金の支払いをB社に求める具体的剰余金配当支払請求権が発生すること―それ自体が，Aにその年の純資産増加（増加益）をもたらしているわけではないからである。もちろん，AがB社普通株式1,000株に関して6万円の純資産増加を経験した―Aの下で増加益が生じた―のは間違いない。しかし，その増加は剰余金の配当の手続きが採られたx年1月1日ではなく，その前のx-1年中に生じたものである。要するに，包括的所得概念によれば，Aは剰余金の配当を受ける前の年において所得を

---

[118] 前掲注（67）で紹介した Chirelstein & Zelenak, *supra* note 35 の説明を参照。Aをはじめとする株主は，B社が解散することはないと想定しているため，専ら毎年の剰余金の配当のみに着目してB社普通株式の価値を評価することになる。

[119] P は，毎年の収益を A，毎年の課税前収益率を r とすると，初項 $a_1 = \dfrac{A}{1+r}$，公比 $\dfrac{1}{1+r}$ の等比数列 a_n を無限に足しあわせたものと理解できる。したがって，

$$P = \sum_{i=1}^{\infty} \frac{A}{(1+r)^i} = \frac{A}{1+r} \sum_{i=1}^{\infty} \left(\frac{1}{1+r}\right)^{i-1} = \frac{-\dfrac{A}{1+r}}{\dfrac{1}{1+r}-1} = \frac{\dfrac{A}{1+r}}{\dfrac{1+r-1}{1+r}} = \frac{A}{r}$$

のように無限等比級数の和の公式を用いて計算できる。デービット・G・ルーエンバーガー『金融工学入門〔第2版〕』（日本経済新聞社，2015年）55-56頁，及び，草野耕一『金融課税法講義〔補訂版〕』（商事法務，2010年）33頁を参照。したがって，毎年1月1日時点でのXのY普通株式1株の評価額は，$\dfrac{60}{0.04} = 1500$ となる。

得たものとされるべきなのであり[120]、それにもかかわらず、剰余金の配当のあった時点の所得とすることは、剰余金の配当を機会に発生済みの増加益を所得として課税の対象とする清算課税説に合致するものと言えるのである。

次に、ケース1に、事業の失敗という損失（マイナスの増加益）が生じる要素を追加する（以下、ケース2という）。

> ケース2：
> 　B社は、ある年（この場合において、y年目という）に経営上の失敗に直面し、B社株式について1株あたり750円の欠損（マイナスの利益剰余金）が生じた。そのため、B社は、y＋1年目の1月1日の剰余金の配当を0円（無配）にすると共に、1株あたり750円の資本剰余金を用いてこの欠損をゼロとする損失の処理を行った[121]。その後、B社は、規模を縮小したものの、経営を立て直すことに成功し、y＋2年目の1月1日には1株あたり30円の剰余金の配当（現金）を、その他利益剰余金を減少させる形で実施する。また、B社は、y＋3年目以降も、1月1日に同様の剰余金の配当を実施すると見込まれているものとする。

ケース2において、Aは、y＋1年目の1月1日時点のB社普通株式1株を、翌年以降の剰余金の配当が30円であると予測するから、750円と評価するはずである[122]。この額は、Aが0年目にB社普通株式を取得した時点で算出した評価額1500円から750円だけ減少している。したがって、Aは、B社普通株式1株につき750円、合計で75万円の損失（マイナスの増加益）を蒙ったことになる。

---

[120] 同様の理解を示すものとして、たとえば、大日方隆『企業会計の資本と利益』（森山書店、1994年）194頁参照。

[121] 会社法448条1項、会社計算規則26条2項、29条1項1号。

[122] ケース2でもY普通株式が（Xにとって）永久年金の一種であるという点に違いはない（但し、毎年の収益は30円に減額している）から、その評価額は、$\frac{30}{0.04} = 750$ となる。

B社普通株式を保持し続ける限り，Aは，この損失を所得税制上認識できない可能性が高い（取得原価主義）[123]。それにもかかわらず，y＋2年目以降のB社普通株式1株あたり30円，合計3万円の剰余金の配当は，その全額が配当の収入として全額がAの配当所得のに算入され[124]，その年の所得として課税されるのである。

このようなケース2の課税結果は，第4節で触れた，損失の処理が行われた後の剰余金の配当の取扱いを具体的に示したものである。第4節では，この取扱いについて「原資を超えるものが所得であるという所得課税の考え方〔に反する〕」という岡村の批判[125]があることも併せて紹介した。この批判に対しては，B社はy＋1年目以降は毎年利益を獲得し，Aもy＋2年目以降の毎年，前年のB社の利益から剰余金の配当を受けているのであるから，との反論があるかもしれない。しかし，利益や所得が年単位で計算される点のみを極端に強調する偏った見解との再反論を免れ得ないであろう。

年単位といった画一的な期間での計算は，所得税制を現実に執行していく上で不可欠なものに過ぎないのであって，そこに内在的な正しさは存在しない。ケース2においてB社が損失の処理を行ってy＋1年目以降に利益剰余金を積み立てることができたのは，y年目の損失が資本剰余金で覆い隠され，打ち消された結果に過ぎない。さらに，資本剰余金を用いて損失の処理が行われても，それ自体で分配可能利益が増えるわけではない[126]。ケース2と異なりB社がy年目に損失の処理を行わなくとも，他が一定であれば，B社のy＋1年目以降の分配可能額に変化はなく，実施される剰余金の配当の内実は，資本剰余金を減少させるか否かという点を除けば，変わらないだ

---

[123] 上場株式等（租特37条の11の3第2項）にあたる場合であってすら，譲渡することなく株式に係る損失を計上できるのは，特定口座（租特37条の11の3第3項1号）で管理され，しかも，当該損失が「株式としての価値を失ったことによる損失」である場合に限られる（租特37条の10の2）。

[124] なお，所税24条1項の解釈として，このような剰余金の配当が配当所得の収入金額にあたらない可能性を検討するものとして，岡村・前掲注（34）104頁を参照。

[125] 岡村・前掲注（34）104頁。

[126] 相澤哲＝郡谷大輔「分配可能額」相澤哲編著『立案担当者による新会社法関係法務省令の解説』（商事法務，2006年）110頁，123頁。

ろう。

　したがって，ケース2での取扱いには，損失の処理という手続きの有無にのみに依拠して全額を配当の収入にするという，外観ありきの姿勢があることは否定しようがない。岡村のように，「〔所得が実現するには〕その論理的前提として，…包括的所得（経済的所得ともいえる）の全体像がまずあ［って］…これを制限する要素として，実現が位置付けられる」と考えるなら[127]，所得でなく原資への課税と言わざるを得ないであろう。配当益説か清算課税説か，という，本書がこれまで用いてきた視点でいえば，配当益説への傾斜が明らかに見られるのである。

　これに対し，アメリカ法（連邦所得税）では，配当の外観があってもそれだけでは配当として総所得に算入されることはない。税法上の配当可能利益と言われるE&P（Earnings and Profits）が分配の額に対応して存在していなければならず，対応するE&Pが存在しない場合には基因となった株式の基準価格に充当され，株式の基準価格が尽きた後の分配の残額は当該株式に係る実現利益となる（I.R.C. §301 (c)）。また，E&Pはその調整事項が――必ずしも完結的でなく，不明確なところはあるとはいえ――制定法で明記されており（I.R.C. §312），会計処理の影響は基本的に排除されている。

　そこで，岡村らが主張するように，配当の収入とするか，原資の回収とするかを判断するにあたって，アメリカ法のやり方を借用して利益積立金額をE&Pの代わりに用いるとすると，ケース2でどのような結果となるかを確認しよう。この方法によると，利益積立金額の範囲のみが配当の収入とし，それ以外は原資の回収とすると，ケース2のAは増加益を経験するまで所得を得たものとされなくなる。具体的に言うと，y年目では1株あたり750円のマイナスの利益積立金額が存在しているであろうから，剰余金の配当の合計1株あたりで750円に達するy+25年目までは利益積立金額が払い

---

[127] 岡村・前掲注（30）102-103頁。また，岡村は，譲渡所得に関してではあるが，「①保有資産の増加益そのものが，所税36条1項の規定する『経済的な利益』である。しかし，②保有資産に値上がりが生じたという事実そのものは，同条2項にいう『享受』ではない。所得計算過程に投入するためには，『享受』と評価できる何らかの事象が生じなければならない」と述べる（岡村・前掲103頁）。

出されることにはならず—毎年1株あたり30円の利益で1株あたりマイナス750円のマイナスをゼロに戻していくわけなので，それがゼロに達するのはy＋24年目末である—，その年の剰余金の配当までは基因となった株式の取得価額が減少し続け，y＋26年目でようやく配当の収入が生じる。この結果は，y年目にB社普通株式に係る株式譲渡損失を認識させた上で，配当所得との損益通算と繰越控除とを認める場合と等しく，妥当なものであるように思われる。

　なお，上記と類似した課税結果はケース2を次のように，資本剰余金の減少を伴う剰余金の配当を行うように改めた場合にも生じる（以下，ケース3という）。

ケース3：
　B社は，y＋1年目の1月1日に欠損の処理を行わなかったが，y＋2年目以降の毎年，前年に獲得した利益に相当するものとして，1株あたり30円の剰余金の配当を行う。もっとも，その際の会計処理としては，利益剰余金がマイナスであるため，資本剰余金を減少させる。

　ケース3においてAが受ける剰余金の配当は—少なくともy＋25年目までの25年間は—資本剰余金の減少を伴う。したがって，所税24条1項の適用はなく，配当の収入となるのは対応資本金等の額を超える部分だけであるが（所税25条1項），所税令61条2項3号によると，対応資本金等の額は資本剰余金の額の減少額が前事業年度末の純資産帳簿価額に占める割合（純資産減少割合）[128]を乗じて算定されるから，結局のところ配当の収入となる部分は存在しない。さらに，残額は株式譲渡所得の収入金額とされ，その際には，—法令に明文の規定はないものの—基因となった株式の取得価額に純資産減少割合を乗じた額が取得費として控除される。要するに，ケース3においては，株式の一部譲渡—譲渡割合は純資産減少割合によって決される—が認め

---

[128]　「純資産減少割合」とは措通37の10-26で用いられている表現である。

られるため[129]、分配額を原資として扱うばかりでなく、失われた原資について損失控除を認めることとなり、より速い原資の回収が認められることとなるのである。

しかしながら、資本金等の額あるいは利益積立金額の参照により、清算課税説でなく配当益説に基づくのではないか、との疑義が完全に解消されるわけではない。第5節でみたように、留保利益に対応した配当―より正確には、留保利益、あるいは法人資産に係る含み益を反映したものとして、利益積立金額等によって基づいて算定される配当―の一部には、「株主たる地位に基づく」支払いにより、新たに、「無から」作りだされたと言わざるを得ないもの―清算課税説によっては説明し難いもの―が含まれるのである。

もっとも、利益留保それ自体が清算課税説による説明を困難とするわけではない。このことを確認するために、ケース1を改め、利益留保の要素を追加することとしよう（以下、ケース4という）。

ケース4：

B社は、1年目の1月1日に、剰余金の配当（現金）として、1株に対し、30円を―それと同時にその他利益剰余金を減少させて―交付する。B社は、留保した利益相当額の現金を新規投資に回し、その結果、2年目の同日の剰余金の配当は、前年と比べて2パーセント成長した額の30.60円となる。したがって、B社による剰余金の配当（1株あたり）は、約31.21円（3年目）、約31.84円（4年目）…、となる。

ケース4においても、Aは0年目の1月1日時点のB社普通株式1株を1500円と評価するはずであるが[130]、それから1年が経過した1年目の1月1日時点では評価額は1,530円となり[131]、利益留保（＋法人段階での再投資）

---

[129] みなし配当事由において一部譲渡を認めたのは平成13年の改正であるが、この取扱いは同時に分割型分割にも導入されている。

[130] ケース4は定成長配当割引モデルに沿ったものであり、株式の評価額（理論価格）は次のように算定できる。すなわち、最初の収益を C、成長率を g、毎年の課税前収益率を r とすると、

がないケース１の場合と比較して30円増加する。他方，同日時点でＡが手にする現金はケース１の場合と比べて30円減少する。

ケース４において１年目にＡの課税所得に算入されるのは，合計３万円の配当の収入だけであり，０年目にＡが経験した増加益の額を下回っている。だが，増加益を生じた期間でなく，何らかの事象があった期間にその事象を契機として所得として認識し，所得課税の対象とすることを正面から許容するのが清算課税説であるし，この課税結果は所得税法の解釈から首肯できるものでもあるだろう。なぜなら，０年目末までに生じたＢ社普通株式一株あたりの評価額の増額60円のうち，現金に転化しなかった30円についても所税36条１項にいう経済的利益に該当するとは言えようが，それを収入金額として把握する前提と考えられる「享受」（所税36条２項）に相当する事象は見出しがたいからである。

なお，念のため付言すれば，剰余金の配当を通じて現金に転化することがなかった一株あたり30円の増加益を所得として把握しないこと——実現したものとみないこと——が清算課税説の要請というわけではない。上記増加益が課税対象外となるのは，あくまで，所税36条の解釈によるのであり，具体的な規定を設けて「享受」前に清算の対象とすること——所得が発生していることの認識と，それに係る所得税の負担を要求すること——は当然あり得る。また，旧２項１号・２号みなし配当はその一例であったと言うことができよ

$$P = \sum_{i=1}^{\infty} \frac{C(1+g)^{i-1}}{(1+r)^i} = \frac{C}{1+r} \sum_{i=1}^{\infty} \frac{(1+g)^{i-1}}{(1+r)^{i-1}} = \frac{\dfrac{C}{1+r}}{\dfrac{1+g}{1+r} - 1} = \frac{\dfrac{C}{1+r}}{\dfrac{1+r-1-g}{1+r}} = \frac{C}{r-g}$$

のように（無限等比級数の和の公式を用いて）計算できる。草野・前掲注（119）34-35頁を参照。したがって，０年目の１月１日時点でのＸのＹ普通株式１株の評価額は，$\dfrac{30}{0.04-0.02} = 1500$ となる。なお，定成長配当割引モデルは，考案者の名前をとってGordon Modelとも呼ばれる。*See* M. J. Gordon, Dividends, Earnings, and Stock Prices, 41 Rev. Eco. Stats. 99-105（1959）. 但し，同論文では，連続時間に基づく割引が行われており，株式理論価格の式の導出方法が上記とは異なる。

131）　１年目の１月１日に評価する際には，最初の剰余金の配当の額が1.02倍となっているので，評価額は $\dfrac{30 \times 1.02}{0.04-0.02} = 1530$ となる。

う[132]。

　ケース4から明らかなように，利益留保それ自体は配当益説への傾斜をもたらさないのであるが，他方において，その主因であることは間違いない。確認のため，ケース4を次のように変更しよう。

> ケース5：
> 　ケース4において，Aは，1年目の12月31日に，B社普通株式1000株を1株あたり1591.2円[133]，合計159万1200円で日本の居住者であるCに売却した。そして，Cは2年目の1月1日に合計3万600円の剰余金の配当（B社の下では利益剰余金が減少）を受けた。

　ケース5において，Aは1年目の株式譲渡所得に9万1200円を算入し，Cも2年目の配当所得に3万600円を算入する。ここでCに対して2年目に行われる課税は，表面的にはケース4のA―ケース5のAと異なり，1年目末にB社株式を売却せず，保持し続けている―に対するものと同じであるが，その経済的実質は大きく異なる。Cは，1年目の12月31日にB社株式1株を1591.2円で取得したにもかかわらず，2年目の1月1日には1560.6円で評価しなければならず，1株あたり30.6円，合計で3万600円の損失（配当落ち）を蒙っており，この損失と配当の収入とは同額であるから，ここでの配当所得への課税は「〔B社株式という〕資産の所有者〔たるC〕に帰属する

---

132) 旧2項1号・2号みなし配当は，配当所得を定義する箇所で定められていたから，それらを収入金額の別段の定めとみるべきでないという反論はあり得るかもしれない。もっとも，所税36条1項は収入金額に関する別段の定めが設けられるべき箇所を特定したものではないし，「当該法人からその株主等に対し当該金額の交付がされたものとみなす」というかつての規定振りは，収入金額でなく所税36条1項の適用の基礎とすべき金銭の交付という事実を擬制するものあったと理解すべき，との再反論が可能であろう。

133) 2年目の1月1日に評価する際には最初の剰余金の配当の額が1.02の二乗となっているので，評価額は $\frac{30 \times (1.02)^2}{0.04 - 0.02} = 1560.6$ となるが，1年目の12月31日の場合には具体化する直前の抽象的剰余金配当請求権の価値（1株あたり30.6円）が加わるから，この時点の評価額は1591.2円となる。

増加益を所得として…これを清算して課税する趣旨のもの」[134]と言うことは出来ない。また，ケース５における配当への課税と所税60条１項の適用がある場合の譲渡所得課税とを同視することもできない。Ｃが取得したＢ社株式に生じた増加益は，Ａの下で，株式譲渡所得として既に把握されているからである。

　もっとも，このケース５のＣが２年目に３万600円の配当所得を得たとされることが結果的には清算課税説に沿ったものとなることは注意を要しよう。ケース５においては，Ｃが保有するＢ社株式に，２年目の課税期間である同年１月１日から12月31日の間に上記金額を配当の収入として把握することと整合的な値上がりが生じるからである[135]。もちろん，現実の株式の値上がりはケース５のように規則的に生じるものではないから，この方向での正当化を一般化することには慎重を要しようが，第３節で見た「配当落ちによる株価下落も，通常の株価変動に吸収される程度に過ぎない」という渋谷の指摘[136]は，ケース５のような結果的には正当と言えるような事例の存在によっても補強されるとは言うべきであろう。

　これに対し，利益留保が長期間続いた後に株式の譲渡があり，しかも，Ｂ社が事業の縮小などに伴って留保利益の大部分について剰余金の配当を実施する場合においては，結果的に正当化されるといったことは起こらない。

　ケース６：
　ケース４において，Ａは，35年目の１月１日に，Ｂ社普通株式1,000株を１株あたり3000円，合計300万円でＣに売却した。また，Ｂ社は，

---

134) 最判昭43・10・31訟月14巻12号1442頁。
135) 前掲注（133）と同様に考えると，２年目の１月１日から12月31日までの値上がりは，３年目の１月１日時点の評価額と２年目の１月１日時点の評価額との差と，３年目の剰余金の配当の額との合計額であり，前者を計算すると $\frac{30\times(1.02)^3 - 30\times(1.02)^2}{0.04 - 0.02} =$ $30\times 1.02 = 30.6$ となる。この額は，Ｃが２年目の１月１日に得た剰余金の配当の額（１株あたり）と同じである。要するに，２年目の間にＣが保有するＢ社株式には，２年目の配当所得への課税と３年目の配当所得への課税とを基礎づける増加益が生じるわけである。
136) 前掲注（86）及び対応する本文を参照。

35年目の1月1日に，従前の剰余金の配当に加えて，1株あたり1500円の剰余金の配当も同時に行い，会社の計算上はその他利益剰余金を減額した。

ケース6では，AとCとの間で1株あたり3000円をもって株式譲渡が行われており，この額にはB社の下で積み上げられてきた留保利益の額である約1500円（1株あたり）[137]が反映されている。また，AがCに売却し，その結果Cが保有するに至ったB社株式について見る限り，この留保利益の額に対応し，未だ課税所得として把握されていない——清算されていない——増加益は，剰余金の配当があった35年目の1月1日時点でも，同年の12月31日時点でも存在しない。それにもかかわらず，従前のそれに追加された150万円の剰余金の配当を配当所得として取り扱うことをCに要求することは，剰余金の配当それ自体によって所得が生じたものとしている——配当益説の発想に基づいている——と理解せざるを得ないであろう。

しかしながら，これまでの検討・考察のみに依拠して，このような所得の把握は誤りであると断定するのは，早計であるとも考えられる。このケース6においても，AやCなどの株主の側からではなく，B社の側から眺めれば，その株主らに過去の増加益に対応した収入を得させたという側面が浮かび上がる。また，所税60条1項などの適用を受ける場合と異なり，基因となった株式の取得費や取得価額には時価が付され，しかも，その減額を求められない。その結果，Cの下では，配当所得が生み出されるのと同時に，同額の株式譲渡損失が生み出されるのであり，これらの間での通算を前提とすれば，所得のないところで所得を把握したとは必ずしも言えないのである。

したがって，問題は，所得を得る株主の側ではなく，株主に所得を得させ

---

[137] 1年目以降の毎年の利益留保の額は，初項30，公比1.02の等比数列であるので，35年目の1月1日までの合計額は，$S_{35}=\dfrac{30(1-1.02^{35})}{1-1.02} \fallingdotseq 1499.83$ となる。なお，35年目の評価額は，$\dfrac{30 \times 1.02^{35}}{0.04-0.02} \fallingdotseq 2999.83$ であるが，ケース6では小数点以下を四捨五入した値を用いた。

る法人の側からの把握を行う必要があるのか,と要約される。そこで,第2章では,日本の所得税・法人税において,法人の側からの配当の収入の把握が,法人擬制説に基づくインテグレーション措置の本格導入と軌を一にするものだったという点に着目しつつ,この問題の検討をさらに進めていくこととしたい。

第2章　インテグレーションと税法上の配当概念

第1節　問題の所在

　第1章では，配当を所得として課税する日本の所得税・法人税のルールが，包括的所得概念に立脚し，これに実現主義に基づく修正を加えたもの—配当益説ではなく，清算課税説に基づくもの—と基本的には理解できる一方で，そのような理解には次の2つの限界があることを指摘した。第1は，株主たる地位への支払いであるという外形に着目し過ぎるあまり，およそ株主の下で増加益が生じていない場合にまで所得としての把握を要求するものとなっているきらいがあること。第2は，第1の問題についての対処として法人の資本・利益と税法上の配当概念との連動を強めるべきことがしばしば指摘されるが，法人と株主とは異なる主体であり，株主の所得への課税としてみる限り不自然なものとなっていること，である。

　こうした限界は，税法上の配当概念が現代的な個人所得課税にそぐわないことを示唆するようにも思われるが，直ちに，その改善を図る方策を探るための具体的な検討作業に進むのは，早計であろう。なぜなら，第1章で見た税法上の配当概念（を形作るルール）には，本章で詳しく見ていくように，法人所得税と個人所得税との統合（インテグレーション）のための措置と同時に整備されたという側面が存在するからである。それゆえ，税法上の配当概念のあり方に及ぼす影響—具体的には，インテグレーションが，株主の所得と言い難い配当の発生を要請するか否か—について，立ち入った検討を要すると考えられるのである。

　もちろん，インテグレーションを税法上の配当概念に依拠して実施する必然性はない。たとえば，いわゆる組合方式[1]では，法人利益が，分配の有無

にかかわらず，株主の所得として課税され，株式の取得価額（アウトサイド・ベイシス）に反映される結果，株主が得る分配資産を原則として株主にとって原資の回収とみることが可能であるために，税法上の配当概念への依存はない。

だが，日本の所得税で認められる配当控除はもちろん，その発展形とみることが出来るインピュテーション方式や支払配当損金算入方式の場合には，法人から株主へと法人利益が移転したことを機会として，インテグレーションによる課税上の利益が付与されることとなる。それゆえ，法人利益の分配たる配当を税法上特定することが必須となるのであり，このことは，税法上の配当とされない限り，インテグレーションによる課税上の利益の付与はないこと，換言すれば，配当該当性は二重課税排除の必要条件であることを意味する。

そうすると，インテグレーションによる課税上の利益を与えるべきとの価値判断が，税法上の配当の概念を，株主の下での増加益との関連性を放棄する方向で拡張するように作用したとしても不思議はない。法人税の負担は，法人資産の取得価額（インサイド・ベイシス）に基づいて決定されるのであり，また，法人税の負担は利益積立金額などに反映される。法人税の課税に使われ，その結果が反映された利益積立金額などの法人側の数値に基づいて

---

1) アメリカの連邦所得税制上，パートナーシップとして扱われる LLC（Limited Liability Campany）については，組合方式のインテグレーションが適用されていると理解できるが，そこでは，分配が清算分配とそれ以外（非清算分配）とに区分されるだけで，配当と原資の回収との区別はない。See I.R.C. §731. 非清算分配では，パートナーは，分配資産の調整基準価格を，原則として，分配直前のパートナーシップにおける調整基準価格に付し（I.R.C. §732 (a) (1)），その範囲でパートナーのパートナーシップ持分（partner's interest in the partnership）の調整基準価格を減額する（I.R.C. §733）——分配資産の直前の調整基準価格がパートナーシップ持分の調整基準価格を上回る場合には，パートナーは，後者の範囲でのみ，分配資産に調整基準価格を付す。ただし，現金の調整基準価格はその価額を下回らないので，パートナーはその範囲でパートナーシップ持分の譲渡に係る実現利益を認識する——こととなる。清算分配では，パートナーは，パートナーシップ持分の調整基準価格を，分配資産に割り振ってそれらの調整基準価格を決定する（I.R.C. §732 (b)）——ただし，分配資産が現金や未収受債権（unrealized receivables），たな卸資産（inventories）のみであり，これらの調整基準価格の合計がパートバーシップ持分の調整基準価格を下回る場合には，パートバーシップ持分の譲渡に係る損失が認識される（I.R.C. §731 (a) (2)）——こととなる。

株主の下での配当の額を決定することは，法人税の課税結果を株主の側に反映すべきとの要請からのものとして，正当化される可能性があるのである。

第2節　「二重課税」の排除と配当概念

(1) 二重課税排除論

　最初に，二重課税排除論として知られる武田昌輔の見解についてみていくこととしたい。武田は，1992年公表の論文（「民商法と課税問題（8）─利益積立金額の資本組入れ─」[2]，以下「第2武田論文」という）において，利益積立金額の払出しを配当として取り扱うことは，二重課税排除の観点から正当化されるものであると主張した。武田は，その直前に公表した論文（「民商法と課税問題（7）─みなし配当について─」[3]，以下「第1武田論文」という）において，旧2項みなし配当規定を廃止すべきと主張した竹内を，「課税の時期尚早ということのみに捉われ〔た〕」ものであり，より重要な「二重課税排除の適状の時期はいつか」という点を見過ごしたものである，と批判していたが[4]，続く第2武田論文においては，配当としての取扱いと利益積立金額の払出しとを連動させることの重要性ないし必然性が，日本の所得税・法人税において現に採用されている構造を根拠として主張されている。

　すなわち，第2武田論文では，みなし配当の取扱いについて，「法人の段階においてすべての利益に課税したことによって，その課税済の留保所得が株主に配当された場合には，その段階においてはこれに課税すると二重課税となるという考え方がその基礎となっている」ものとの理解が示され，有償減資，解散，合併のような現金等の分配がある取引において，利益積立金額から成る部分を配当とみなすことについては，「まず異論はないように思われる」とされる[5]。そして，現実の分配のない利益の資本組入れのような場

---

[2]　武田昌輔「民商法と課税問題（8）─利益積立金額の資本組入れ─」会計140巻4号90頁（1992年）。

[3]　武田昌輔「民商法と課税問題（7）─みなし配当について─」会計140巻3号73頁（1992年）。

[4]　武田・前掲注（3）79-80頁。

合に，配当があったとみなして二重課税の排除を行うことについても，株主の側に着目し，株式譲渡に伴う収入が生じた時点でみなし配当とすることには，将来の留保額分を現時点において配当とみなしてしまう点や，株式が値下がりした場合の譲渡損の性質決定が困難になる点で問題があるから，課税方式として妥当性が認められる，と結論付けられるのである[6]。

また，上記2つの主張のうち，前者については，その当時，法人株主の場合に利益積立金額から成る部分のすべてが必ずしも配当とはみなされないようになっていた点への批判を含め，次のように説明が加えられている（丸番号及び下線部は引用者が付加)[7]。

　…個人株主については，当該払出金額そのものがみなし配当となるのに対して，法人株主の場合においては株式の取得価額をベースとすることとなっているのは問題である。つまり，かりに，①法人，個人とも株式市場からA株式を一株750円で取得し，その後減資があって，かりに一株につき800円の払戻しがあり，そのうち500円が資本金相当額，300円が利益積立金相当額である場合においては，②個人株主の場合においては，その300円がみなし配当となり，取得価額750円と資本金相当額500円との差額250円は譲渡損失となって現れる。これに対して，③法人株主の場合においては，その株式の取得価額がベースとなり，払戻額800円が取得価額750円を超過する50円についてみなし配当として取り扱われることになっている。この場合においては，利益積立金額300円が株主に払い出されているのに，50円だけがみなし配当となり，残額の250円は，配当として取り扱われる機会を失う結果となる。いいかえれば，法人株主の立場からは，この250円の二重課税排除の機会が失われる結果となるのである。この点は，現行法は首尾一貫していないといいうる。上記の事例において掲げた株主についてみると，④原始取得者は，500円の払込みによって取得し，これを750円で譲渡したとした場合においては，その差額の250円は譲渡益として取り扱われていることになる。この値上がり相当分は，他の要因は考慮外に置くとして利益積立金額の反映であったとしても，その段階での配当課税は行わ

5）　武田・前掲注（2）93頁。
6）　武田・前掲注（2）95-97頁。
7）　武田・前掲注（2）94-95頁を参照。

ないという第4の課税方式（利益積立金額には法人税を課税しない方式）を採用したのであるから，これはやむをえないのである。その代わり，⑤個人の当該株式の取得者は上述のように，250円は譲渡損として取り扱われることによって調整された結果となる。これに対して，法人が当該株式を取得した場合には，配当として取り扱われないという点は，すでにみたように二重課税の排除について不徹底であって，これは，私見としては，個人株主と同様に取り扱うべきであると考える。…

　上記の武田の議論は近時の改正—特に平成13年の税制改正—が行われる前の制度を前提とするものであるので，若干の補足をしておくこととしたい。まず，①の「減資」であるが，株式会社がその資本金の額を減少させると同時に，その株主に会社財産の払戻しを行なうものであり[8]，株式の消却（及びその前提としての，一部または全部の株主からの当該株式の取得）を伴う場合と，伴わない場合があったが[9]，①は，株式の消却を伴うそれであり，しかも，その所有株式のすべてが取得されるとの（隠れた）想定が存在しているように思われる。なぜなら，その当時のルールによると，払戻しの基因となった株式の直後の取得価額が直前の価額からみなし配当とされなかった収入の額だけ減額されることとなっており[10]，所有株式の数がゼロとならない限

---

[8]　会社法の下では資本剰余金を減少させる剰余金の分配と整理された。相澤哲＝郡谷大輔「株式会社の計算等」相澤哲編著『立案担当者による新会社法の解説』（商事法務，2006年）122頁，131頁。
[9]　消却を伴わない有償減資が可能であったことについては，たとえば，鈴木竹雄『新版　会社法〔全訂第2版　補正版〕』（弘文堂，1983年）280-283頁を参照。
[10]　払戻しに係る収入（みなし配当とされなかった部分）の取扱いは，現在と同様に，株式譲渡収入であったが（租特37条の10第4項（昭和63年法律第109号による改正後のもの。以下この脚注において同じ）），払戻しを受けた後の株式（個人株主の場合）の取得価額は，所税令115条2項（平成13年政令第136号による改正前のもの）において，次のように規定されていた（下線は引用者が付加）。

　　2　居住者が，旧株を発行した法人の資本の減少による払戻しとして金銭その他の資産を取得した場合（前項の規定に該当する場合を除く。）には，その資本の減少のあつた日の属する年以後の各年における第百五条第一項の規定による旧株の評価額の計算については，その計算の基礎となる旧株一株あたりの取得価額は，旧株一株の従前の取得価額にその資本の減少の直前においてその居住者の有する旧株の数を乗じて計算した金額（法第二十五条第一項の規定により<u>利益の配当又は剰余金の</u>

り，個人の株主が譲渡損失を計上することはあり得なかったからである[11]。もっとも，配当の収入と株式譲渡収入との切分けの方法の実質は，個人株主については現行と変わらないから，①については，現行の所税25条1項4号（自己株式取得）が行われたと考えてよいだろう。また，詳細は後で詳しく見ることとするが，平成13年の改正により，法人株主の場合のみなし配当の計

　　　分配の額とみなされる金額がある場合には，当該金額を加算した金額）からその取得した金銭の額及び株式以外の資産のその取得の時における価額の合計額を控除した金額をその資本の減少の直前においてその居住者の有する旧株の数で除して計算した金額とし，かつ，その旧株は，同日において取得されたものとみなす。

　払戻しを受けた株主が取得費（譲渡所得の場合）または必要経費（事業所得・雑所得の場合）の控除を行なうか否かについて，（現在と同様に）租特37条の10第4項だけでなく，他の条項のいずれにも明文の定めはなかったが，当該条項が株式の譲渡を擬制するものでもあるとすれば，所税令115条2項の定めによる取得価額の減少額は，その年の取得費・必要経費に算入されることになる（所税48条において，期首の評価額と期末の評価額との差額が取得費・必要経費を構成すると定められているため）。したがって，株式の消却なしに払戻しがあったとすれば，1株あたりの直後の取得価額は250円であるから（750円（直前の取得価額）に，300円（みなし配当の額）を加算し，800円（払戻しの価額）を控除），取得費・必要経費は500円となり，譲渡損失は生じない（500円（譲渡収入）マイナス500円（取得費・必要経費）で，プラスマイナスは零）こととなる。

11) なお，平成13年の改正前には，「措置法37条の10第4項の規定は，同項各号に掲げる金額（法第25条第1項（配当等の額とみなす金額）の規定に該当する部分の金額を除く。）が令第117条又は第118条第2項の規定に準じて計算した従前の取得価額又は取得費の合計額を超える場合に限り適用することとし，措置法第37条の10第4項に規定する株式等に係る譲渡所得等に係る収入金額とみなす金額は，その超える部分の金額とする。」という内容の措通37の10-7（直所3-15（平成元年12月6日付）により制定。課個2-24（平成13年9月21日付）により廃止）が存在した。この通達によると，個人株主は取得価額を超える払戻しを受けた場合に限り，「株式等に係る譲渡所得等」の課税を受けるのであり，譲渡損失はおよそ生じないことになる。その趣旨の説明として，小田満「所得税基本通達等の一部改正（株式等の譲渡益課税関係）について」旬弘38巻3号119頁，129頁（1989年）を参照。この処理は，租特37条の10第4項を文字通り収入金額の発生のみを擬制するものであって，基因となった株式の譲渡を擬制するものではないとの理解を前提に，所税令115条2項などにより取得価額の減額が要求されることとの調整を図ろうとしたものであろう。しかし，形式面については，払戻しの時価を収入金額とすべき旨の文言を無視した処理であるとの批判が逆にあり得るし，また，実質面においても，基因となった株式（旧株）を全て手放し，かつ，他の株式に旧株の取得価額が引き継がれることもない場合においてさえ，譲渡損失の計上が認められないのは不合理であるように思われる。したがって，譲渡の擬制も暗黙に存在するとする（現在通用していると思われる）理解が適当であると考えられるが，立法論としては，譲渡を明示的に擬制するよう改正がなされるべきであろう。

算方法（③）は廃止され，個人株主の場合（②）と同様に，みなし配当の額が基因となった株式の取得価額と独立に算出されるようになっていること（法税24条1項）に注意されたい。

　さて，上述のような現行法との差異に注意しつつ，武田の主張を見ていくと，次のような疑問が浮かぶ。なるほど，法人株主の場合には②でなく③の計算となるので，利益積立金額と二重課税排除措置とが対応しなくなるのはその通りであるとしても，株式を別の株主から購入した株主は二重課税を受けていないのだから，二重課税排除措置の正当な権利者とは言い難く，したがって当該新株主がその措置の恩恵に与れないのは当然のことなのではないか，との疑問である。法人税との調整なしに配当に課税することが二重課税であるとの命題は，通常，法人を株主の集合体に過ぎないとする見方（法人擬制説）から導かれる。また，上記250円分の利益積立金額は，払戻しのあった時点の株主が未だ株主ではなかった間に，基因となった株式の元の所有者たる原始株主の下で発生し，法人税の課税を受けたものである。したがって，払戻のあった時点での株主に対して法人税に係る調整を認めずに配当所得としての課税を行っても二重課税となるわけではない―既に課税を受けたわけでもないにもかかわらず，その調整の利益を享受することは，むしろ不当というべきではないか，享受すべきなのは原始株主ではないか[12]―とも考えられるのである。

　この疑問に直接に答えるものと言えそうな記述は第2武田論文の中には見当たらない[13]。しかし，武田は，④および⑤の箇所において，原始株主につ

---

12) 原始株主が受ける株式譲渡利益への課税について調整を行うべきとした提案として，see e.g. Harold M. Grove, PRODUCTION, JOBS, AND TAXES, at 46-47 (1944).
13) 本文中で既に紹介したように，武田は，「株主において当該株式の譲渡時点において税制上これをみなし配当とすることは，極めて不安定な要素が大きいといわなければならない」と述べて，株式譲渡時点で一般に二重課税排除を実施することに否定的な立場に立つ。武田・前掲注（2）96頁。しかし，その一方で，武田は，利益の資本組入れがあった場合について，組入時点での株主に，その株式が譲渡された時点において二重課税排除措置を認めるべきと提言する。同97-98頁。利益の資本組入れの場合でも，組入後に株式が値下がりした場合にみなし配当部分を差し引くべきかが問題となるであろうし，また，法人税が未だ課されていない値上がりがみなし配当となってしまう問題については，たとえば確定決算時の利益積立金額の按分額を限度にみなし配当とするといっ

いて二重課税排除を行うのが本来のあり方であるとの考えを暗に示す一方で[14]，利益積立金額の払出しを受けた株主について，既に課税を受けたと言えるか否かにかかわらず二重課税排除を行う方式であっても，払戻時の株主の下での譲渡損失計上を通じて原始株主の下での重畳的課税が打ち消され，二重課税状態が解消されるとして，その方式を擁護する。これは，原始株主への重畳的課税が見かけのものに過ぎず，実質を見ればその調整が図られていると主張するものであろう。

そこで，この主張の内容を，上記引用の第2武田論文の設例に，次の設定を付加したケースに基づいて検討していくこととしよう。

1．原始株主は居住者A，払戻時点の株主は居住者Bとする。
2．配当，株式譲渡所得に係る適用税率は，A，B共に50パーセントとする。
3．株式譲渡損失については，完全な控除が認められ，その額に（株式譲渡所得に係る）適用税率50パーセントを乗じた額の課税利益が必ず生じる—たとえば，譲渡損失が生じた場合，50パーセントで課税される他の譲渡利益の額から差し引かれる[15]—ものとする。
4．配当控除は配当の額の20パーセントとする。

最初に，株式譲渡がない場合（以下，ケース1という）のAに対する課税の結果を確認しよう。

> ケース1：
> Aは，法人から1株あたり750円の減資払戻を受けた。750円のうち，利益積立金額に対応する250円が配当とみなされ，残額500円は株式譲渡

た方法により対処が可能であろう。この区別は恣意的で正当化は困難であるように思われる。
14) 後年の論稿ではあるが，「本来は，純理論的にいえば，この時点（引用者注：利益積立金額が株主に払い出された時点）で譲渡株主に配当としての修正を求めるべきであるということになろう」との記述も見られる。武田昌輔「みなし配当—基本的な考え方と概要—」月刊税務事例36巻7号57頁，59頁（2004年）。
15) あるいは，みなし配当の額から控除できるものと考えても良い。第2章第4節（2）で触れるカーター報告書や，1993年ALI報告書は，そのような立場である。

収入となる。また，配当収入について50円の配当控除を得る。

ケース1において，Aが納めるべき税額は，125円から50円を差し引いた75円であり，納税を終えた後に手元に残る課税後所得は175円である。

次に，AがBに株式を時価で譲渡し，その後にBが減資払戻を受ける場合を考える。このとき，Bが実現利益の範囲でのみ配当を得たものとされる場合（以下，ケース2Aという）と，実現利益と無関係に配当を得たものとされる場合（以下，ケース2Bという）とを区別することができる。

ケース2A：
　Aは，保有株式を1株あたり750円でBに売却した。その直後，Bは，法人から1株あたり750円の減資払戻を受けた。Bの保有株式の実現利益は0円であるから，利益積立金額に対応する250円の部分についても，原資の回収としての取扱いを受け，配当とみなされなかった。したがって，Bは配当控除を得られない。

ケース2Aにおいて，Aが納めるべき税額は125円，課税後所得は125円である。Bが納めるべき税額は，1株あたりの減資払戻750円がすべて原資の回収となるから，0円であり，課税後所得も0円となる。
この課税結果は，ケース2Bでどのように変化するだろうか。

ケース2B：
　Bの保有株式の実現利益は0円であるが，1株あたり減資払戻750円のうち，利益積立金額に対応する250円の部分については，配当とみなされる。したがって，Bは50円の配当控除を得る。

ケース2Bにおいて，Bにとっては原資を回収したに過ぎないはずの250円をBの所得とみなすことは，75円の納税義務を生じさせ，手元に残る金額を250円から175円へと減少させるから，一見，Bにとって不利である。しか

し，その一方で，Ｂは，未回収とみなされた原資250円を株式譲渡損失として認識することができる。これはＢの課税後所得を125円だけ増加させるから，結局，Ｂは経済的には所得を得ていないにもかかわらず，その課税後所得は差し引きで50円のプラスとなる。

次の表はこれらのケースの結果をまとめたものである。

表１

		ケース１	ケース２Ａ	ケース２Ｂ
Ａ	支出	（500円）	（500円）	（500円）
	収入	750円	750円	750円
	税額（配当）	（125円）	なし	なし
	税額（株式譲渡損益）	なし	（125円）	（125円）
	配当控除	50円	なし	なし
	課税後所得	175円	125円	125円
Ｂ	支出		（750円）	（750円）
	収入		750円	750円
	税額（配当）		0	（125円）
	税額（株式譲渡損益）		0	125円
	配当控除		0	50円
	課税後所得		0	50円
国庫	税収	75円	125円	75円

この表については，ケース１とケース２Ｂとの間で，トータルの税収に差がないこと，その一方で，ケース２ＢにおけるＡの課税後所得は，ケース２Ａと同様に，ケース１と比較して50円減少していること，そして，Ｂの課税後所得は，ケース２Ｂにおいてケース２Ａのそれと比べて50円増加していることが重要であろう。つまり，ケース２Ｂにおいて，国庫には，ケース２Ａと同様に，配当ではなく株式譲渡利益について課税することで—具体的には，その結果として，配当控除を与えなくて済むことで—，Ａから50円多く税収が生じ，Ｂに対しては，配当の収入を得たものとして課税するも

のの，株式譲渡損失の控除を認めてこれを相殺するとともに，50円の配当控除を認めるため，同額の税収ロスが生じており，税収の面ではケース1と同じとなっているのである。

しかし，ケース2Bにおいて国庫から50円の返還を受けるのは，AではなくBであり，ケース1においてAが保持できていた50円をBが保持しているという状況が生じている。武田による⑤の指摘は，Aに対する譲渡利益への課税が，Bに譲渡損失の控除を認めることにより完全に打ち消されるかのようにも読めるが，実際は，Bに対する配当への課税が打ち消されている。しかも，AではなくBが配当控除を得ることにより，AからBへの所得移転も生じているのである。

(2) 間接的調整の特徴と限界

以上でみたように，原資の回収に過ぎない部分を配当とみなす一方，原資の記録である取得価額を基準に株式譲渡損益を計算し，その結果生じた株式譲渡損失の控除を認めるという処理は，原始株主であるAから，払戻時株主であるBへの所得移転を引き起こし得る。

しかしながら，AとBとが独立当事者であるとすれば，Aは，課税後所得50円がBに移転してしまうことに納得せず，この50円を売却代金に上積みすることをBに要求するものと考えられる。この上積みをも考慮した場合において，上記の結果はどのように変化するだろうか。

消費税において，資産または役務提供の対価として受け取る金銭その他の経済的利益の額のうち，消費税（および地方消費税）相当額が課税標準である「課税資産の譲渡等の対価の額」から除かれているのと同様に（消税28条1項括弧書），この追加の支払い額50円も所得税の課税標準から除かれているとすると——あるいは，非課税とされているとすれば——，BがAに50円を支払うだけでBからAへの移転は完了する。だが，所得税や法人税には類似のルールは存在しない。BとAとの間の移転を贈与と性質決定する——そうすると，個人たるBからの贈与であるのでAの下で所得税は課されない（所税9条1項16号）こととなる——途も考えられなくはないが，Bは，課税後所得が50円増えるであろうことの見返りとして代価を上乗せして支払ってお

り，無償の利益移転を行っているわけではないのだから，贈与であるとの性質決定は困難だろう。

そこで，BがAに余分に支払う50円については，他の750円と同様，Aの株式譲渡収入を構成すると理解すべきことになろう。Bは，Aから株式取得に際して50円を支払っているのであるし，課税後所得が50円増えるという利益は，この株式を手にした故のものだからである。また，この50円がAの下で株式譲渡収入となるのなら，Bの下では株式取得価額になると考えられる（所税令109条1項4号）。

もっとも，BがAに株式の売却代金を50円余分に支払ったとしても，Aは移転してしまう課税後所得の全てを回収できるわけではない。Aは，この50円について株式譲渡利益としての課税を受けるから，保持できる課税後所得は25円だけである。他方，Bは，余分に支払った50円について，株式譲渡損失を計上し，これを控除できる。要するに，Aは課税後所得を25円しか取り戻せず，残る25円はBの下に残り続ける。

したがって，Aは配当のかたちで株式の増加益を手にしたとすれば得られたはずの課税利益の額を，課税後所得として保持出来る水準まで，売却代金の上積みを要求するはずであり，その額とは，（得られたはずの）課税利益の額50円に，納付すべき税額50円を加算した合計100円である。Bとしても，追加で100円を支払うなら，これにより50円の税負担減少があるから，これと配当控除50円を併せることにより，100円を賄うことができる[16]。その結

---

16) 上積み額が100円に至る過程は，まず50円の上積みを求めるところから，次のように展開して決まったとも考えることも出来よう。すなわち，50円の上積みを行なった結果，Bは課税利益を追加的に25円だけ得ることになったから，AはBにその支払いを求める。この25円も，先の50円と同様に，Aの株式譲渡収入を構成し，またBがこの25円も株式譲渡損失として扱えるとすると，12.5円はBからAに移転し，12.5円はBの下に残る。そして，この12.5円についてもAはBに支払うを求め…というかたちで思考が続き，合計では100円となるのである。なお，AがBに移転することを要求する課税利益の額は，初項 a_1，公比 r の等比数列

$$a_n = a_1 r^{n-1}$$

のうち，$a_1 = 50$，$r = 0.5$ の場合のものと理解することができる。そして，これらを無限に足し合わせた無限等比級数の和は，

果，AからBへの所得移転が完全に解消されるのである。

次の表は，売却代金の上積みがない場合，上積みが50円の場合，そして，上積みが100円の場合のそれぞれについて，ケース2Bの結果をまとめたものである。

表2

		ケース2B（上積みなし）	ケース2B（50円上積み）	ケース2B（100円上積み）
A	支出	(500円)	(500円)	(500円)
	収入	750円	800円	850円
	税額（配当）	なし	なし	なし
	税額（株式譲渡損益）	(125円)	(150円)	(175円)
	配当控除	なし	なし	なし
	課税後所得	125円	150円	175円
B	支出	(750円)	(800円)	(850円)
	収入	750円	750円	750円
	税額（配当）	(125円)	(125円)	(125円)
	税額（株式譲渡損益）	125円	150円	175円
	配当控除	50円	50円	50円
	課税後所得	50円	25円	なし
国庫	税収	75円	75円	75円

いずれにしても，国庫に生じる税収に違いはなく，これら3つの間での相違は，配当控除の課税利益をAとBとの間でどのように配分するか，という点に限られる。だが，配当控除は株主の集合に過ぎない法人について課された法人税の調整を目的とするものであって，問題の利益積立金額が発生した時点での株主はAである。すると，売却代金の100円上積みにより，配当

$$\sum_{n=1}^{\infty} a_n = \frac{a_1}{1-r}$$

であるから，結局対価の合計額は，50/0.5 = 100，となる。

控除の利益を全てAが得ている場合こそが，配当控除の趣旨に最も良く適合するものであるとも考えられよう。

　もっとも，こうした間接的な調整にはいくつかの限界を指摘できる。上記の説明は，AとBとの間で適用税率に差がなく，株式譲渡損失の利用に制約がないとの仮定に基づくものであったが，このような仮定が妥当する局面は限定的であろう。しかも，そのような仮定の下でも，AからBへの株式譲渡と減資による払戻しとの間の時間的間隔が十分に長いとBが予測するのなら，Aが得られていたはずの課税後所得50円の全てをBから回収することは困難と考えざるを得ない[17]。なぜなら，法人内部で再投資され，時間の経過と共にその額が増加するであろう利益積立金額とは異なり，配当控除や株式譲渡損失の額は，発生の時期にかかわらず，一定だからである。

　このことは，減資による払戻しまでの時間が長ければ長いほど，配当控除や株式譲渡損失の（株式購入時点での）現在価値が減少することを意味し，相当に長期の間隔を予測するBは，大きく割り引いた額についてしか売却代金の上積みに同意しないと考えられよう。また，BがAに売却代金を支払い，Aが課税を受ける時点と，Bが法人から払戻しを受け，課税を受ける時点とが，それぞれの時点での額を同一の基準で評価することを妨げるほど時間的に離れていることは，国家の税収の評価にあたり，Aへの課税によるものと，Bへの課税によるものとを単純に足しあわせることも不可能にする。もちろん，Aに（配当として課税された場合と比べて）余分に課税した額だけ，Bは，税の支払いを免れるのであるが，前者と比べて後者はその実質的価値が小さいため，実質的には税収の増加がある―見方を変えれば，二重課税の排除がその分後退している―と理解される[18]。

　しかしながら，より深刻な状況はAとBとの間での適用税率の差異に起

---

17) *E.g.* Treasury 1992, *infra* note 130, at 81, 218 n. 3.
18) Treasury 1992, *infra* note 130, at 81 には，「…キャピタルゲインへの課税は，キャピタル・ロスに因る税の減少よりも早い年度に起こるかもしれず，そのような課税の加速は，もし，最初の株主がキャピタルゲインに係る税を支払ってから，その後の株主がそれを打ち消すキャピタル・ロスの認識するまでに相当の時間的間隔があるとすれば，現在価値の点からみて，二重課税に近似することさえあり得る」との記述が見られる。

因して生じるように思われる。特に，Bの税率の方がAの税率よりも高い状況では，Aが株式をBに譲渡せず自身で配当を得る場合よりも，AがBに株式を譲渡し，Bに配当を得させることとした上で，売却代金を上積みしてもらう場合の方が，A，Bトータルで見た場合の税額（国庫に生じる税収）が減少してしまうのである。

　この現象は，ケース2Bにおいて，Aの株式譲渡利益への課税とBの株式譲渡損失への課税とが，ちょうど同じ税率で実施され，（名目額の点では）相殺されるものであったことが，税収が変化しない要因であったことに着目すれば，容易に理解されよう。すなわち，Bの税率の方がAの税率よりも低い場合には，Aの株式譲渡利益への課税の名目額がBの株式譲渡損失への課税の名目額を上回ることとなり，税収は増加する。これに対し，Bの税率の方がAの税率よりも高ければ，国庫は，Aから徴収した税額よりも多くをBに返還する（あるいは，Bがほかで納めるべき税額を減少させる）こととなる。そして，株式を譲渡するか否かは納税者の自由なのであるから，上記のメカニズムは，専ら納税者に有利なように（国庫に不利なように）作用する恐れが強いと言えよう。

　以上のことをケース2Bに反映させれば次のようになる（以下，ケース3という）。

ケース3：
　ケース2Bにおいて，Aの適用税率は，配当，株式譲渡利益のいずれについても30パーセントとする。他方，Bの適用税率などはこれまでと同じ50パーセントとする。

　ケース1の場合の結果と，ケース3の場合（上積みなし，上積み100円）の結果をまとめると，次のようになる。

　この結果については，右2列の比較からわかるように，BがAの代わりにみなし配当および配当控除を得るケース3にあっても，配当控除および株式譲渡損失に係る課税利益の移転を目的とした株式売却代金の上積みがなけ

表3

		ケース1	ケース3（上積みなし）	ケース3（上積み100円）
A	支出	(500円)	(500円)	(500)
	収入	750円	750円	850円
	税額（配当）	(75円)	なし	なし
	税額（株式譲渡損益）	0円	(75円)	(105円)
	配当控除	50円	なし	なし
	課税後所得	225円	175円	245円
B	支出		(750円)	(850円)
	収入		750円	750円
	税額（配当）		(125円)	(125円)
	税額（株式譲渡損益）		125円	175円
	配当控除		50円	50円
	課税後所得		50円	なし
国家	税収	25円	25円	5円

れば，税収に影響がないこと—したがって，A・Bトータルでの課税後所得の増加はないこと—に注意を要する。そして，税収の減少額（A・Bトータルでの課税後所得の増加額）は，上積みされた代金である100円に税率差である20パーセントを乗じたものになっている。要するに，Bは，株式譲渡損失に係る課税利益50円を得るのと引換えに100円を支払うことで50円をAに移しているのであるが，Aは，株式譲渡利益に係る税を30円しか負担しないので，結局，配当控除を得る場合よりも20円多い70円を手にできるのである[19]。

---

19) なお，この20円の課税利益は，Aにとっても超過利潤であるから，Aにのみ配分されるとは限らない。その配分のあり方はAとBとの間での交渉力によって決まると考えられる。

第3節　日本における配当課税，法人課税の展開

(1) シャウプ税制下の配当控除，受取配当益金不算入，みなし配当

　第2節では，その株主の下で生じた増加益の額を超過して配当収入を生じさせること，換言すると，原資の回収を，利益積立金額に対応する範囲で配当に転換することの意義を，二重課税排除の見地から確認した。その結果，この処理が適切な二重課税排除に資するものであることが確認されたが，その限界や欠点も明らかとなった。

　分配時点の株主に増加益の有無，その額にかかわらず，二重課税排除措置の課税利益を与えることは，実は，代表的なインテグレーション提案でも認識，議論されてきたものであり，また，その限界，問題についても一定の解決策が示されている。

　だが，そうした解決策の検討は後に行うこととし[20]，その前に，日本のみなし配当が，元来，分配時点の株主の下で生じた増加益の範囲でのみ生じるものとされていたことについて，検討を加えておく必要があろう。みなし配当の取扱いに，かつて存在したこの限定は，配当控除，受取配当益金不算入を二重課税排除措置として導入したシャウプ税制改革（昭和25年の改正）[21]にも存在したものであるからである。

　この限定は，確かに，配当控除や受取配当益金不算入を通じた二重課税排除の実施を不徹底にしてしまい得るものであるが，その一方，この限定がある限り，課税ベース浸食の危険は除去される。シャウプ税制に由来するこの限定が，どのような趣旨のものであったのかを明らかにしない限り，二重課税

---

20)　第2章第4節（2）を参照。
21)　但し，配当控除については，時限措置としてではあるが（もっとも，適用期間は「当分の間」とされ，具体的な期限は設定されなかった），類似の制度が昭和23年の改正において既に導入されていた。所税附則5条の2（昭和23年法律第107号による改正後のもの）を参照。しかしながら，導入にあたり，その趣旨が「証券の民主化に資する」ものと説明されており（財政及び金融委員会第37号　第2回国会 1948年6月11日（荒木政府委員発言）），シャウプ勧告およびシャウプ税制下のそれが二重課税排除措置であったのと異なり，優遇措置の一種であったというべきであろう。

排除措置の濫用への対処の検討も不十分なものとならざるを得ないであろう。

そこで，シャウプ税制下の二重課税排除措置がどのようなものであったのかを，その直前の制度との比較を通じて，整理することとしたい。次の表は，昭和25年改正直前の配当や，有償減資（株式の消却等），残余財産の分配などの取扱いを，株主側（個人株主の場合，法人株主の場合），法人側のそれぞれについてまとめたものである[22]。

具体的な検討はシャウプ税制下の内容を整理した後で行うことにするが，

表4

	株主側		法人側
	個人株主	法人株主	
利益の配当，利息の配当	源泉徴収（支払額の20％）配当所得（収入金額−負債利子）として，全額課税[24]，源泉税は税額控除	源泉徴収（支払額の20％）収入を総益金に算入，源泉税は税額控除	総損金不算入で，積立金を減算[23]
株式の消却，退社等による持分の払戻し	源泉徴収（超過金額（支払額−払込済金額）の20％）臨時配当所得（収入金額−基因となった株式・出資の取得費）として，2分の1課税（負債利子控除なし），源泉税は税額控除	源泉徴収（超過金額（支払額−払込済金額）の20％）収入を総益金に算入，株式・出資の取得価額を総損金に算入，源泉税は税額控除	支払額が払込済額を上回る場合，その超過金額は総損金不算入（積立金を減算），払込済額が支払額を上回る場合，その超過金額は総益金算入[25]
法人の解散による残余財産の分配	非課税の一時所得[26]	収入を総益金に算入，株式・出資の取得価額を総損金に算入	清算所得（残余財産の時価−払込株式金額）として課税（積立金・非課税所得から成る部分には20％，その他の部分には45％）
合併による合併法人株式などの取得	非課税の一時所得[27]	収入を総益金に算入，株式・出資の取得価額を総損金に算入	清算所得（被合併法人株主に交付する合併対価（合併法人株式は払込株式金額で評価）−払込株式金額）として課税（積立金・非課税所得から成る部分には20％，その他の部分には45％）

さしあたりは，①みなし配当が実質的には株式譲渡利益として把握されており，その課税方法も株式譲渡所得とほぼ同じであったこと，②清算所得に係る税率は二段階とされ，法人税の課税を終えたと考えられる積立金部分について軽課することになっていたこと，③法人の解散と合併とにおいては，いずれの場合でも，ある法人が消滅するところを捉えて清算所得としての課税が実施されることになっていたが，合併法人株式の評価にその払込金額が用

22) その当時の法令は，所得税法（昭和22年法律第27号），法人税法（昭和22年法律第28号），所得税法施行規則（昭和22年勅令第110号），法人税法施行規則（昭和22年勅令第111号）である。
23) もっとも，支払配当を総損金不算入とする法令上の明文規定は存在しておらず，総損金の解釈に依る処理であった。大正9年所得税法下の事案（有償減資において，株主に対する払戻しをその払込金額以上に行なった場合に超過部分が総損金に算入されるかが争われたもの）ではあるが，たとえば，行判昭8・12・14行録44巻1040頁では，「本件減資は原告が其の払込済資本に超過する積極資産即ち利益を株主に分配する方法として之を行ひたるものと認むるの外なく従つて右減資による超過払戻額は本件事業年度の所得及純益の算定に当りては之を総損金に計算すべきものにあらず」と判示されている。
24) 但し，昭和23年法律第107号により，15パーセントの税額控除が時限的な優遇措置として導入されている。前掲注（21）を参照。
25) たとえば，明里長太郎『税務と会社経理』（日本経済社，1949年）282-283頁は，「資本を減少するも金銭等による払戻をなさないとき又は払戻をなすも減資額よりも払戻額が少額であるときは，前者の場合は資本は減少するも資産は全然減少しないし，又後者の場合は減資額と払戻額との差額に相当する部分は資産の減少を来さないから，この資産の減少しない部分は法人の益金となり，この減資に因る益金といえども法人税法にいう総益金を構成し，課税の対象となることは当然である」とする。
26) 昭和22年の所得税法では，当初「営利を目的とする継続的行為から生じた所得以外の一時の所得」が原則として非課税とされていたが（所税6条5号（昭和22年法律第27号のもの）），昭和22年法律第141号により，一時所得として2分の1課税がなされるようになった（改正後の所税9条1項8号（昭和22年法律第141号による改正後のもの））。そして，昭和23年の改正により，「法人が解散した場合において残余財産の分配として株主，社員又は出資者が受ける金額がその株式又は出資の払込金額を超過する場合におけるその超過金額」を非課税の一時所得とする規定が設けられた（所税6条2項2号（昭和23年法律第107号による改正後のもの））。譲渡所得として非課税とされた訳でなかったことは注目される。当時の解説としては，たとえば，浅野一夫「譲渡所得と一時所得の取り扱いについて（承前）」税と財6巻6号19頁（1949年）を参照。
27) 所税6条2項3号（昭和23年法律第107号による改正後のもの）により，「法人が合併した場合において合併に因り消滅した法人の株主，社員又は出資者が合併後存続する法人又は合併に因り設立した法人から合併に因り取得する株式又は出資の払込金額及び金銭の総額がその株主，社員又は出資者の払込済金額を超過する場合におけるその超過金額」は非課税とされていた。

いられていたこと，の3点を主だった特徴として指摘できよう。①及び②からわかるように，法人税は株主への所得課税とは別個独立に，重畳的に賦課されるものだった。③は，合併の場合には，合併法人株式だけが交付され，それに係る払込金額が被合併法人株式に係るそれから変化しないなら課税がないことを意味するものであって，株主の投資の継続を根拠に課税の繰延べを認めたものと理解することができるかもしれない[28]。

次に，シャウプ税制（昭和25年の改正後[29]，昭和28年の改正前）下におけ

表5

	株主側		法人側
	個人株主	法人株主	
利益の配当，利息の配当	源泉徴収（支払額の20%）（昭和25年改正で廃止，昭和27年改正で復活）[30]	左に同じ	総損金不算入で，積立金を減算
	配当所得（収入金額−負債利子）として，全額課税，配当控除（支払額の25パーセント）	負債利子を除き，全額が総益金不算入	
株式の消却，資本の減少，退社等による持分の払戻し	交付された金銭その他の財産の価額（株式・出資についてはその払込金額）が基因となった株式・出資の取得費を超過する場合，その超過金額のうち積立金額から成る部分は配当収入とみなされ，その残額（交付された株式の払込金額から成る部分は除く）[31] は株式譲渡所得に係る収入とみなされる	左に同じ	支払額が払込済額を下回る場合であっても，その超過金額は総益金不算入，支払額が払込済額を上回る場合のその超過金額も，従来通り，総損金不算入
法人の解散による残余財産の分配	上に同じ	上に同じ	清算所得課税は廃止
合併による合併法人株式などの取得	上に同じ	上に同じ	上に同じ
利益留保	課税なし	課税なし	積立金課税（昭和26年改正以降は同族会社の場合に限って実施）[32]
利益の資本組入れ	資本に組み入れられた積立金額のうち，所有株式・出資に対応する部分は配当収入とみなされる（昭和26年改正以降）[33]	左に同じ	積立金が減少し，資本金の額が増加

る取扱いを見よう。これをまとめると，次の表のようになる。

　シャウプ税制下の配当控除及び受取配当益金不算入は，シャウプ勧告が「法人は，与えられた事業を遂行するために作られた個人の集合である」と

---

28) 明里・前掲注(25)136-137頁は，「而して法人が解散した場合の残余財産の価額は，要するに株主又は社員に分配すべき金額の総和である。これを合併の場合について考えて見れば，非合併法人の株主又は社員が，合併法人から，合併に因つて取得する払込株式金額又は出資金額及び金銭の総額がそれに相当する。尤も，合併の場合に非合併法人の株主又は社員が取得する株式又は出資は，時価によらず払込金額によるのであるから，その点においては，解散の場合における残余財産の価額と多少その趣を異にするのであるが，これは合併そのものの性質から来る当然の差異であつて，取得株式又は出資の時価と払込金額との差額に相当するものについては，将来合併法人においてこれに課税する機会がある」と述べる。

29) 所得税法は昭和25年法律第71号により，法人税法は昭和25年法律第72号により，それぞれ改正された。

30) 昭和25年法律第71号では，それまで「利子所得，配当所得，又は臨時配当所得」を対象としていた20パーセントの源泉徴収が，「利子所得又は配当の所得のうち利息の配当」のみを対象とするよう改められた（所得税法37条（昭和25年法律第71号による改正後））。これは，シャウプ勧告において，「…法人税35パーセントと25パーセントの控除の理論全体は，法人税を法人の利益に対する株主の持分に対する大雑把な源泉徴収の一形態であると取扱うものである。そこで，源泉徴収の第二のしかも異なつた形態があるということは，論理的でもないし，また必要でもない。従つて，法人による株主に対する配当に対する源泉徴収は，これを廃止することを勧告する」と結論づけられたこと（シャウプ使節団『シャウプ使節団日本税制報告書（第1編）』（1949年）113頁）を受けた措置であったが，昭和27年法律第53号により，通常の配当は改めて20パーセントの源泉徴収の対象とされた。

31) 所税10条の2第3項（昭和25年法律第71号による改正後。以下同じ）。交付された株式（出資を含む。以下同じ）の取得費（取得をするために要した金額）は，基因となった株式の取得費に，みなし配当のうち交付された株式に対応する部分の額を加算した額とされた。所税法10条の3第3項，所得税法施行規則12条の3第2項（昭和25年政令第70号による改正後）を参照。

32) 租特5条の6（昭和26年法律第62号による改正後のもの）により，同族会社以外の法人に対する積立金課税（法税17条1項2号（昭和25年法律第71号による改正後のもの））は実施が停止された。この改正の趣旨は，国会審議において，「自己資本の蓄積に資するため…廃止することといたしました」（衆議院大蔵委員会第13号第10回国会1951年2月12日（西川政府委員発言））と説明され，その後の委員会質疑においても，たとえば，平田政府委員は，「設備の拡張に充てるとか，あるいは新規の原材料の仕入れに充てるということになりますと，それに伴つて生産がふえて来る。生産がふえるとおそらく雇用もふえて行きますし，また労働者の賃金等もふやすことができるということになる〔る〕」ことを意図した政策的措置として，積立金課税の不実施を提案したとの答弁を行なっている。衆議院大蔵委員会第16号第10回国会1951年2月16日（平田政府委員発言）。

33) 所税5条1項4号（昭和26年法律第63号による改正後のもの）。

の法人観に基づいて導入を唱えたものであって[34]、この法人観が受け容れられ、かつ、それを前提に立法が行われたものであることは、立法過程[35]や立案担当者の解説[36]などから明らかである。また、配当所得に係る源泉徴収を原則として廃止するが、その一方で利子所得に係る源泉徴収を存置するという、その当時の所得税法・法人税法の構造からも、法的な納税義務を負う法人ではなく、配当を得る株主こそが法人税の実質的な納税者であるとの理解は裏付けられよう[37]。

このような株主の集合という法人観を前提に、法人税を株主が納めるべき税の前どりと見て、株主段階課税に際しその調整を図るという所得税・法人税のあり方は、シャウプ税制改革の前のそれとは大きく異なる。シャウプ税制改革前では、法人税が賦課された後の利益の分配であるか否かは、基本的に株主段階課税の内容に影響を与えないものだった。ごく僅かな、極めてラフな例外は、残余財産の分配や合併対価の受領が個人株主の下では非課税の一時所得とされていたことだけである。

この非課税措置については「法人の清算所得として、株主課税分を含めた税率…により源泉課税し…ているので、所得税を課税しないこととしている」との説明も見られる[38]。しかし、法人株主の場合については何らの調整

---

34) シャウプ使節団・前掲注(30) 105頁。
35) 改正法案の国会審議にあたり、池田勇人大蔵大臣(当時)は、「従来のわが国の法人税制度は、法人を個人から独立した課税主体として、個人と別個に課税することといたしているのでありますが、今回法人が、事業遂行のための個人たる株主の集団である点を重視し、法人税と所得税とが実質的に二重課税となることを排除すること、及び法人の租税負担を軽減して、事業投資、資本蓄積の促進をはかることを改正の基本原則とした」と説明する。衆議院大蔵委員会第19号第7回国会1950年2月24日(池田国務大臣発言)。
36) たとえば、原純夫「新法人税の性格」『新税詳解』(大蔵財務協会、1950年) 36頁、36-37頁は、配当控除及び受取配当益金不算入の前提として、「法人は法律によつて人格を擬制されているが、その実体は株主又は出資者のものである」という理論があることを明言する。
37) 実際、シャウプ勧告は、「法人税を法人の利益に対する株主の持分に対する大雑把な源泉徴収の一形態」と見た上で、「源泉徴収の第二のしかも異つた形態があるということは、論理的でもないし、また必要でもない」として、従前の配当所得に係る源泉徴収の廃止を唱えた。シャウプ使節団・前掲注(30) 113頁。立案担当者の説明も同様である。原・前掲注(36) 36頁を参照。

措置も講じられておらず,また,法人が存続し続けていたとすれば株主が配当として得ることになったと考えられる,積立金額に対応する部分に係る税率が,配当されたと仮定した場合の税負担に近似するよう設定されていたわけでもない[39]。さらに,株式の消却に際し,法人側の払込済額（資本金の額）が実際に株主に払い戻した額を超過する場合においては,その超過額が,株主の下で課税済みのものであると考えられるにもかかわらず,総益金に算入されることとなっていた。これらのことは,株主及び法人が互いに独立した課税上の主体と把握されていたこと,換言すれば,法人を株主から独立した主体とみる法人観（法人実在説）が通底していたことを強く示唆する。

前提となる法人観が180度転換したのであって,しかも,法人税が,当時の所得税法や法人税法の構造上も源泉所得税とみるべきものであったことを踏まえれば,積立金額が原則として消滅してしまう残余財産の分配の場合においてさえ,積立金額に対応する部分が無条件にみなし配当とされなかったことは,一貫性を欠いた,克服されるべき特徴であったとの見方が自然に思える。

もちろん,源泉所得税は,源泉分離課税の対象である国内預金利子や,恒久的施設（PE）を持たない非居住者・外国法人の得る所得についてのもののように,確定申告を予定していない状況（たとえば,所税169条）の下では,最終的な課税となる。しかし,残余財産の分配への課税は確定申告を予定したものであった。そうであるのなら,基因となった株式の含み益にかか

---

38) 浅野・前掲注（26）19頁。
39) 積立金額に対応する部分に係る税率は20パーセントとされたが,この値は昭和28年改正で復活した清算所得課税のそれと同じではある。ところが,後者の20パーセントについては,昭和28年改正の立法過程において,「配当所得に対する個人の平均税率45パーセントから配当控除の25パーセントを差引〔いて〕」算出されたとの説明が行われており（参議院大蔵委員会第9号第16回国会1953年6月30日（泉説明員発言））,この説明が正しいとすれば,シャウプ税制前の税率20パーセントは,株主段階課税と無関係に決定されたものと考えざるを得なくなる。なぜなら,シャウプ税制前の個人所得税の税率は,昭和28年改正時のものより全体的に高く（シャウプ税制前では,最低税率が20パーセント,最高税率が75パーセント,昭和28年税制では,最低税率が15パーセント,最高税率が65パーセント）,平均税率は45パーセントを上回っていたと予想されるし,また,配当控除の割合も15パーセントと少なかったからである。

わらず，積立金額に対応するすべての部分をみなし配当とし，配当控除を認め，場合によっては還付まで行うことが，正しいあり方であったのではないだろうかとも思える。

しかしながら，このシャウプ税制下の処理を，単純ミスと即断することは拙速であるとの誹りを免れないものであろう。みなし配当の額を基因となった株式の含み益の範囲に限定したことについては，益金不算入の負債利子控除と並ぶ，シャウプ勧告の修正点の１つであったとする，立案担当者の説明が存在するからである[40]。

その説明によれば，立案担当者らの間にも「清算分配金等について積立金に対応する部分を配当とみなし残余を資本部分の払戻と〔する〕」ことがシャウプ勧告の内容であるとの理解は存在した。ところが，立案担当者らは「清算直前又は清算中の法人の株式を取得し，これに対する清算分配金が取得価格に等しい場合には，損益なしとするのが妥当であるに拘わらず，清算分配金中配当とみなされる部分の金額については損失がたつことになるという不都合がある」と考える。要するに，立案担当者は，積立金額に対応するすべての部分を無条件に配当とみなし，配当控除を与えることがシャウプ勧告の意図であると理解した上で，それを誤ったものとして実現利益の範囲という限定を設けたわけである。

上記説明は，「これらの場合においても，これらの法人において不当な軽減になると思われる反面他の納税者において，これを償う課税が行われるのであるから，全体としては差し支えないのだという議論もあり得ると思うが，そこまで行くことは法人擬制説に余りに偏るものであり，株式が一個の価値物件として独立の資産たり得ることを忘れたものである」と続く[41]。このうち「法人擬制説に余りに偏る」との言い回しに着目すれば，依って立つ法人観を従前から180度転換させてしまうことへの戸惑い，反発が，立案担当者らの間に存在し，その結果，みなし配当の概念が中途半端な内容となった，換言すれば，相反する法人観を両立させようとした末の産物が上記みな

---

40) 原・前掲注（36）37-38頁を参照。
41) 原・前掲注（36）38頁を参照。

し配当の限定である，との解釈を引き出すことも出来よう。

さらに，シャウプ勧告中，みなし配当に関連する箇所の翻訳を担当したという立案担当者は，次のように述懐している（丸番号，下線，脚注は引用者が付加）[42]。

> シャウプ勧告のなかの法人税の部分は私が受け持って，シャウプ博士の英文原稿を日本語に翻訳させてもらったのです。朝から晩まで翻訳しながら，なるほど，法人擬制説というのは，壮大な伽藍のように精緻な理論構成から成り立っているものかと思って感心したことがあります。しかし，その擬制説は，日本の独立後，直ちに修正を始めました。平田主税局長がまず26年に復活させた配当に対する源泉所得税です[43]。シャウプ博士は，法人税が源泉所得税だから，配当支払いの際に源泉所得税を課税するのはおかしいという理論から，25年の改正では配当支払いの際の源泉所得税を勧告通りやめることにしました。しかし，法律を作る途中でだんだん疑問を持ってきたのですが，それならいっそのこと支払配当には法人税をやめて個人の配当所得に所得税をかけたらいいんじゃないかと思ったことがあります。市丸吉左衛門君に議論を吹っかけると，いや，そんなことをしたら税金の取りもればっかりだというような徴収確保の必要性を教えてくれました。
>
> その際，法人税というのは個人所得税のような分配の機能はない。一つの企業課税ではないか，応益課税的なものではないか，ということに気づき始めました。そして，平田主税局長も全然気づかなかった問題で，市丸君の主張で採用された法人擬制説を始めから壊すような動きが25年のシャウプ勧告の最初からあった。
>
> 何かというと，負債利子控除制度です。つまり①法人擬制説では負債利子控除をしてはいけないのです。ところが②普通の損益対応の観念から言えば株式を持つか，社債を持つか，どちらにしても元本を取得するのに必要な負債利子を引くのがあたりまえではないかと言うのです。③それなら二重課税になるが

---

[42] 平田敬一郎＝忠左市＝泉美之松編『昭和税制の回顧と展望（下）』（大蔵財務協会，1979年）246-247頁（塩崎潤発言）。

[43] 支払配当に係る源泉所得税の復活は，昭和27年法律63号により立法化された。述懐中の「26年に復活させた」という箇所は，立案が昭和26年中であったか，あるいは記憶違いであろうと考えられる。

いいのかと疑問を提供して，市丸君と議論したのです。しかし，大ヴェテランの市丸君にはかなわず，④しかも彼はそもそも擬制説はどうせだめだから負債利子控除をすべきだということになりました。

（受取配当益金不算入に係る）負債利子控除が法人擬制説に反し，二重課税を招くとの箇所（①，③）は，次のような状況を想定したものだったと推測される。

1. 居住者Ｘ１，Ｘ２は，共に1,000の課税後所得を有しており，Ｘ１は，その1,000で内国法人Ｙ１の株式を取得し，Ｘ２は内国法人Ｙ２の社債を取得する。Ｘ１，Ｘ２は，いずれも課税がなかったとすれば，10パーセントの利回りを期待するものとする。
2. Ｙ１はＸ１が提供した1,000を元手に，Ｙ２はＸ２が提供した1,000を元手に，内国法人Ｙ３の株式を取得する。
3. Ｙ３は，Ｙ１，Ｙ２が提供した2,000を元手に，200の利益を獲得して70の法人税を納付した。さらに，Ｙ３はその残額130を，Ｙ１，Ｙ２のそれぞれに按分的に（65ずつ）配当した。
4. Ｙ１の下で，Ｙ３からの受取配当65はその全額が益金不算入となるから，Ｙ１はＸ１にその全額を配当することができる。
5. これに対し，Ｙ２は，仮にＸ２に65の社債利子を支払うのなら，Ｙ３からの受取配当65の全額が（総）益金に算入される一方，当該利子が（総）損金に算入されるから，課税所得の変化は差引きゼロとなる。

Ｙ３の下で課税済みの利益を原資とする受取配当は，Ｙ１，Ｙ２についてみれば，いずれも法人税に服していない。しかし，Ｘ１が配当控除を得られるのに対し，Ｘ２には類似の措置が認められず，当該社債利子の全額について，法人税の負担がＹ３の段階で生じているにもかかわらず，課税されてしまうのである。

また，株主の集合という法人観を貫徹すれば，Ｙ３の損益も，Ｙ１，Ｙ２の損益と同様に，Ｙ１，Ｙ２の株主に帰属するものであるから，Ｙ３の課税前利益に対するＹ２に配賦されるべき100と，社債利子100との通算を認め，

法人段階では課税なしとすべき，とも考えられる。社債利子を（総）損金に算入させる一方で，受取配当の全額を（総）益金不算入とすることとし，Ｙ２が納めるべき法人税の額を35減少させること（あるいは35の還付を認めること）は，そうした結果を間接的に達成するために必要とも考えられよう。

なるほど，下線部②は，非課税の収入を得るための支出の控除を所得課税の原則への違反とする見解に通じるものであって[44]，それ自体には規範性が見いだされる。だが，この場合の損失の創出は，第２節で見た，二重課税排除の見地から正当化できる配当収入の創出と類似する。それゆえ，負債利子控除を根拠付けるには，下線部④のように，株主の集合という法人観それ自体を攻撃せざるを得ない。立案担当者の述懐を補足すれば，以上のようになろう。

シャウプ税制は，昭和28年の改正により，個人の有価証券譲渡損益の原則非課税，及び，それに伴う従前の清算所得課税の復活という，その根幹に関わる重大な改正を受け[45]，昭和28年税制とも言うべき異質なものへと大きく変容する。そして，昭和45年の改正では，配当控除の控除率の縮減が，「法人税は個人株主の所得税の前払いであるという前提について，…法人税は法人独自の負担であり，配当税額控除は株主個人の恩典であるとする見方の方がむしろ一般的ではないかと思われる」こと，「また，法人税率や配当率の推移等からみて，法人の所得のうちの支払配当分に対する法人税が実際に株主に転嫁され二重課税が生じていることを実証することには困難がある」ことなどを理由に，実施された[46]。これらの改正，特に，後者のそれは，法人

---

44) たとえば，岡村忠生「タックス・シェルターの構造とその規制」論叢136巻４・５・６号269頁，304頁（1995年）を参照。
45) シャウプ勧告は，「この清算に関する取扱は，公平な課税となるのであつて，譲渡所得が，本報告書の他のところで勧告しているように完全に課税されるべきであるということを仮定するならば，脱税の余地は，大してなくなるであろう。このような所得に対して個人所得税を完全に免税している法人の清算所得に対する定率課税は，これが廃止されない限り甚だ繁雑な脱税に対して広い通路を開いていることを示すことになる。この法人税の構成全体は，譲渡所得が完全に個人に対して課税されるという前提に基礎を置いている点を再強調する必要がある」（引用にあたり改行を省略した）として，株式譲渡損益の完全課税と清算所得課税の廃止を重要な構成要素と位置づけていた。シャウプ使節団・前掲注（30）113頁。

観の明白な再転換を伴うものであったが[47]，上記の述懐によれば，部分的，黙示の転換は，シャウプ税制の立案当初から既に起こっていたということになろう。

もっとも，負債利子控除やみなし配当となる額の限定が，株主とは別の独立した主体であるとの法人観を前提としない限り，正当化の困難な修正であったのかという点については，なお検討する必要があるだろう。立案担当者の意図とは別に，擬制説に依拠しても上記のシャウプ勧告の修正が実は要請されるという可能性があるからである。

このことは，立案担当者によるシャウプ勧告の理解が誤っており，実は意図通りの制限であったと考えられるといった話ではない。確かに，シャウプ勧告の日本語訳では，「清算後の残余財産を…留保所得に該当する部分と法人の資本に該当する部分とに区分」した上で，「留保所得に該当する部分は，あらゆる点において配当として取扱」い，「法人の資本に該当する部分は，株式処分の結果として取扱〔うべき〕」であると提案される。さらに，後者の部分について，「実現された価格と株式の取得費用との差額は，譲渡所得又は譲渡損失として取扱われるべきである」とされており[48]，「実現された

---

46) 税制調査会『昭和45年度の税制改正に関する答申』(1970年1月) 13-16頁。詳細は，第2章第4節（2）を参照。また，この改正については，国会審議中に，「沿革的にはシャウプ税制以来，法人税は所得税の前払いである，法人税にはいわゆる応能負担といいますか犠牲というような感覚はないのだ，いわば所得税の前取りとして観念すればいいのではないかというような考え方が長い間支配的であり，そういう観点からこういう税制になっておるわけでありますが，しかし今日のような大会社となりますと，個人の株主が会社の所有者であるというような考え方というのがなかなか世人になじまないというようなことを考えまして，今回提案いたしておるようなことで，配当控除の引き下げ，しかしこれもそういう配当控除というようなことによりまして，現在の資本市場なりあるいは金融市場なりというのはそれぞれ構成されておるわけでありますから，ここに激変を与えて，わが国の金融市場，資本市場に大きな打撃を与えるというのは大きな意味で望ましいことではないわけでありますので，漸進的な措置をとるのが至当と考えたわけであります」との答弁も行なわれている。衆議院大蔵委員会第19号第63回国会1970年4月1日（細見政府委員発言）。

47) 前者についても，たとえば，吉村忠雄「みなし配当の計算と取扱について」財政24巻10号36頁（1959年）は，「シャウプ勧告に基く昭和25年の税制改正により個人源泉課税に立つた法人税法は，その後の税制改正を経て漸次個人源泉課税の修正をみたが，他の内国法人から受ける利益の配当等の益金不算入，みなし配当等の制度は，いまなお存続しているのであつて，完全に独立課税主体説に復帰したとはいえない」とする。

価格」は「清算後の残余財産」の価額を意味する―したがって，みなし配当の発生に起因した譲渡損失の計上を認めるものでなかった―ように読めなくもない。

しかし，英語版は，"Any difference between <u>this realization amount</u> and the cost of the stock should be treated as capital gain or loss."（下線は引用者が付加）であって，下線部は，その前の "The part corresponding to the capital of the corporation should be treated as <u>a realization</u> from the disposal of the stock."（下線は引用者が付加）の下線部を指すもの，つまり，「清算後の残余財産」の価額そのものではなく，そのうちの「法人の資本に該当する部分」と理解するほかはない。シャウプ税制が，みなし配当，みなし譲渡収入の算定方法について，シャウプ勧告をそのまま採用したものでないことは，立案担当者の主観だけでなく，客観的に見ても確かなものと言えるであろう。

とは言うものの，この箇所だけでなく，他の箇所においても，シャウプ勧告は，立案担当者が懸念した「清算直前又は清算中の法人の株式を取得し，これに対する清算分配金が取得価格に等しい場合には，損益なしとするのが妥当であるに拘わらず，清算分配金中配当とみなされる部分の金額については損失がたつ」という状況をなぜ容認すべきかという問いに答えていない。さらに，シャウプ勧告は，上記計算を前提とした残余財産の分配の取扱いを無条件に推奨した訳ではなく，その取扱いを通じて公正公平な課税結果を達成する上では株式譲渡所得の完全課税が必要不可欠であることを，しかも，残余財産の分配を受ける局面に限定することなく，再三強調した[49]。株式譲

---

48) シャウプ使節団・前掲注 (30) 112頁。

49) 日本語版の当該箇所はその意味の理解が困難な訳となっているので，英語版を参照すると，"This treatment of liquidation will produce a fair and equitable tax, without providing any substantial opportunity for evasion, assuming that capital gains are to be taxed in full, as recommended elsewhere in this report." であり，たとえば，「この報告書の他の箇所で勧告しているように，キャピタルゲインが完全に課税されるとすれば，この清算の取扱いによって，脱税の余地が殆どない公正，公平な課税が達成されるであろう」とでも訳す方が良いだろう。シャウプ使節団・前掲注 (30) 113頁。また，次頁の冒頭箇所も日本語版では意味が不明瞭だが，英語版では，"Unless this is done, so that sooner or later all income, whether distributed or not, is made subject to the

渡所得の完全課税という条件が，上記計算に関わるものであるのか否かが，そして，もし関わるのであれば，どのように関わるのかが明らかにならない限り，たまたま一緒に提唱されただけで理論的には無関係であるという可能性が排除され得ないと考えられるのである。

(2) 清算所得課税の意義・変遷，及び，株式譲渡所得課税の必要性

第3節（1）で確認したように，シャウプ勧告は，そのインテグレーション提案として，二重課税排除措置だけでなく，株式譲渡所得の完全課税も主張した。だが，株式譲渡所得の完全課税と所得税，法人税のあり方（インテグレーション）とが具体的にどのように関係するのかについて，シャウプ勧告には詳細な説明がない。さらに，株式譲渡所得の完全課税を理由に，残余財産の含み損益課税を含め，清算所得課税を完全に廃止すべきとしたことについては，次のような岡村の問題提起がある[50]。

> シャウプ使節団が，General Utilities の影響を，少なくとも無意識のうちに受けていた可能性については，一応考えてみるべきではないかと思われる。もし彼らが，個人所得税においてみなし譲渡制度を創設したのと同様に清算所得課税に対しても理論的であったなら，個人資産の含み損益に対して相続贈与を課税機会としたように，法人資産の含み損益に対しても清算を機会として課税すべきであると考えたはずだからである。たしかに，シャウプ税制は二重課税を排除しようとしたのであるが，そうだとしても，清算所得課税を単に廃止してしまうのではなく，これをいったん法人段階で課税の対象とした上で，通常の配当と同様に二重課税排除措置を適用するのがスジではなかったかと，一応は考えられる。

General Utilities は，他法人株式の現物配当が，分配法人にとってアメリ

---

　individual income tax, this entire program will be invalidated." となっており，たとえば，「全ての所得が，いつかの時点では，分配されるか，されないかにかかわらず，個人所得税に服することになるよう，この措置（訳者注：キャピタルゲインの完全課税，及び，それに伴う清算所得課税の廃止）が実施されない限り，本報告書が示すプログラムは無効となろう」と訳すことが考えられる。同114頁。
50) 岡村忠生「法人清算・取得課税におけるインサイド・ベイシスとアウトサイド・ベイシス」論叢148巻5・6号194頁，217頁（2001年）。

カ連邦所得税上の課税機会であるか否かが争われた事案であり，連邦最高裁は，McReynolds 裁判官の意見により，これを否定した[51]。その後，1954年歳入法典の制定に際し，現物配当は，清算に伴って実施されるとしても，清算に伴わず実施されるとしても，いずれにせよ法人所得税の目的において，損益不認識であることが制定法上明記された[52]。もっとも，その後の1986年歳入法典の制定に際し，完全廃止されている[53]。*General Utilities* は，法人が値上がりした資産を分配しても，値下がりした資産を分配しても，いずれにせよその損益について課税を受けないといった取扱いの代名詞として，しばしば参照される。

シャウプ税制改革前では，先にみたように，解散した法人は，株主に分配した残余財産の時価と，解散時点での払込株式金額との差額である清算所得について，①解散時点の積立金から成る部分と②それ以外の部分とで区分し，それぞれ異なる税率によって課税を受けることになっていた。そして，②で課税される利益には，清算中に発生した法人利益だけでなく，解散時点で存在し，株主にそのまま分配された法人資産の含み益も含まれていた。この点に着目すれば，シャウプ税制改革前では，*General Utilities* のルールが否定されていた―法人資産の現物分配にあたり，法人段階の課税を実施する―との評価も可能であろう[54]。

これに対し，シャウプ勧告は，株式譲渡所得の完全課税を前提としてではあるが，清算所得課税を，①に対するものについてだけでなく，②に対するものについても，これを廃止すべきであると提案し，その提案通り，シャウプ税制改革では，①，②が共に廃止された。だが，②に対する清算所得課税は，元来，大正9年の所得税法の制定により，法人の下で生じた利益に対し

---

51) General Utilities & Operating Co. v. Helvering, 296 U.S. 200 (1935).
52) Internal Revenue Code of 1954, §311 (a), §336, 68A Stat. 1, 94, 106 (1954).
53) I.R.C. §311 (b), §336 (a).
54) もっとも，清算所得への課税は，最終の分配時にまとめて行われ，分配ごとに行われるわけではなかった。たとえば，大正15年税制下の書籍ではあるが，藤沢弘『会社納税考』（日本租税学会，1927年）273頁は，「残余財産を数回に分ちて分配するものに付いては，その最終の分配確定のとき，これに従前の分配額を加算したるものを以て，税法いわゆる残余財産の価格と為すべきものである」と説明する。

ては当該法人の下で課税すべきという趣旨で導入されたものであり[55]，昭和15年の所得税法，法人税法の制定に伴い，個人株主の下，残余財産の分配が配当とみなされるようになった際にも，単一税率とするかたちで維持されていたのである[56]。シャウプ税制改革における清算所得課税の完全廃止に，法人の下で生じた利益が法人の下での課税を完全に免れる余地を認める *General Utilities* のルールとの類似した性格を見出す岡村の指摘は，こうした清算所得課税の沿革とも整合的と言える。

もっとも，岡村は，二重課税排除の手段の理念形として，完全統合（パートナーシップ方式）を採用せず，不完全な部分的統合を採用した以上，解散時の法人資産の含み益に課税すること—*General Utilities* のルールの否定—が正当化できない可能性もあるのではないか，との疑問も，次のように提示する[57]。

---

[55] 衆議院所得税法改正法律案外六件委員会議事録第4回第42回帝国議会1920年2月3日（松本政府委員発言）は，「法人が解散すると云ふ―もしくは他の法人と合併すると云ふ場合におきまして，その解散または合併までの財産目録に記載して居るところの価格以上の財産価額が現はれてくると云ふことは，能く御分りだろうと思ふ，この所得だけは全く所得税から免れてしまうという云ふことになるのです，これは中々容易ならぬことだらうと思ふのであります」として，清算所得課税の趣旨を説明している。また，その当時の解説である渡辺善蔵『所得税法講義』（東京財務協会，1921年）138-139頁は，「清算所得に課税する理由の第一は，清算期間は法人の事業年度にあらず，故に超過所得，留保所得又は配当所得の課税を為すことを得ず，しかも清算期間中といえども所得を生ずることあるべきは疑なきを以て，これに課税せざるは普通の場合と権衡を失ふと謂ふにあり。課税理由の第二点は，秘密積立による課税の通脱を防がんとするの趣旨に出づ。すなわち従来正当の表示を為さざるがために課税せられざりし金額に対し，更めてこれを税せむとするなり。秘密積立金及清算期間中の利益は，残余財産価額中資本金及表現積立金を超過する金額に依り表示せらるべきこと当然の数なるを以て，前連のごとき法律の規定あるゆえんなり」と説明する。また，中村継男『改正法人所得税法詳解』（東京税務二課会，1920年）42頁も，その当時の清算所得を「その実質は既往の事業年度における秘密積立金と清算期間中の所得とより成ると解するを得べし」とした上で，「既往の秘密積立金は，過去において当然課税せらるべかりし留保所得に対する課税を免かれたるものなるが故に，これに課税するは当然なるべく，また清算期間中の所得といえども，なおこれを法人の所得と認むべき理由あるを以て，これを清算所得となし課税船とするものなり」と説明する。

[56] 所税8条2号（昭和15年法律第24号のもの），法税6条1項（昭和15年法律第25号のもの。以下同じ），16条1項2号を参照。

[57] 岡村・前掲注（50）218頁。

第3節　日本における配当課税，法人課税の展開　95

　　…なるほど，インサイド・ベイシスを基準に法人利益を算定して法人税を課
　した上で，株主段階でこれを利益積立金額に係る部分とともに配当とみなし，
　たとえばインピュテーションに乗せることは可能であろう。しかし，アウトサ
　イド・ベイシスはどのように解決するのだろう。何が，アウトサイド・ベイシ
　スに係る譲渡収入金額となるのだろうか。それを清算分配のうち資本等の金額
　からなる部分であるとすることに，二重課税排除の税制の下で，どの程度の正
　しさがあるだろうか。資本等の金額とアウトサイド・ベイシスの間に，そうし
　た課税を正当化するほどの関係を見出せるだろうか。
　　たとえば，清算直前に株式を取得した株主のアウトサイド・ベイシスは，明
　らかに留保利益部分を含んでいる。したがって，もし今日のようなみなし配当
　課税を行えば，譲渡損失を認めることになる。一方でインピュテーションによ
　ってみなし配当部分に対する課税を避けながら，他方で譲渡損失を認めること
　は，清算時の株主に対する正しい課税といえるだろうか。インピュテーション
　下における清算時配当とキャピタル・ゲインのこうした切り分けは，一回課税
　の観点から，基準価格ステップ・アップよりも正しいと言い切れるだろうか。

　シャウプ勧告により提案されたみなし配当の概念が，留保利益たる積立金
から成る部分の全てを対象とするものであったことは，第3節（1）で確認
した通りである。したがって，上記の岡村の疑問は，株式譲渡損失を創出す
る可能性についてのシャウプ勧告の立場を推認するにあたり，有益かつ重要
な検討項目と言える。そこで，岡村の考察を読み進めていくと，清算直前に
株主が交代していたという状況が，完全統合であるパートナーシップ方式の
下で生じた場合について検討され，さらに，その結果を踏まえ，清算所得課
税の完全廃止—*General Utilities* のルールの採用，すなわち，基準価格ステ
ップ・アップの容認—というシャウプ勧告の立場があり得る1つの方向であ
ったと結論付けられる（下線と番号は引用者が付加。また，文末注は省略）[58]。

　　…パートナーは配当現物を時価評価することを考えよう。つまり，先のアウ
　トサイド・ベイシスの120の例（パートナーシップ保有資産時価も120とする）

---

58)　岡村・前掲注（50）222-223頁。

で，パートナーシップが残余財産の譲渡と再取得をしたと想定して利益20を獲得したものとし（清算所得課税），これをパートナーに配賦してアウトサイド・ベイシスを140とした上で，清算分配資産を時価120で受け入れ，アウトサイド・ベイシスとの間で損失20を出すのである。その結果，仮に所得種類の相違による損益通算制限の問題がないとすれば，①<u>パートナーは配賦された利益20と分配に係る損失20を通算して課税を受けず，分配された資産の基準価格を時価とする</u>。

　これは，S法人の場合と同じである。…結局，②<u>S法人課税では，清算所得課税をした場合と，*General Utilities* 当時のようにこれをしなかった場合とで，課税所得は同じである</u>。つまり，インサイド・ベイシスを放棄して基準価格ステップアップを認めたとしても，所得種類を除いて，結論は変わらない。それゆえ，個人所得税における所得分類のあり方によっては，どちらでも同じなのである。…これらパス・スルー主体に対する清算所得課税では，インサイド・ベイシスとアウトサイド・ベイシスは総額で必ず同額だけ変化するから，清算所得課税による損益配賦と，実際に行われる残余財産の清算分配とが，適正に対応している限り，理論上はそのように言えるはずである。

　そうすると，③<u>シャウプ税制による清算所得課税の廃止も，二重課税の解消を目標とすれば，必ずしも誤った方向にあったとは言えないことになる</u>。④<u>ただし，パートナーシップ方式ではなく極めて原始的なインピュテーションが採られたため，制度としての整合性は問題となる</u>。

　岡村は，下線部①において，エンティティ側にのみ存在し，構成員側には存在しない利益が同額の損失により相殺され，構成員の課税所得を構成しないこととなる処理を示し，その上で，当該処理に対して肯定的な評価を与える。しかし，その処理は，下線部②の指摘にあるように，実質的には，エンティティの下での資産帳簿価格たるインサイド・ベイシスの放棄，つまり，*General Utilities* ルールの採用に外ならない。

　それにもかかわらず，この処理を肯定的に見るべき理由として，岡村は「二重課税の解消」という目標（が掲げられていること）を指摘するが，この指摘の背後には，1回だけ行なわれるべき課税が既に実施済みであるとの理解が存在するのであろう。岡村は，許容出来るインサイド・ベイシスの放棄

の現実の具体例として，アメリカのパートナーシップ課税における清算分配時の代替基準価格を取り上げ，その正当化根拠として，「持分の譲渡者（前パートナー）に課税の対象となる損益が帰属していること」，すなわち，「パートナーシップ資産の含み損益は，それが発生したときの持分所有者に対して，持分譲渡損益として課税の対象とされたといえる」ことを挙げているからである[59]。したがって，下線部③が，シャウプ税制の下での清算所得課税の完全廃止を，パートナーシップ課税における代替基準価格と同様に，全面的に肯定するところまでは行かず，「必ずしも誤った方向にあったとは言えない」という慎重な態度が採られているのは，原始株主に対する株式譲渡所得課税についての分析を不足なく実施したとは言えないためであったものと推測される。

下線部④については，シャウプ税制下の配当控除が「極めて原始的なインピュテーション」であったことに由来する不具合とは具体的に何であるのかが必ずしも明らかではないが，「極めて原始的」とは，株主に実際の法人税額を帰属させること（グロス・アップ処理）がなく，しかも，実際の支払額の一定割合に税額控除を認める点を指すのだろう。この点は，シャウプ税制の配当控除が最高税率近くで課税される個人株主の場合を除き，二重課税を十分に排除することができないという限界を形作るものであった[60]。したがって，分配資産の含み益に対し，法人税を賦課するか，賦課しないかにより，最終的な税負担の額が異なる可能性が高く，ほとんどの株主にとっては残余財産の分配を受けたほうが有利であったと言える。

このことが，値上がりした資産の処分に関するシャウプ税制の非中立性[61]を意味するものであることは否定し難い。しかし，二重課税排除の見地からすると，肯定的な評価も可能であろう。なるほど，法人が値上がり資産の処分を解散の後に繰り延べる場合には，繰り延べない場合と比べ，最終的な税

---

59) 岡村・前掲注（50）221頁。
60) シャウプ使節団・前掲注（30）108頁。
61) アメリカ連邦所得税において，*General Utilities* (GU) 原則（による値上がり資産の処分に係る非中立性）がどのような問題を生じさせ，また，どのような対処がなされていったかについては，岡村・前掲注（50）246頁以下を参照。

負担は軽減されることとなるが，繰り延べない場合の追加税負担は，二重課税排除を目指したシャウプ税制にとって正当性が認められるものではなかったはずである。つまり，シャウプ勧告が，値上がり資産に対する清算所得課税も廃止することとし，これを個人株主段階での株式譲渡所得課税に代えることとした判断は，極めて不完全な統合しか実施できない状況を回避し，1回だけの，しかも，個人株主の状況に対応した適切な税率による課税を達成しようとした結果であったとも考えられるのである。

もっとも，法人段階での課税を極力排し，個人株主段階での株式譲渡所得課税を実施するという方向には，課税繰延の問題が悪化するのではないか，との疑問が生じる。この点，岡村からは「インピュテーションは，課税繰延を認めない政策とは相容れない」として，インピュテーション方式を理想としたシャウプ勧告，及び，シャウプ税制が，課税繰延の問題を未解決のまま残したのではないかとの視点が提示されている[62]。

実際，シャウプ税制は他の法人の株式が分配された場合について，相当緩やかに課税繰延を認めるものとなっていた。以下では，法人の解散に関する2つの取扱いを見てみよう。

第1は，他の法人の株式を残余財産の分配によって受け取った場合の取扱いである。この場合，みなし配当やみなし譲渡収入の基礎である「法人の解散に因り残余財産の分配として株主…が取得する金銭の額及び金銭以外の財産の価額の合計額」は当該株式の時価でなく額面価額で評価するものとされ，しかも，その後のみなし配当の額の算定にあたって参照すべき積立金の額は「当該他の法人に引き継がれなかつた部分の金額」に限定することとされていた[63]。このルールは，アメリカ法でいうsplit-up型の法人分割について，株主段階課税を繰り延べることを意図したものだったと考えられるが[64]，要求された法文上の要件は，積立金の額の引継ぎだけであったのである。

---

62) 岡村・前掲注（50）218頁。
63) 所税5条1項2号（昭和25年法律第71号による改正後のもの）。
64) 小林淳子「国外取引に対する租税法の適用と外国法人の分割に関する諸問題」税大論叢45号，233頁，341-345頁（2004年）。

第2は，他の法人の株式の価額（額面価額）については，みなし譲渡収入を構成しないものとし，株式譲渡所得の額は，みなし配当とならなかった金銭の額と株式以外の財産の時価の合計額を限度とすることである[65]。このルールも，被合併法人株主が合併法人株式のみを合併の際に取得した場合などの現行法上の取扱い（租特37条の13第3項1号，法税61条の2第2項）と類似しているが，金銭やその他の財産が混ざることが許されていた点，及び，他の法人の株式・出資であればよく，当該法人が子会社などであることも要求されていなかった点において，課税繰延を緩やかに認めるものであったと言えるわけである。

　そして，こうした緩やかな課税繰延の容認が，贈与だけでなく相続も課税機会とし，遅くとも資産の所有者の死亡時には当該資産の含み益に課税することとした態度[66]との矛盾を感じさせるものであることは否定し難い。もちろん，毎年の純資産増加にその都度に課税することは執行困難性から断念されており，課税繰延を認めることが直ちに問題というわけではないが，贈与や相続のような場合でも課税すべきとしていたのであるから，納税者が現金と同様に扱うべき「他の流通資産」を得た場合には当然課税すべきとの考えに立脚していたことに疑念の余地はないし，他の法人の株式がおよそ現金と等価な「他の流通資産」に当たらないのだとは考え難い。それゆえ，シャウプ税制下のみなし配当の算定ルールが，譲渡損失を生じさせ得ないものとなっていたのは，シャウプ勧告が強く主張した株式譲渡所得課税の完全実施が実際には見送られた結果のものだったのではないか，との疑念がなお残るように思われるのである。

(3) Vickrey のインテグレーション論

　第3節（2）の検討からは，譲渡損失の創出を厭わないシャウプ勧告のみなし配当の概念が，原始株主に対する株式譲渡所得の完全課税により正当化され得る可能性が示唆された。もっとも，そうした正当化の議論がシャウプ勧告の中で実際に展開されたわけではなく，立案担当者が，「これらの法人

---

[65] 所税（昭和25年法律第71号による改正後）10条の2第3項1号。
[66] シャウプ使節団『シャウプ使節団日本税制報告書（第3編）』(1949年) B10-13。

において，これを償う課税が行なわれるのであるから，全体としては差し支えないのだという議論もあり得ると思う」として，その正当化の可能性を示唆したに過ぎない[67]。さらに，シャウプ税制において，株式譲渡所得の完全課税がシャウプ勧告通りに実施されたという点についても，課税繰延が具体的な理由が示されることなく相当に緩やかに認められており[68]，疑わしいところが存在したのである。

　シャウプ税制は，わずか3年で根本的な改正を受けたから，その詳細についての検討は極めて少ない。だが，法人税を株主に対する源泉所得税へと転換させる一方，法人に留保される利益について法人の段階で利子附加税を賦課するというシャウプ勧告の内容は，シャウプ使節団がその報告書において初めて示したものではない。同使節団のメンバーであった William Vickrey は，1947年の National Tax Association（以下，NTA）の年次総会において，その概要を既に示していた（下線，丸番号および脚注は引用者が付加）[69]。

　　税収や累進性が不十分なものとなってしまう可能性を別とすれば，実際の改善がプログラムの完全実施とまでは達しなかったとしても，なお現行制度は十分に改善されることとなろう。とは言え，その結果は，完全統合の結果と比較して，実業界にとって好ましいものでない場合が多いであろうと思われる。なぜなら，これまでに提案されてきた英国システム（British system）の変形の

---

67)　原・前掲注（36）38頁。
68)　たとえば，当時の国税庁所得税課長の解説は，「もし払戻の中に，株なり出資なりでもらつているものがありました場合には，それは時価で評価するのでなくて，払込金額あるいは出資額によってつまり額面で払戻金額を計算するという規定があることであります。これはみなす配当の関係では，株なり出資なりでもらつておりましても，その払込済額を限度として課税を一応すましておく。そしてもらつた株の払込金額と時価の差額については，いずれその交付を受けた株式を最終的に譲渡するときに，譲渡価額に織り込まれることになりますので，その際に譲渡所得として課税をする。それまでは課税を留保しようという趣旨に出ているためであります」というように，結論を述べるだけのものにとどまっている。村山達雄「改正所得税法の解説（三）」財政15巻10号84頁，86頁（1950年）。
69)　William Vickrey, The Effects of Integration of Corporate and Individual Income Taxes on Business, 40 Proceedings of the Annual Conference on Taxation under the Auspices of the National Tax Association 179, 185-186 (1947).

ほとんど全ては、富裕な株主に対し、支配する法人の利益の分配を繰り延べようとする強いインセンティブを残し、また、それと同時に、当該法人の少数株主に不当な負担を押し付けるという欠陥を有するからである。公平の点を脇におくとしても、再投資を促すこの課税上のインセンティブは、小規模な革新者が既存法人の未分配利益の外からリスク資金を確保することを引き続き困難なままとし、したがって、新規企業に対する、十分、かつ活気のある競争への参入障壁を高くしてしまう可能性が高いのである。また、合理性や適性と無関係に、既存の法人が新規分野に進出してさらに拡張し、法人帝国主義（corporate imperialism）の発達に向かう課税上のインセンティブが、減少はするものの、なお相当に残ることにもなろう。これは、既に「内側にいる」法人にとっては良いことだが、健全な競争の維持や、巨人症やそれに付随する官僚制度の弊害の回避という点で正当化される経済システムを維持するという観点からすると、相当に不健全である。ただ、相当な欠陥を有している部分的統合も、現行制度と比べれば、なお改善ではある。

　法人の近親交配（corporate inbreeding）を促進するこの傾向を打ち消すためには、修正された未分配利益税（undistributed-profits tax）[70]を利用することが考えられる。キャピタルゲインの完全課税、及び、個人に適用される限界税率に変化がないことを仮定すると、①所得の実現を繰り延べること（そして、その所得に対する課税を繰り延べること）を通じて達成できる税負担の減少は、そのようにして繰り延べられた税の利子と等しい。②当該個人は、途中の期間においてその税額を、利子を支払うことなく利用できるという便益を有するのである。これを大雑把に相殺する手段としては、繰り延べられている年のそれぞれにおいて、繰り延べた所得の額の利子に対し、限界税率に近い税率で税を徴収することが適当であろう。③個人ごとに異なる税率が原理上は設けられるべきであるが、その税を法人に対して課すとすれば、株主の限界税率の大雑把な平均、あるいは典型的なそれを課すことができよう。したがって、利

---

[70] "undistributed-profits tax" の日本語訳として、たとえば、畠山武道「アメリカに於ける法人税の発達（3）」北法26巻4号1頁（1976年）は、「未分配利潤税」を採用する。しかし、ここでの "profits" は、企業が自身で所有し、自身で使用した生産財の市場価値である陰費用（implicit cost）を差し引かない、（会計上の）利益を指すものだから、「未分配利益税」と訳すこととした。なお、（会計上の）利益と（そこから陰費用も差し引いた）利潤との区別については、八田達夫『ミクロ経済学Ⅰ』（東洋経済新聞社、2008年）80-84頁を参照。

子率が5パーセントで、株主の限界税率が40パーセントであるとすると、未分配の利益に対し、未分配のままである年のそれぞれにおいて、2パーセントの税を課すことが適当である。その結果、我々は、留保された未分配の利益に対し、毎年2パーセントの税を課すことになる。

「英国システム」は、インピュテーション方式を導入した所得税・法人税の制度を指す用語として当時よく用いられたものであり[71]、シャウプ勧告は支払額の25パーセントの税額控除の導入を、この英国システムに移行するための第一歩として提案した[72]。そして、英国システムを補完するものとして、支払いを繰り延べた税に対する利子を徴収するという下線部①の措置は、シャウプ勧告で提案され、シャウプ税制で採用された利子附加税そのものであると言える[73]。

上で引用した1947年のNTA年次総会での提案はシャウプ税制の利子附加税の性格を考える上で興味深い。

下線部②に対応して、シャウプ勧告には「提案している利子附加税が課税されない場合には、その間、納税者と法人とが、この19円50銭を実際無利子で使用したことになる」という表現がある[74]。このシャウプ勧告の表現では、課税繰延の利益を享受する主体が法人であるか、株主であるのか、さらには、この利子附加税の賦課をどこまで続けるべきであるのか——すなわち、法人が利益を留保することで課税上の利益を得ていると見たものであって、利益が留保され続ける限り永久に賦課し続けるべきであるのか、それとも、

---

71) *E.g.* George E. Lent, Alternative Methods of Taxing Corporation Earnings at the Personal Level: The Withholding Approach, 40 Proceedings of the Annual Conference on Taxation under the Auspices of the National Tax Association 151, 155 (1947).
72) シャウプ使節団・前掲注（30）108頁。
73) シャウプ使節団・前掲注（30）109-110頁では、限界税率の異なる株主が（支払いを繰り延べた税額について）どれだけの利子率で負担を負うことになるのかが議論されている。
74) シャウプ使節団・前掲注（30）109頁。なお、「実際無利子で使用した」という箇所が分かりにくいが、英語版は"the taxpayer and the corporation have had the use of this 19.5 yen, in effect interest rate …"であり、「事実上無利子で」と訳すほうが分かりやすいと考えられる。

株主が課税上の利益を得ていることに着目したものであって，利益が留保され続ける場合でも当該株主が課税を受けたとすれば賦課が停止されるべきはずのものであるのか—がはっきりしない。

これに対し，下線部②にはそのような曖昧さは存在しない。利益を留保した法人の下で利子相当額の課税をするのは，下線部③からも明らかなように，当該留保により課税上の利益を得た株主に課税しようとする手段に過ぎない。Vickreyの理解するところによれば，利益が法人に留保され続けても利子を賦課すべきでない状況はあり得るのである。

また，Vickreyはシャウプ税制下の配当控除，利子附加税と類似した制度の提案を，1947年NTA年次総会の前にも，TAXES誌掲載の1945年の論文[75]，及び，1947年の著書[76]で示しており，これらの記述も興味深い。

1945年の論文を見ると，ここでは，二重課税及び利益留保による課税繰延の問題に対処する方策として，累積型の未分配利益税（Cumulative Type of Undistributed Profits Tax）を伴った，インピュテーションなどの二重課税排除措置の導入が説かれる。そこで提案される累積型の未分配利益税は「未分配利益に対し，未分配のままである年のそれぞれにおいて，低い税率で繰り返し課税しようとする」もので，「その税率は，何らかの合理的な利子率と，典型的な株主の限界税率との積と等しくなるよう」設定されるものであるから[77]，これは，シャウプ税制下の利子附加税に他ならないと言える。1947年の著書においても，Vickreyは，包括的平均課税の実施が理想であるとしつつも，その達成が困難である場合においては，留保された未分配利益に対する低い税率での毎年の課税，及び，その補完として，あるいはその代替として，インピュテーションなどの二重課税排除措置の導入を主張した。

そして，これら2つの論稿において，Vickreyは，利子附加税の実施に期限を設けるべきか否かを検討し，一定の期限を設けるべきと結論づける。その理由は，次に見るように，利益が法人に留保され続けたとしても，その背

---

75) William Vickrey, A Reasonable Undistributed Profits Tax, 23 Taxes 122 (1945).
76) William Vickrey, AGENDA FOR PROGRESSIVE TAXATION, at 383 (1947).
77) Vickrey, *supra* note 75, at 124.

後の株主は課税を受けている可能性がある、というものである（1947年の著書から引用。丸番号と下線は引用者が付加）[78]。

　しかしながら、①累積的未分配利益税によって負担が平等化されるのは、法人がその剰余金の全てを最終的に分配してしまうまで、想定の所得階層に属し、株式を売却することなく保持し続ける株主についてだけである。②手持ち株式を頻繁に売却する株主は、とりわけ、キャピタルゲインが完全に課税されるとすれば、利益の再投資によって何ら優位になることはないだろう。なぜなら、そのような株主は、相対的にほとんど遅延なく、したがって、課税を繰り延べることがほとんどなく、留保利益に対する自身の持分（equity）を実現することになるからである。③そのような株主は、支払済みの未分配利益税について、キャピタルゲイン税の側で何らかの調整を受けない限り、課税され過ぎることとなる。しかし、④資産の保有期間だけでなく、法人利益の留保期間中の実施であることや株主の適用税率をも配慮した調整は、実施不可能なほど複雑なものとなろう。とりわけ、⑤再投資された利益から生じたキャピタルゲインと、他の影響が生み出したキャピタルゲインとを区別をしなければならないことが問題となる。

　しかしながら、居住者たる株主は、全員、遅かれ早かれ、株式を売却するか、あるいは、他の者に譲渡し、そのキャピタルゲインを課税に晒さざるを得ないという事実に鑑みると、少なくとも、140頁で主張したように、⑥死亡時に発生済みのキャピタルゲインが課税されるのであれば、再投資された利益が課税され続ける期間に制限を設けることが適切であろう。したがって、累積的未分配利益税の計算にあたって計上されるべきある年の利益の額は、10年後には、たとえば、80パーセントに減らすこととし、この割引を、たとえば15年か20年の終わりの時点において、ある過去の年の未分配利益がもはや課税の理由とならないこととなるように、次第に増やしていくことが一例として考えられる。⑦非居住者たる株主はこの枠組みの下である程度税を逃れ続けることになるだろう。なぜなら、彼らがキャピタルゲインを申告することを保証する手段はないからである。だが、⑧このことは深刻なものではないだろう。なぜなら、累進性の強化に主たる責任を負うのは、結局のところ、居住地国であるか

---

78) Vickrey, *supra* note 76, at 158-159.

第3節 日本における配当課税,法人課税の展開　105

らである。

　Vickreyのインテグレーション提案が,留保利益のかたちで所得を手にした株主と,現実の収入を伴うかたちで同様の所得を得た者との間での課税の公平の確保を目指したものであったことは,NTA年次総会での提案からも読み取ることができたが,その発想は,下線部①及び②において,より明確に見て取ることができる。また,下線部②や⑥からは,Vickreyが,株式譲渡所得への課税を,理想のインテグレーションを達成する上での障害とは考えず,むしろ,公平な課税を実現するための中核的要素と位置づけていたことが伺われるが,そうした位置づけは,包括的平均課税が理想のインテグレーションとして提案されたこととも整合的と言えよう。なぜなら,包括的平均課税は,株式譲渡所得が配当所得と同様に完全に課税されることを前提に,その課税をより公平なものとするための措置として導入が唱えられたものだったからである[79]。

　Vickreyは,下線部③において,株式譲渡所得課税における調整の必要性認めながらも,結論としては,一定の期間を経過した留保利益について累積的未分配利益税を免除する(下線部⑥)という,法人側の事情に着目した措置を導入すべきとする。だが,理想的な調整にあたり株主の適用税率が考慮すべきものとされたこと(下線部④)や,ある程度の期間の経過により,株式譲渡所得課税を受けていない株主の数は相当少なくなっているだろうとの想定に基づくものだと考えられることからすると,この期間制限が,株式譲渡所得の一層の公平化を目指す補完措置として提案されたことに疑問の余地はない。実際,Vickreyは,1945年の論文では,累積的未分配利益税を提案した直後に,その不完全性を改善するものとして,包括的平均課税を提案しているのである[80]。

　したがって,Vickreyのインテグレーション提案は,株式譲渡所得の完全課税を核に,課税の繰延べが可能であるという不備をインピュテーション付

---

79) Vickrey, *supra* note 76, at 151.
80) Vickrey, *supra* note 75, at 125-126.

きの法人段階での源泉課税と，累積的未分配利益税とを通じて補うという構図を骨子としたものだったと言える。また，シャウプ勧告においても，株式譲渡所得への完全課税が再三強調されると同時に，簡素化されたものではあったがインピュテーション及び累積的未分配利益税の導入も提案されたのであるから，シャウプ税制において，現金などの交付がない場合にみなし配当やみなし譲渡収入の計上を繰り延べることが可能とされたことは，株式譲渡所得の完全課税の方針に反するものとは必ずしも言えない。そうすると，シャウプ税制において，株式譲渡損失の創出を嫌い，みなし配当の範囲に限度が設けられたことは，第2節で確認したように，株式譲渡所得への課税が過剰になる結果を招くものであったから，同勧告の基本的立場と相容れない変更であったと考えるべきであろう。このことは，Vickreyが，1945年の論文中，利益留保中の株式譲渡の場合にインピュテーションの利益がその一部しか価格に反映されない可能性を，インピュテーション付きの法人税の欠点として指摘した点とも整合的である[81]。

　もっとも，Vickreyは，株式譲渡所得課税を中核とするインテグレーションの特性として，非居住者たる株主への課税が不十分になる可能性を認める（下線部⑦）。この可能性について，Vickreyは，株主の所得に対する公平な課税を達成する責任が源泉地国にはないから，深刻な問題ではないとするが（下線部⑧），議論の余地のある割切りであるように思える。この割切りが現在の日本においても妥当するものであるのか，さらなる検討を要しよう。

---

81) Vickrey, *supra* note 75, at 126-127 は，「…その間（引用者注：利益留保の間）に株式が売却される場合には，留保利益から支払われる配当に認められる通常税の非課税の売却価格への加算（capitalized）が部分的なものにとどまる可能性がある。なるほど，買主と売主の両方がすぐに転売すると考えて価格付けを行っており，とりわけ，留保剰余金が近い将来に追加の配当を通じて清算されると見込まれているのなら，価格はこの潜在的な非課税又は還付を反映する。だが，買ってくれそうな者が半永久的な投資を考えている場合には，非課税の所得や還付を最終的に得るのが相当先となるので，この特性の価値は相当に割り引かれることになる」と述べる。

第4節　配当概念の現代的課題

(1) シャウプ税制後の配当概念

　この第2章では，まず，武田による二重課税排除論の内容と性格を検討し（第2節），次いで，二重課税排除論が規範性を有するものであるか否かを，シャウプ税制，及びシャウプ勧告に遡って検討した（第3節）。その結論はごく簡潔には次の2点にまとめることができよう。第1に，二重課税排除論は，シャウプ勧告の内容と整合するばかりでなく，シャウプ使節団の意図したところでもあったと考えられること。第2に，シャウプ税制が二重課税排除論と整合しないものだったのは，シャウプ勧告ゆえのことではないく，シャウプ税制の立案担当者が，それがシャウプ勧告の意図に反することを明確に認識したうえで，二重課税排除論を不都合，あるいは不適切なものとして排斥した結果であること，である。

　そして，シャウプ税制の後の日本の所得税・法人税は，みなし配当の概念の変遷に着目してみれば，二重課税排除論がよりよく妥当する方向へ展開してきたようにも見える。

　まず，昭和28年の改正において，個人株主の場合に限ってではあるが，基因となった株式の取得価額を超過する範囲という限定が撤廃された[82]。このとき，法人の解散に伴う残余財産の分配と合併に伴う対価の交付とがみなし配当事由から外され，その点でみなし配当の概念は縮減した[83]。しかし，昭和42年の改正では，再度，残余財産の分配，合併がみなし配当事由とされ，しかも，シャウプ税制時のみなし配当の額の限定が再度導入されることはなかった[84]。法人株主の場合については，シャウプ税制以来のみなし配当の額の限定が，昭和28年の改正以後も長く維持されてきたが，この限定も平成13年の改正により，既に撤廃されている[85]。

---

82) 所税5条1項（昭和28年法律第173号による改正後のもの）。
83) もっとも，法人税においては，法人の解散に伴う残余財産の分配と合併に伴う対価の交付がみなし配当事由とされ続けた。
84) 所税25条1項（昭和42年法律第20号による改正後のもの）。

また，シャウプ税制は，その成立の当初（昭和25年の改正時点）では，利益の資本組入れをみなし配当事由としていなかったが[86]，昭和26年の改正はこれを追加し（旧2項1号みなし配当）[87]，さらに，昭和34年の改正では，利益による株式消却があった場合に，消却された株式に対応する資本金の額だけ利益が資本に組み入れられたものと見ることができるとして，その額も同様に（残存株主に対して）配当があったとみなされるようになった（旧2項2号みなし配当）[88]。これら2つのみなし配当事由は，昭和40年の改正の所得税法，法人税法の全面改正によって，他のみなし配当事由とは別の条項（第2項）で規定されるようになったものであり[89]，その点に着目して2項みなし配当と呼ばれる。

---

[85] 法税24条1項（平成13年法律第6号による改正後のもの）。

[86] もっとも，日本の会社法上，株式配当や（利益）準備金の資本組入れが明文で認められたのは，昭和25年の商法改正のときであり（商法293条の2（昭和25年法律第167号による改正後のもの。以下同じ），293条の3），その改正法が国会を通過したのは，昭和25年（税制）改正法が通過した同年3月28日の約1か月後（同年5月2日）だった。白石裕子「株式配当の本質に関する一考察」大東14巻101頁，102頁（1987年）によると，昭和25年の商法改正前では，「利益配当決議と同時に配当金額相当の資本増加決議をなし，株主に新株引受権を与えて引き受けさせ，この新株の払込金に利益配当額を充当するという方法」に依らなければならなかったようであり，「利益の配当」を伴わない利益の資本組入れはあり得ないとの認識に基づき，利益の資本組入れがみなし配当事由とされなかったという可能性はあるように思われる。

[87] 所税5条1項4号（昭和26年法律第63号による改正後のもの）。また，所税規則7条（昭和26年政令第70号による改正後のもの）として，株式配当があった場合の収入金額がその額面金額であること明らかにする規定も設けられている。

[88] 所税5条1項2号（昭和34年法律第79号による改正後のもの）。この改正の趣旨の説明として，たとえば，中村平男「法人税法改正通達の逐条説明（上）」週刊税務通信424号17頁，18頁（1959年）は，「…利益をもって株式を消却し減資を行なわないということは，減資を行って直ちにその減資した額だけを利益をもって増資したことと同様になる訳であって，そのようにすれば，利益を資本に組み入れた額は配当となり株主の立場からすれば配当所得の課税が行われることになるのであります。しかし，法律でそのことを規定しないと，結果としてそういう結果になるから配当所得とするわけにはいきませんから，いわば，この点は税法の穴となっていたのであります。ところが，同族会社は，積立金が多くなれば留保所得の特別税率の課税があるし，配当すれば株主が課税されるのは，この方法によれば双方の課税が免れることができるので，この方法をとる会社が増加してきましたので，今年の法理改正において，利益をもって株式を消却した場合には，その償却された株式に対応する資本の金額は，消却されなかった株式に対する配当とみなされる規定が設けられた」と述べる。

[89] 所税25条（昭和40年法律第33号のもの），法税24条（昭和40年法律第34号のもの）。

その後，2項みなし配当は，平成13年の改正の際にまとめて廃止されたが[90]，この改正により，みなし配当となるべき範囲が縮減したわけではない。同改正では，法人の資本の部に関する税法上のルールも同時に大きく変更され，税法上の資本や利益などの数値が，商法などの法人の組織法上の数値の変動に必ずしも従うことなく，税法独自の観点から規律されるようになったからである[91]。また，平成13年の改正は，適格組織再編成の導入という点でも注目される改正であるが，その際，政府税制調査会は，適格合併や適格分割型分割をみなし配当事由から除外する理由として，「従前の課税関係を継続させるという観点から，利益積立金額は新設・吸収法人や合併法人に引き継ぐのが適当であり，したがって，配当とみなされる部分は無いものと考えられる」と述べており[92]，税法上の利益の数値である利益積立金額イコール株主の下で配当となるべき額という関係が示唆されてもいる[93]。

しかしながら，所得税・法人税の変遷をより詳細に見ていくと，二重課税排除論を基礎づけ得るシャウプ勧告の思想が一貫して後退するさまが認められる。

なるほど，みなし配当となるべき額の範囲は次第に拡大し，税法上の利益の数値である利益積立金額と税法上の配当との関連性は確かに強まっている。だが，肝心の二重課税排除措置である配当控除や受取配当益金不算入に着目すると，付与する課税利益の縮小や要件の加重が目立つ。

このことは，配当控除について顕著であり，昭和45年の改正において，「法人税は所得税の前どり」というシャウプ勧告の立場を明確に否定するか

---

90) 所税25条（平成13年法律第6号による改正後のもの），法税24条（平成13年法律第6号による改正後のもの）。
91) 第1章第4節参照。また，渡辺徹也「みなし配当課税に関する法改正の内容と問題点」同『企業取引と租税回避』（中央経済社，2002年）264頁も参照。
92) 税制調査会「会社分割・合併等の企業組織再編成に係る税制の基本的考え方」第一 基本的な考え方（4）（2000年10月3日）。
93) 岡村忠生『法人税法講義〔第3版〕』（成文堂，2007年）368頁は，「利益積立金額の性質として特に重要なのは，株主段階課税がまだ済んでいない法人の利益をあらわしていることである。逆に言えば，法人において，利益積立金額から支払われる分配（貸方で利益積立金額を，借方で現金等を減少させる取引）は，株主において配当としての課税を受けるべきことになる」と述べる。

たちで，控除率の大幅な削減が実施された[94]。その後，たとえば，平成16年の金融所得一体化に関する報告書において，「配当所得については，法人税との調整のための配当税額控除…が設けられている」と記述されると共に，上場株式に係る配当所得への，相対的に低い税率での比例分離課税が「法人税の負担を含めたとしても，個人の負担水準としては相当軽減される」ものとされたように[95]，シャウプ勧告の法人観の維持を伺わせる表現も現れるようになったが，控除率の再拡充，あるいは，グロス・アップ処理の導入といった，二重課税排除措置としての機能を回復させようとする動きは見られない[96]。

受取配当益金不算入についても，昭和63年12月の改正に際し，関係法人間の場合を除いて，不算入率が100パーセントから80パーセントへと引き下げられ[97]，平成14年の改正では，さらに不算入率が50パーセントにまで引き下げられた[98]。そして，平成27年の改正においては，原則的な不算入率は50パーセントで維持されたものの，100パーセント不算入を認めるために株式保有割合が25パーセントから3分の1へと加重されると共に，株式保有割合が5パーセント以下（非支配目的株式等，法税23条7項）の場合の不算入率を20パーセントへとする新たな制限が導入された[99]。また，受取配当益金不算入の要件を見ても，平成22年の改正における，みなし配当の場合について，みなし配当事由の発生を予定して取得した株式に基因したものでない，という消極的要件の加重を指摘することができる[100]。

そして，みなし配当の概念の変遷についても，その背景や同時に行われた改正の内容にも着目するならば，シャウプ勧告からの乖離と言わざるを得な

---

94) 前掲注（46）と対応する本文の記述を参照。また，第2章第4節（2）も参照。
95) 税制調査会「金融所得課税の一体化についての基本的考え方」二-1-(1)（2004年6月12日）。
96) 配当控除の二重課税排除措置の不完全性については，たとえば，岡村忠生＝渡辺徹也＝髙橋祐介『ベーシック税法〔第7版〕』（有斐閣，2013年）180-181頁（渡辺徹也執筆）を参照。
97) 法税23条1項（昭和63年法律第109号による改正後のもの）。
98) 法税23条1項（平成14年法律第79号による改正後のもの）。
99) 法税23条1項。
100) 平成22年法律第6号による改正。

いものが数多い。

　昭和28年の改正は，確かに，個人株主の場合について，基因となった株式の取得価額と無関係にみなし配当の額を算定すべきものとした。しかし，同時に，個人の有価証券譲渡所得が非課税化され[101]，また，清算所得課税も昭和25年の改正前とほぼ同様のかたちで復活させられたのであり[102]，これらがシャウプ勧告に真っ向から反し，同勧告を否定する改正であったことに疑問の余地はない。

　さらに，みなし配当となるべき額の拡大それ自体についても，そのようなシャウプ勧告を覆す改正の副作用に過ぎない可能性が高い点に注目すべきであろう。ごく一部の例外的な場合を除き，株式譲渡所得が課税されないようになったにもかかわらず，従前通り，納税者が株式取得価額を記録し，管理することは考えられない。この状況で，もし仮に，みなし配当の額の計算がシャウプ税制下のそれと同じであったなら，みなし配当に係る課税の執行に多大な困難が付いてまわっただろうことは想像に難くない[103]。基因となった株式の取得価額を計算過程から除外し，法人の資本の部の数値のみで算出できるようにしたことは，株式譲渡所得の非課税化という，シャウプ勧告を

---

101) 所税6条1項5号（昭和28年法律第173号による改正後のもの）。なお，この非課税規定の対象は，「第9条第1項第8号に規定する所得のうち，有価証券…及び生活に必要な家具…その他の資産で命令で定めるものの譲渡に因るもの」であって，「営利を目的とする継続的行為に因り生じた所得」に該当し，9条1項8号（譲渡所得）ではなく，事業所得ないし雑所得に分類される有価証券の譲渡損益はその対象外とされていた。最判昭48・7・13税務訴訟資料70号596頁を参照。

102) 法税12条の2（昭和28年法律第174号のもの）。昭和25年の年改正前と同様に，解散時点の法人資産の含み益だけでなく，同時点の利益積立金も株主側での課税を代替するために，共に清算所得の額とされた。但し，後者への適用税率は，株主の適用税率の平均と配当控除とを考慮して決定されていたといわれる。前掲注（39）を参照。

103) シャウプ税制の前では，みなし配当（臨時配当所得）の額が，株主側の情報だけを用いて，具体的には，分配資産の時価から株式取得価額を控除して算出されていたが，この算出法が採用されたのは，株式譲渡所得への課税が不完全ながら開始された昭和22年改正のときである。所税5条1項（昭和22年法律第27号のもの）。それより前では，基因となった株式の取得価額ではなく，その払込済金額，つまり額面金額が用いられていた。たとえば，所税8条（昭和15年法律第24号のもの）。なお，その当時の譲渡所得課税の内容や沿革については，たとえば，浅野一夫「譲渡所得と一時所得について」税4巻4号42頁，43-44頁（1949年）を参照。

掘り崩す改正により，個人株主側の法人への投資の記録が機能不全に陥ったことに由来するものと考えられるのである[104]。

また，昭和28年の改正後のみなし配当（個人株主の場合）の概念と，シャウプ勧告が主張した「留保所得に該当する部分と法人の資本に該当する部分とに区別」された分配の価額のうち，「留保所得に該当する部分」を，「留保所得がまず第一に株主に分配されたものとみな〔し〕…あらゆる点において配当として取扱〔う〕」という措置[105]との間に，少なからぬズレが存在したことも注目される。すなわち，シャウプ税制下のみなし配当の概念は，基因となった株式の取得価額の超過という限定は付されたが，「法人税法第十六条に規定する積立金額から成る部分に対応する金額」を配当とみなすものであって，「留保所得に該当する部分」の先取という部分は維持されていた[106]。これに対し，昭和28年改正後のみなし配当では，取得価額を超過する部分という限定は確かに撤廃された。ところが，株式消却などに伴う払戻中の配当とみなす部分が，「資本金額等から成る部分の金額…を超過する場合におけるその超過金額」と改められ[107]，「留保所得に該当する部分」を先

---

104) 岡村・前掲注 (50) 214-215頁。
105) シャウプ使節団・前掲注 (30) 112頁。
106) 所税5条1項（昭和25年法律第71号による改正後のもの）。もっとも，取得価額を超過しない限りみなし配当が生じなかったから，「留保所得がまず第一に株主に分配されたものとみな〔す〕」，という箇所が完全に維持されたわけでもない。まず，原資の回収があって，次いで，「留保利益に該当する部分」が分配されて配当とみなされ，最後に「法人の資本に該当する部分」が分配されて株式譲渡所得とみなされる，という順序であったわけである。
107) 所税5条1項1号（昭和28年法律第173号による改正後のもの）。この場合の資本金額等から成る部分の金額とは，「当該法人の資本又は出資の金額，資産再評価法の規定による再評価積立金額並びに法人税法第九条の二乃至第九条の四の規定により益金に算入されなかつたもの及び同法第九条の五第一項に規定する合併減資益金で留保した金額の合計額から成る部分の金額」と定義され，法税9条の2～9条の5第1項までの益金不算入額は，資本の金額と類似した性質を有するとの理由で措置されたものであったから（たとえば，市丸吉左衛門「新法人税の概要」『新税詳解』（大蔵財務協会，1950年）59頁，51頁は，「或る意味において株主等の擬制によつて生じたもの」であることを益金不算入の理由として挙げる），再評価積立金を別にすれば，株主の出資の合計額に相当した。また，法人税法においては，法税9条の2～9条の5第1項までの益金不算入額の合計額が資本積立金額と定義された。法税9条の6第2項（昭和28年法律第174号による改正後のもの）。

取りして配当とみなすべきというシャウプ勧告の主張から，別の形で新たに乖離することになったのである。

この規定ぶりは，法人の解散，合併の場合において法人段階で再び課税されるようになった清算所得の算出法に合わせたものとも考えられ，従来のルールでは当期利益から成る部分がみなし配当となるか明らかではなかったのでこれを改めたに過ぎないとする当時の解説も見られる[108]。しかし，意図的でなかったとしても，清算所得の算出法が，株式消却などに伴う払戻に係るみなし配当の算出法に持ち込まれたことにより，シャウプ勧告の意図に反する結果となったことは否めない[109]。シャウプ勧告は，おそらく，未納付の源泉徴収税額について還付を認めないのと同様の発想で[110]，「もちろん，配当の取扱いは，既に法人税を課せられた分配部分についてのみ認められるべきであろう」としたのだが[111]，法人の解散，合併の場合と異なり，株式消却などに伴う払戻の場合には，法人資産の含み益への課税が払戻額に対応する部分についてさえ保証されないからである。

(2) シャウプ勧告インテグレーションの正当化

株式譲渡所得の完全課税を核とする，シャウプ税制下のインテグレーションは，昭和28年の改正による個人の有価証券譲渡所得の非課税化に伴い，その根幹を大きく崩された。そして，昭和45年の改正では，法人観の再転換の示唆と共に，配当控除の控除率の大幅な削減が実施された。

この配当控除の改正について，その当時の税制調査会は，「株主に対する所得税の課税のあり方として，法人税を個人株主の前払いと観念する立場から法人・個人を通じる二重課税調整措置として設けられている配当税額控除

---

[108] 主税局税制課職員の手による解説として，佐藤七郎「改正法人税法の解説」税経通信 8 巻 9 号47頁，50頁（1953年）。
[109] 当期利益の取扱いに疑義があったのなら，当期利益と（利益）積立金額との合計額から成ると改めるのがスジであったように思われる。なお，アメリカ法では，E&P が留保されたものと，当期のものとから成るが，後者は，1936年歳入法で追加されたものである。Revenue Act of 1936, §14 (a) (2), 49 Stat. 1648, 1687 (1936). この改正の趣旨については，see J. S. Seidman, SEIDMAN'S LEGISLATIVE HISTORY OF FEDERAL INCOME TAXES: 1938-1861, at 204 (2003).
[110] たとえば，所税138条2項を参照。
[111] シャウプ使節団・前掲注（30）112頁。

制度については，理論的にも実証的にも多くの疑問」があることを挙げた。以下は，その根拠とされたものである。

（A）「株主に二重課税を受けているという意識はない」こと。
（B）「客観的にも法人税が株主の負担に帰しているという事実は認められない」こと。
（C）「法人税の一部が株主の負担に帰していることがかりにいえるとしても，これを理由に配当税額控除を存続することにすれば，法人税の残りの部分が帰着している消費者，役員，雇用者等についても同様の調整措置を設けるべきだということにな〔る〕」こと。
（D）「二重課税調整措置としての配当税額控除は，きわめて不完全，かつ，不公平な制度である」こと。

税制調査会は，これらの点を理由に，配当控除を租税特別措置の一つと見ざるを得ないものと結論づける。もっとも，優遇措置としての配当控除には，なお，資本市場の育成という有効な政策目的が認められるから，個人所得税の累進性を損ねない程度での措置を続けるべきであるとし，その控除率を引き下げたかたちで存続させるものとする。以上が，税制調査会によって示された改正の理由である[112]。

しかしながら，（A）〜（C）のような，二重課税排除措置のあり方は，法人税の現実の転嫁のあり方と関連していなければならず，その関連性がなければ正当化できないとする主張に対しては，岡村による有力な反論と分析がある（丸番号，下線は引用者が付加。引用にあたり文末注は省略）[113]。

　　…この第二の反論における問題は，統合をめぐり，なぜ転嫁が議論されねばならないのかという点にある。①もし，法人には担税力がなく，法人税が全く

---

[112] 税制調査会『長期税制のあり方についての答申及びその審議の内容と経過の説明』（1971年8月）136-144頁。
[113] 岡村忠生「国際課税とインテグレーション」論叢132巻1・2・3号182頁，186-187頁（1992年）。

正当性のないものであるとすると、それがいかに転嫁し、それを誰が実際に負担していようと、法人税は廃止せねばならないと端的に言えるはずである。つまり、もし法人税が現実に株主によって負担されているなら、法人税を廃止することにより二重課税をなくし、より効率的な投資が実現されるはずであるし、もしそれが消費者や被用者に転嫁されているとしても、法人税の廃止によってより安い商品やより高い賃金を獲得することができよう。そして、仮に、たとえばカーター方式による統合にみられるように、②<u>何らかの法人レベル課税を残したとしても、それは単なる個人所得税の前払い、源泉徴収であり、それまでの法人税とは全く異なるものであるから、特に法人レベル課税のみについて、その転嫁の問題を考える必要はない</u>（もし考えねばならないというのであれば、およそ税一般について転嫁を検討せねばならない）ということになるはずである。

　にもかかわらず、これまでの議論が転嫁にこだわってきた理由は、おそらく、統合というものについての理解が、このようにいったん法人税を廃止し、株主課税の先取りとして法人レベル課税を再構築すると考えるのではなく、③<u>現行の法人税を前提に両レベルでの課税を「統合」して観察したとき…、配当に向けられた法人利益が法人レベルと株主レベルで二重課税又は相対的に重課されているという認識に立ち、この重課税を排除・軽減するための制度としてのみ統合を捉えているからであろう</u>。したがって、もし現行法人税が真に株主によって負担されているのでなければ、それを配当所得税と統合し、株主の税負担を減らすのは誤りであるということになる。たとえば、もし法人税が消費者によって負担されているなら、法人税と統合すべきは消費課税であるということになろう。④<u>このような考え方の持つ基本的な問題点は、もし株主以外への転嫁がないということになると、もともと現行の法人税を廃止するという発想がないわけであるから、それにまつわる課税繰延べ等の不公平を未解決にしたまま、現行の法人税からただ二重課税の側面だけを取り上げ、その救済を行うべきだと主張しうることになる点である</u>。これに対して、⑤<u>法人税はいったん廃止すると考える場合には、際限のない転嫁の議論を避け得ると同時に、完全な統合によって、法人税があったがゆえに許されてきた課税繰延べを否定せねばならないということになる</u>。

税制調査会が根拠（A）〜（C）を示すにあたり、下線部①の批判の対象

たる主張と同様に「法人には担税力がな〔い〕」との前提を共有していたのかどうかは，必ずしも明らかではない[114]。だが，法人の担税力を認めるなら，その理解に沿って——たとえば，法人税は，法人の税負担能力にみあって課されているのであって，法が意図したのではない者に転嫁されているとしても，それは個人所得税などの転嫁と同様に対処すべき類のものではない，といったように——二重課税排除を否定すべきだったはずであろうから[115]，下線部①の批判を免れるものではないだろう[116]。

そして，第3節で確認したように，シャウプ勧告のインテグレーション，及び，その基になったと考えられるVickreyのインテグレーションは，改革前に存在する法人税のあり方を所与とすることなく，しかも株主段階課税の課税繰延べにまで配慮した，下線部⑤のタイプの提案であった。また，その提案における法人税は，その実体が株主に対する源泉所得税となることを

---

[114] むしろ，その1つ前の税制調査会の昭和41年12月の中間答申では，「将来の法人税の基本的仕組みをできる限り経済の現実に適合するものに改めていくため，法人税を法人企業の独自の負担と考える法人利潤税方式の方向及びその公式のもたらす諸般の影響等について慎重に検討する」との方針が打ち出されていた。税制調査会『長期税制のあり方についての中間答申』（1966年12月8日）。

[115] 法人の担税力の可能性（法人税が担税力に応じた租税である可能性）の検討としては，たとえば，岡村忠生「法人課税の意味」同編『新しい法人税法』（有斐閣，2007年）1頁，53-58頁を参照。また，クラシカル・システム＝担税力に応じた措置，という理解の可能性について論じた，小塚真啓「法人所得課税の規範的再構成——ゲーム理論による分析を手がかりに——」岡法63巻2号293頁（2013年）も参照されたい。

[116] 昭和41年12月の中間答申から約1年半後の昭和43年7月の長期答申では，先の中間答申の法人利潤税方式への転換という方針を一旦白紙に戻し，その後の税制調査会でさらに議論を行うことが確認された上で，「法人税の性格論に固執し，理論にのみ走つて現実の税制の根本的変革を企図することが不適当であることはもちろんであ〔る〕」とされた。税制調査会『長期税制のあり方についての答申』（1968年7月30日）23-26頁。その間の議論の詳細は示されなかったが，法人観をめぐり意見が鋭く対立し，コンセンサスを得ることができなかったのであろう。たとえば，その時の委員であった木下和夫は，その自著において，法人の担税力を否定する見地から，その当時の法人利潤税方式に強く反対したことを明らかにしている。木下和夫『税制調査会——戦後税制改革の軌跡——』（税務経理協会，1992年）9-12頁，37-38頁を参照。昭和45年税制改正の答申において，法人観や法人の担税力の有無について立場が曖昧なまま，実際の転嫁の証拠が不十分なことに着目して配当控除が非難されたのは，そのような経緯によるものと思われるが，法人の担税力を認めない委員の存在にかかわらず，実際の転嫁を論証できないことの意味が検討されなかった点において問題のある結論であったとの批判は免れえないと考えられる。

企図したものであって，その点で，下線部②が例示するカーター方式の下での法人税と同一線上に位置するものでもあった。下線部③や④の批判が言うような，不十分，かつ，特定の集団に対する優遇とも評価し得るような提案では，決してなかったのである[117]。

しかし，シャウプ勧告のインテグレーション及び，その基礎をなしたVickreyのインテグレーションが株式譲渡所得の完全課税をその中核に位置付け，かつ，株主段階の課税繰延べにも配慮するものであるとしても，第2節（2）でみたように，株式譲渡所得の課税を受ける者と配当を受ける者との間での適用税率の相違に起因して正当化困難な税収減が起こり得るものであったことはどのように理解すべきか，という疑問は残る。このことは，株式譲渡所得の完全課税をベースとするインテグレーション措置の限界ではないのだろうか。

そこで注目されるのは，株式譲渡所得の完全課税をベースとするインテグレーション措置という特徴が，カーター方式にも当てはまるという点である。この点について，カーター報告書には次のような記述がみられる[118]。

> この箇所ではごく簡単に述べるにとどめるが，法人所得課税と法人株式損益課税との関係は，極めて重要である。これまで株式譲渡益に課税してこなかったことにより，法人所得への二重課税の悪影響が軽減されてきたことに疑問の余地はない。株式譲渡益が課税されていないため，二重課税の効果を完全に避ける取引の形態を工夫することがしばしば可能となってきた。法人利益が課税を免れることは通常ではできないが，法人に利益を留保し，その追加の法人資産を反映した価格で当該法人の株式を売却することにより，留保された法人所得に対する個人所得税を免れることができた。この限りで法人税を転嫁するプ

---

117) 前掲注（69）と本文で引用したNTA年次総会での提案を参照。また，Vickreyは，シャウプ税制で利子附加税として採用された累積的未分配利益税，ひいては株主段階課税の繰延べ防止の意義として，既存企業と新規企業との間で競争条件の均等化も繰り返し主張している。See Vickrey, *supra* note 76, at 162-163.

118) Royal Commission on Taxation, REPORT OF THE ROYAL COMMISSION ON TAXATION Vol. 4, at 28 (1966). 同様の指摘として，*see* George K. Yin, Corporate Tax Integration and the Search for the Pragmatic Ideal, 47 Tax L. Rev. 431, 447 n. 65 (1991).

118　第2章　インテグレーションと税法上の配当概念

レッシャーは軽減されていた。また，仮に，株式譲渡益が完全に個人所得税に服するのなら，法人所得に対して税が課された時点の株主に生じるキャピタルロスが，現に株式を保有する者に逆転嫁するか，あるいはその現在の保有者が得るキャピタルゲインを少なくする結果となっただろう。このことこそ，我々が資産譲渡益の完全課税と，個人所得税と法人所得税との完全統合とを両方とも主張する理由の1つである。我々は，株式譲渡益が完全には課税されないことにより，一部の株主が完全統合から不当な利益を得ることを支持できないし，同様に，法人源泉所得の二重課税を除去することなしに株式譲渡益を完全に課税することの悪影響を受け容れることもできない。2つの提案は1つのパッケージの一部なのであって，どちらか一方のみを勧告することはできないのである。

　カーター方式[119]は，株主に対する源泉所得税として法人税を存置しようとする点では，シャウプ勧告のインテグレーションなどと同じであるが[120]，従前の提案とカーター方式とを区別する重要な特徴は，法人税の税率を個人所得税の最高税率と一致させた点である[121]。これは，株主に対する源泉徴収を，現実の分配の有無にかかわらず，個人所得税の最高税率で実施することを意味し，株主の下で追加徴収される税はなく，株主段階では専ら還付のみが行われる。現実の分配の際に新たに税負担が生じるような状況を消滅さ

---

119)　カーター方式を紹介する邦語文献としては，たとえば，栗林隆『カーター報告の研究―包括的所得税の原理と現実―』（五絃舎，2005年）137頁がある。

120)　もっとも，源泉所得税に近似させるための厳密さの程度は大きく異なっていた。シャウプ勧告では，支払額に一定の割合を乗じた額だけ税額控除を認めるだけだったのに対し，カーター方式では，グロス・アップ付きの厳密なインピュテーションが用いられるべきとされたからである。*See* Royal Commission on Taxation, *supra* note 118, at 55-57.

121)　Royal Commission on Taxation, *supra* note 118, at 49-51. もっとも，個人の最高税率での（事実上の）源泉徴収という発想が全く新規であったわけではない。その可能性の検討が行われているものとして，*see* Richard B Goode, THE POSTWAR CORPORATION TAX STRUCTURE, at 29 (1948). この Richard Goode の研究報告書は，源泉徴収の税率を，税収確保と，個人所得税の繰延べや回避を防止すべきという公平との両面から決定すべきものとし，繰り延べや回避を完全に防止するには個人の最高税率とすべきことを指摘したが，厳しすぎるものと考えられるに違いないとして，その実現の可能性を否定している。

せることにより，カーター方式は，利益留保を通じた株主段階課税の繰延べを不可能なものとすると共に，追加の税負担の回避から法人利益を株主が手にするタイミングを遅らせる状況を解消し，可及的速やかに各株主の適用税率に応じた税負担を各株主の下で生じさせることを目指したのである[122]。

カーター報告書は，提案するインテグレーションの方式を，個人の最高税率による（株主に対する源泉徴収としての）法人課税と株式譲渡所得の完全課税との二本柱から成るものと述べたが，これらはどのような関係にあり，また，これらにはどのような特徴が認められるのだろうか。報告書に登場する次の2つの例を手がかりとして考えてみることとしよう。第1は，株主（売主）が，配当があった場合と同じ課税後所得を得るケースである（以下，ケース1（カーター方式）という。また，表番号は引用者が付加した）[123]。

　ある個人が株式1株を1000ドルで購入し，1年間保有したところ，その間に発生したものの留保された課税前の法人所得に係る当該個人の取り分（Share）が100ドルという金額であった場合を考える。仮に，当該個人が株式を売却しようとするなら，分配が実施されたと過程した場合の課税後の額と等しくなるように売却代価を得ようとするはずである。分配に際し，当該個人は100ドルから自身の個人所得税を減じた額を回収するから，当該個人は元々投資した1000ドルに課税前の法人所得の取り分を加算した額と等しい1100ドルの価格で株式を売ろうとするはずである。

　当該個人の申し出に対し，その潜在的買主は実施が近い分配の際には，税を支払うことはなく，ひょっとすると，税の還付も受けられるかもしれないと考える。

---

[122] この目的を促進するため，カーター報告書は，法人がその利益を，利益として留保したままでも—すなわち，資本に組み入れることもなしに—株主に配当を行ったものと取り扱うルールの導入を提案した。See Royal Commission on Taxation, *supra* note 118, at 55-57.

[123] Royal Commission on Taxation, *supra* note 118, at 667-669.

120 第2章 インテグレーションと税法上の配当概念

表6

	買主の限界税率		
	10パーセント	30パーセント	50パーセント
配当所得（グロス・アップ後）	100ドル	100ドル	100ドル
個人所得税額	10ドル	30ドル	50ドル
法人税額控除額	(50ドル)	(50ドル)	(50ドル)
還付税額	(40ドル)	(20ドル)	なし

しかしながら、分配の結果として、当該買主の株式の価値が100ドルだけ減少し、当該買主が株式を1000ドルで直ちに売却する場合には、100ドルの損失が控除され、配当所得を「洗い落とす（wash_out）」ことになる。その結果、当該買主は購入価格から発生した所得に対する法人税額の全額を取り戻すことになる。

表7

	買主の限界税率		
	10パーセント	30パーセント	50パーセント
配当に伴う還付税額（上記）	40ドル	20ドル	なし
100ドルの株式転売に係る損失による税額減少	10ドル	30ドル	50ドル
還付税額（合計）	50ドル	50ドル	50ドル

当該買主の課税結果の全体を別の方法で示したのが次である。

表8

	買主の限界税率		
	10パーセント	30パーセント	50パーセント
配当所得（グロス・アップ後）	100ドル	100ドル	100ドル
配当直後の株式売却からの損失	100ドル	100ドル	100ドル
課税所得金額	なし	なし	なし
法人税額控除	50ドル	50ドル	50ドル
現金配当	50ドル	50ドル	50ドル

第4節　配当概念の現代的課題　*121*

　こうした条件の下でなら，当該買主は課税前の法人所得を含んだ価格を支払うことができ，売却価格に反映された法人所得はその所得が生じた期間に株式を所有していた個人の税率で課税されることになるのである。…

　このケース1（カーター方式）の結果は，第2節（2）で検討した表2のケース2B（上積み100円）の結果と同じである。また，売買代金の額が，出資額と配当額との合計額を超えて上積みされるメカニズムにも大差はない。どちらの場合でも，買主が得るであろう課税上の利益に対し，売主は追加の対価を要求し，その結果，売主が配当を受けた場合と同じ課税後所得を保持する[124]。

　しかし，カーター方式の下では，表8の最終行から明らかなように，売主の限界税率と買主の限界税率とが乖離している条件下での超過課税（前者が後者を上回る場合），あるいは超過還付（前者が後者を下回る場合）が起こらない。これは，カーター方式の法人税額控除がグロス・アップを伴う厳密なものであり，買主の限界税率の変化に連動して，最終的な還付額も変化することに由来する。

　すなわち，限界税率の低い買主の配当に伴う還付額は，限界税率が高いか買主と比べて多いが（表6を参照），株式譲渡損の計上に伴う課税利益の額が低くなる。この逆向きの変化がちょうど相殺され，最終的な上積み額は，どの限界税率に服する場合であっても，50ドルで等しくなるのである[125]。

---

[124]　買主の限界税率が50パーセントの場合で例を示せば次のようになろう。まず，買主と売主との間で1,050ドルが提示されるが，この売買代金だと，買主は25ドルの超過利潤を得られる。そこで買主はその25ドルの上積みを要求するが，1,075ドルの売却代金でも買主は12.5ドルの超過利潤を得る。そこでさらに上積みを要求し…と続く。そして，最終的な上積み額は，初項 a_1，公比 r の等比数列

$$a_n = a_1 r^{n-1}$$

のうち，$a_1 = 25$，$r = 0.5$ の場合のものと理解することができる。そして，これらを無限に足し合わせた無限等比級数の和は，

$$\sum_{n=1}^{\infty} a_n = \frac{a_1}{1-r}$$

であるから，上積みの合計額は，$25/0.5 = 50$，となり，結局売買代金は100ドルとなるのである。

したがって，第2節（2）でみた配当控除の下での超過還付の問題は，グロス・アップ処理を導入し，厳密なインピュテーションを行うことで解決すべきものだったと考えることができよう。

続く第2は，買主の側に超過利潤が残るケースである（以下，ケース2（カーター方式）という。また，表番号は引用者が付加した）[126]

　…しかしながら，上で仮定した条件は，通常，存在しないとの主張があり得る。買主は，次の分配の額や時期を知らないかもしれず，近い将来にその株式を売ろうとはしないかもしれない。より重要なことは，その株式の市場価値は，収益力の予測値などのそのほかの要素に依存するところが大であって，今までの利益だけを反映するわけではないということである。
　株式の売却価格が1100ドルではなく，1070ドルであって，先の場合と同様に，買主はその後に50ドルの分配を受け，その株式を1000ドルで売却するとしよう。さらに，売主の適用税率と買主の適用税率は，それぞれ30パーセントと10パーセントであるとしよう。法人所得100ドルについて徴収される税の合計額は次のようになろう。

表9

法人：		
50パーセントで課税される所得100ドル		50ドル
株主（売主）：		
株式譲渡利益	70ドル	
個人所得税額（税率30パーセント）		21ドル
株主（買主）：		
配当所得（グロス・アップ後）	100ドル	

---

[125] 当初の売却代金を50ドル，限界税率を r とすると，買主の当初の超過利潤 a_1 は，

$$a_1 = 50(1-r)$$

であって，これを前掲注（124）中の無限等比級数の和の式に代入すると，

$$\sum_{n=1}^{\infty} a_n = \frac{50(1-r)}{1-r} = 50$$

となる。

[126] Royal Commission on Taxation, *supra* note 118, at 669-670.

第4節　配当概念の現代的課題　123

株式再売却による損失	(70ドル)	
課税所得	30ドル	
個人所得税額（税率10パーセント）		3ドル
法人税額控除	(50ドル)	(47ドル)
		24ドル

　100ドルの所得は，適用税率が30パーセントの株主が所有している間に稼得されたものであるが，24ドルの税を負う。しかしながら，実のところ，適用税率30パーセントの株主は70ドルしか実現させなかったのである。そして，その残額30ドルと等しい利益は，適用税率10パーセントの納税者が実現させている。その結果，税額合計が6ドル減少したのである。これらの個人が上記のように所得を実現させるのが理に適っているか否かは，税制の与り知らぬところである。重要なのは，各個人が最終的に実現させた利益（gain）に対して公平に税が課されたということである。

　ケース2（カーター方式）では，売主から買主へと30ドルが移転し，その結果，国家の税収が6ドル減少する。この30ドルは，法人が獲得した時点の株主である売主に帰属していたはずのものであり，その点に着目すると，国家がこの売主に対して課税できず，その代わりに買主に対して課税することは，誤った結果であるようにも見える。

　しかし，カーター報告書は，「実現させた利益に対して公平に税が課された」結果であるとして，これを問題視しない。この態度は，完全統合という目標と矛盾するようにも思えるが，売主と買主とが，その間に特殊の関係がない独立当事者である限り，それぞれの純資産の変化に着目したものとして，その正当化が可能だろう。

　すなわち，30ドルの移転は，売主から買主への実質的な贈与などに当たらない限り，売主にマイナス30ドルの純資産増加をもたらしたと理解できる。そして，この30ドルの損失と100ドルの実現利益とが相殺された結果として，売主は70ドルの株式譲渡利益を計上したとみるのである。他方，買主の下では30ドルの純資産増加が生じているのであり，これは買主の課税所得の額と

一致する。つまり，6ドルの税収の減少は，キャピタルゲインとキャッシュ・ロスとを共に完全課税すること，そして，納税者の間に限界税率に差異を設けることの帰結に過ぎず，公平性に基礎を置くものと理解できるのである。

(3) 個人所得課税中心主義の限界

　シャウプ勧告のインテグレーションとカーター方式とは，法人税の源泉所得税化を志向した点，株式譲渡所得の完全課税を重視した点，そして，利益留保を通じた株主段階課税の繰延べに対処しようとした点で同一線上にある。したがって，カーター方式の特徴は，シャウプ勧告のインテグレーションについても概ね当てはまると考えられ，実際，株式譲渡損失の創出は，カーター方式の下でもほぼ同じように生じ，課税の結果も同じようになった。カーター方式の場合と異なり，シャウプ勧告のインテグレーションの場合には，第2章第2節(2)でみたように，限界税率の相違を利用した税負担軽減が可能であったが，それは，法人税の源泉所得税化が不徹底であったこと，具体的には，グロス・アップ処理を伴わないラフなインピュテーションが採用されたことに由来するものであって，その本質部分に由来するものではない。

　株式譲渡損失の創出，及びその利用を肯定的に評価することは，他のインテグレーション提案においても見出される。

　シャウプ勧告及びカーター方式の同一線上の提案としては，1993年の ALI 研究が挙げられる。すなわち，同研究では法人税の源泉所得税化が主張されると共に[127]，株式譲渡損益についても，その利益は通常所得としてその全額を全て課税し，その損失は未実現の株式の値上がり益を超過する範囲で，配当と株式譲渡利益から控除できるものとし，控除が認められなかった額は永久に繰り越せるようにすることが提案された[128]。同研究は，株式譲渡利

---

127) Alvin C. Warren, FEDERAL INCOME TAX PROJECT, REPORTER'S STUDY OF CORPORATE TAX INTEGRATION, at 92-113 (Proposal 1-4) (1993).

128) Warren, *supra* note 127, at 129-130. もっとも，1993年の ALI 研究のこの箇所には株式譲渡所得の完全課税が必要不可欠なものであることの指摘はなく，「法人利益と無関係に生じた株式の値上がりによる増加益(gain)を優遇税率で課税すべき(あるいは課

益の完全課税を，法人資産の含み益課税の回避を防止するために要求したが，その反面，株式譲渡利益への二重課税が生じ得ることになるので，その排除手段として，買主の株式譲渡損失に係る課税利益の移転に着目したのである[129]。

また，1993年ALI研究と同時期のインテグレーション提案としては，1992年の米国財務省報告書も存在する。そこでは，法人利益を法人段階で一度だけ課税し，株主の下ではこれを非課税とすることを理想とされたから[130]，株主の所得を株主に対して課税しようとするカーター方式などとは異なる。もっとも，法人資産の含み益への課税が半永久的に繰り延べられてしまう恐れがあるとして，株式譲渡所得まで非課税とすべきか否かについては明言が回避された[131]。そのため，法人利益への法人段階課税と株主段階での株式譲渡益課税とが重畳的に実施され，同じ利益が多段階課税に服する可能性が1992年報告書でも懸念され，その対処策として，買主から売主への課税利益の移転が肯定的に評価されたのである[132]。

税すべきではない）と主張するものはインテグレーションの中にはない」という，株式キャピタルゲイン軽課を後押ししかねない文言さえ見られる。See also Royal Commission on Taxation, *supra* note 118, at 447.
[129] Warren, *supra* note 127, at 130-131.
[130] 具体的には，通常の法人税と同様に負債利子の控除を認め，受取利子は債権者の下で課税するが，受取配当は原則として株主の下で非課税とする配当非課税型と，負債利子の控除を廃止し，受取利子と受取配当の両方を債権者，株主の下で非課税とするCBIT（Comprehensive Business Income Tax）型が理想のインテグレーションの方式であるとされている。*See* U.S. Department of The Treasury, INTEGRATION OF THE INDIVIDUAL AND CORPORATE TAX SYSTEMS, at 17-25, 39-60 (1992).
[131] U.S. Department of The Treasury, *supra* note 130, at 84.
[132] U.S. Department of The Treasury, *supra* note 130, at 81, 218-219 n. 3. しかし，受取配当を非課税とするこれらの方式の下では，カーター方式の場合と異なり，売主と買主との間の価格付けが理想的に働くとしても，両者の限界税率が一致していない限り，超過課税あるいは超過還付が生じる。1992年報告書の例について言えば，当初の売却代金を66ドル，買主の限界税率をrとすると，買主の当初の超過利潤a_1は，

$$a_1 = 66r$$

であって，これを前掲注（124）中の無限等比級数の和の式に代入し，かつ，$r=0.34$であるとすると，

$$\sum_{n=1}^{\infty} a_n = \frac{66r}{1-r} = \frac{66 \times 0.34}{0.66} = 34$$

しかしながら，この株式譲渡損失の創出とその利用については，なお検討を要する点が残されているように思われる。すなわち，経済的には存在しない株式譲渡損失を創り出してまで，買主に課税利益を与えるべき唯一の根拠は，売主に正当化できない税負担が生じており，買主からの課税利益の移転を通じて，そのような負担を打ち消す必要性があるということにほかならない。だが，譲渡利益を意図的に非課税としているわけではなく，執行の困難などによって打ち消すべき税負担が生じていないにもかかわらず，買主に課税利益を認めてしまえば，逆に，課税の公平は攪乱され，正当化し難い税収減が生じる。そうした好ましくない結果の発生が懸念されるのはどのような場合であるのか，その防止は合理的な執行コストの範囲で可能か，といった点の検討を十分に行うことなく，経済状況と合致しない課税上の取扱いを肯定するのは早計に過ぎるものと考えられるのである。

実際，Geroge K. Yin は，1993年の ALI 研究について，株式譲渡損失の扱いの安全性に関する懸念を次のように指摘している（引用にあたり脚注は省略）[133]。

　　連邦議会が，非課税主体や外国人の投資所得に有意な課税を行い，キャピタルゲイン税率をいじらないものと仮定すると，株主段階の課税ベースについてさらなる問題が生じる。外国人株主が株式譲渡利益を実現する場合を考えよう。現在，そうした譲渡利益は，おそらく，執行が相当に困難であろうとの理由から，一般には課税ベースに含まれない。外国人の投資所得に対して連邦議会が設ける税は，そのような譲渡利益にも適用されなければならないだろうが，コンプライアンスの問題は残る。1993年の ALI 研究では，株式の購入者のうち，当該株式が外国人によって保有され，かつ，当該外国人の全員が自身の譲渡利益について税を支払ったことを示す証明書が存在しない者に対しては，10年間にわたり，インテグレーション措置としての税額控除を認めないよ

となって，この34ドルが元々の66ドルに上積みされて売却代金は100ドルとなる。このとき，売主の限界税率も34パーセントであれば，配当があった場合と同様に課税後所得が66ドルとなるが，たとえば50パーセントであれば，課税後所得は50ドルであり，16ドルの超過課税となる。もちろん，適用税率が低ければ，超過還付となる。

133) Yin, *supra* note 118, at 447-448.

第4節　配当概念の現代的課題　127

うにすることを提案する。これは実施可能だろうか。たとえば，国内の売主からの購入者は，その前の購入時において外国人によって保有されていたか，そして，証明書要件に服するかどうかをどのように知るというのか。歳入庁はどのように知るだろうか。

また，Yin は1992年の米国財務省報告書についても類似の懸念を表明する（引用にあたり脚注は省略）[134]。

> つまり，買主に対するキャピタルロスは，キャピタルゲインが完全に課税される場合において，売主に起こり得る超過課税を克服するために必要である。しかし，その制度が正しく作動するには，市場支配力のある買主と売主とが似た課税の状況にあることが要求される。しかし，これが当てはまらないことはしばしばだろう。たとえば，限界税率30パーセントの買主によって株価が決まるが，所有者は，キャピタルゲインについて，それよりも低い，またはゼロの税率で課税され，あるいは，1014条などの規定によって，又は，所有者がキャピタルゲインについて税を支払わなかった外国人であったため，キャピタルゲインについて全く課税されなかった場合には，獲得された法人源泉所得100ドルごとにその取引によって獲得される追加的利益は，30ドルに達し得る。追加的利益はその所得について過去に支払われた30ドルの法人税の還付とみることもできる。言い換えると，さほど稀でもないそのような状況において，100ドルの法人源泉所得は，税負担を全く負わなくなるのである。

このような Yin の指摘については，それが1993年の ALI 研究や1992年の米国財務省報告書が株式譲渡損失の創出に肯定的な評価を与えたことそれ自体を論難するものでは決してなく[135]，株式譲渡損失の創出が意図されたように適正に作用しないことへの懸念であることに注意すべきであろう。株式譲渡所得課税の完全実施が，立法によって，あるいは，執行困難のために事

---

134) Yin, *supra* note 118, at 469.
135) 実際，Yin は，1992年の米国財務省報告書による配当非課税方式について，株式譲渡損失の創出をその構成要素と理解した上で分析している。*See* Yin, *supra* note 118, at 456-462.

実上限定されるなら，課税ベース浸食の危険が高まってしまう。そして，そのような株式譲渡所得課税の実施困難が最も深刻と予想されるのが，外国株主が保有株式を譲渡する場合なのである[136]。

これに対し，Vickrey がそうであったように[137]，株式譲渡所得の完全課税の対象とし難い者の所得についての課税漏れは特に問題と見ないという立場も考えられなくはない。だが，国際課税ルールは一国だけの問題ではなく，他国との調和を求められるものである。インテグレーションという一国内で閉じる問題を優先させるのは不合理だろう。

そこで，株式譲渡損失の創出を認めて課税ベース浸食の危険を引き受けつつ，実際の浸食は防ごうとすれば，株式譲渡利益の完全課税が行われない範囲で，その見返りに，買主の課税利益を制限するべきであると考えられるが，これは単なる思考実験ではない。実際，カーター報告書では，非居住者が保有していた株式に帰属する法人税額を，税額控除の対象外とするルールの導入が提案された[138]。また，1993年の ALI 研究でも，外国株主の株式譲渡所得は課税すべきとしつつも，バックアップとして，株式譲渡所得課税に服さなかった外国株主から取得した株式については税額控除を認めないようにすべきと提案されているのである[139]。

もっとも，ある1人の非居住者が，ある1の法人の株式の全てを所有するような単純なケースであればともかく，資本関係が複雑な法人グループに非居住者たる株主が存在する場合において，そのような制限を設けることが可能であるのかどうかは明らかではない[140]。また，一定の場合について課税

---

136) Yin, *supra* note 118, at 446-449. なお，外国株主以外にも，相続による基準価格ステップ・アップ（I.R.C. §1014）も懸念されるが，1993年の ALI 研究では被相続人の課税後法人利益の取り分の範囲で株式基準価格を減額することが提案されている。*See* Warren, *supra* note 127, at 133-134. また，Yin はこの提案については特に問題点を指摘していない。

137) 前掲注（78）と対応する本文を参照。

138) Royal Commission on Taxation, *supra* note 118, at 73.

139) Warren, *supra* note 127, at 190-191（Proposal 10）.

140) Yin, *supra* note 118, at 471-472 は，1059条の株式基準価格にチャージされるべき配当についての記述ではあるが，取得前の利益と取得後の利益とを区分することの困難性を指摘する。

証明書を要求する1993年の ALI 研究の提案についても，執行困難の問題もさることながら，VAT のインボイスについて非課税事業者の排除が懸念されることからすると，非居住者あるいは居住者が取引から排斥されるという懸念が払しょくできないように思われる。

　それでは，株式譲渡損失の創出による課税ベース浸食の危険を租税回避として否認するという途はどうだろう。この途は実は IBM 事件において試みられているものでもあり，第3章において詳しく検討することとしたい。

第3章　税法上の配当概念の現代的課題
——非正常な法人間配当の検討を中心に——

第1節　問題の所在

　過去の利益が増加するほど，将来の課税所得が減少し，ひいては税額も減少する。所得の額を基準に税額が確定する日本の法人税において，こうした結果となることは，極めて不可解なものと言うことができようが，それが現実となり，第一審に引き続き，控訴審においても裁判所がこの結果を承認するに至った事件が存在する。いわゆる，IBM事件[1]である。もっとも，本書がこれまで見てきた税法上の配当概念の内実を踏まえれば，この裁判所の判断は不可解なものではなく，当然予想された結果に過ぎない。また，真に問うべきは，合計4000億円超という巨額で非経済的な損失が生み出され，その控除により多額の節税が行われたことの是非ではなく，その結果を生じさせる構造が不可避なもので，租税回避防止の枠組みにおいてのみ対処できるに過ぎないものであるのか，それとも，より根本的で好ましい形の対処が可能であるか否かであろう。

　そこで，この第3章では，どのような取引によって，そして，どのようなルールに基づき，過去の利益から非経済的な損失が創出されるに至ったの

1）　東京地判平26・5・9判タ1415号186頁，東京高判平27・3・25判時2267号24頁。IBM事件一審判決の紹介や解説としては，たとえば，髙橋祐介「株式発行法人への株式譲渡時に生じた譲渡損失と法人税法132条1項の適用の可否」ジュリ1473号8頁（2014年），藤曲武美「同族会社の行為又は計算の否認規定の適用が否定された事例」税弘62巻12号148頁（2015年），田島秀則「日本IBM事件における資本の部の取扱いと行為計算否認」月刊税務事例47巻2号1頁（2015年）があり，同事件の控訴審判決の紹介や解説としては，たとえば，岡村忠生「最近の重要判例—IBM事件」ジュリ1483号37頁，39頁（2015年），太田洋「IBM事件東京高裁判決の検討」International Taxation 35巻9号80頁（2015年）がある。

か，その行為計算を否認すること[2]が出来ないという裁判所の結論がどのように導かれたのか，その結論は妥当であるのか，といった事柄について，留保利益などを一度に分配する非正常配当（extraordinary dividends）のあるべき課税上の取扱いはどのようなものであるのか，という点に着目して，検討を行う。

本章の構成は，以下の通りである。第2節では，IBM事件について，適用された課税ルールの背景を含め，概観する。第3節では，アメリカの連邦所得税において，非正常配当の問題がどのように現れ，対処されてきたのかを跡付ける。そして，第4節では，それまでの検討から得られた示唆と今後の課題について述べる。

第2節　IBM事件

(1) 事件の概要と背景

アメリカを代表する多国籍企業IBMの日本法人である日本アイ・ビー・エム株式会社（以下，日本IBM社）が，平成14年から17年の事業年度（いずれも1月1日から12月31日まで）にわたって，自己株式取得を通じて同社の利益を本国に還流したところ[3]，同社の直接の親会社である有限会社アイ・ビ

---

[2] IBM事件で適用の可否が争われた法税132条1項は，租税回避（行為）の否認を認める規定と言われる。清永敬次『税法〔新装版〕』（ミネルヴァ書房，2013年）42-44頁，金子宏『租税法〔第20版〕』（弘文堂，2015年）126-127頁参照。また，租税回避（行為）の否認とは，「租税回避を除去するに必要な，課税要件規定によるときとは異なる取扱いをすること」である（清永・前掲43頁）とか，「当事者が用いた法形式を租税法上は無視し，通常用いられる法形式に対応する課税要件が充足されたものとして取り扱うこと」である（金子・前掲125頁）とされる。以下本書では，課税関係を決するにあたって，ある行為を無視する，別の行為が行われたものとすることを指して「否認」という表現を用いる。なお，違法性が争われた更正処分の理由は「法人税法132条1項の規定により，本件譲渡はなかったものと〔する〕」というもので，課税上，別の行為（たとえば，利益の配当）があったとの擬制をも含むのか否かは明らかではないが，本事案の結論には影響しないので，この点には触れない。

[3] 平成16年の事業年度においては，アメリカ本国で，1年間の時限措置として，海外子会社からの配当に対する課税を大幅に軽減するタックスホリデーが実施されたこと——これは，受け取った配当をアメリカ国内の投資に用いるなどの条件を満たす場合について，85パーセントの受取配当控除を認めるものである——を受け，自己株式取得は行われ

ー・エム・エイ・ピー・ホールディングス（以下，IBM APH 社）に合計で4000億円を超える株式譲渡損失が発生し，同損失は損金の額に算入されて，ほぼ同額の欠損金額が生じた。その後，IBM APH 社は自身を連結親法人，日本 IBM 社などの完全子会社を連結子法人とする連結納税を平成20年1月1日付けで開始し，その結果，日本の IBM 社の課税所得は上述の欠損金額の繰越控除によって相殺され，2年間の連結事業年度にわたって連結法人税の額がゼロとなるなど，納めるべき法人税の額が大幅に減少することとなった[4]。これに対し，所轄税務署長が，法税132条1項に基づき，IBM APH 社

ず，平成17年の事業年度において実施された。*See* I.R.C. §965; American Jobs Creation Act of 2004, §422, 118 Stat. 1418, 1514-1519 (2004).
4) 但し，IBM APH 社は，平成20年，平成21年の連結事業年度についても，連結所得の金額の計算にあたって問題の欠損金を損金に算入しないまま連結法人税の額を計算し，連結確定申告を行った。また，平成20年の連結事業年度の連結確定申告については，問題の欠損金額が翌期へ繰り越す連結欠損金額とされ，平成21年以降の連結事業年度については，翌期へ繰り越す連結欠損金額をゼロとする連結確定申告が行われている。第一審判決別表1-7，別表6参照。平成21年以降の連結事業年度については，IBM APH 社に対し，平成14年から平成19年の単体納税の事業年度につき，平成21年の連結事業年度に係る連結確定申告を行う前の平成22年2月19日付けで，問題の株式譲渡損失を生じなかったものとする更正処分が行われたことを踏まえたものと考えられるのであるが—実際，IBM APH 社は，平成21年の連結事業年度について，連結確定申告と同時に更正の請求を行っている—，平成20年の連結事業年度について，連結欠損金額の損金算入を，問題の欠損金額を（翌期に繰り越すべき）連結欠損金額に算入したにもかかわらず，行わなかった理由は不明である。もっとも，単体納税時の欠損金額を連結欠損金額とするものの，連結所得の算定にあたり損金に算入しないという処理は，いわゆる SRLY に基づく処理を窺わせるが，その当時適用のあった法人税法には規定がなかったし，平成22年改正を経た現在においても，連結親法人（の単体申告時の欠損金額で，連結欠損金額とみなされたもの）には SRLY の適用はない。法税81条の9第3項参照。なお，SRLY とは，Separate Return Limitation Year の略称であり，単体納税（単体申告）時の租税属性を連結納税（連結申告）の下でも保持させるが，その利用は単体法人としての所得計算に限って認めるという考え方を指す用語である。欠損金額については，単体納税時の欠損金額は，持ち込んだ連結法人の個別所得の範囲でしか控除を認めない，というかたちで現れる。法税81条の9第1項1号参照。SRLY が連結親法人に及ばないとされるのは，平成22年の改正にあたって参照されたと思われるアメリカ連邦所得税（連結申告規則）でも同様であるが（Treas. Reg. §1.1502-1 (f) (2) (i)），その理由は連結親法人が連結グループと同一視されるためと言われる。こうした SRLY の背後の考え方や意義に関しては，酒井貴子「連結納税制度における損失控除制限のあり方」同『法人課税における租税属性の研究』(2011年，成文堂) 94頁 (初出，2010年) 参照。

によって、日本IBM社株式について行われた上述の自己株式取得に係る株式譲渡を否認し、株式譲渡損失の発生をなかったものとして課税標準などを再計算するなどの課税処分を行った。そこで、IBM APH社は、国税不服審判所への審査請求を経た上で、それらの取消しを求めて東京地方裁判所に出訴した。以上がIBM事件の概要である。

　もっとも、みなし配当事由である自己株式の取得で非経済的な損失が生み出されることそれ自体は、第1章や第2章で確認したように、制度上予定されたものであるとも言い得る。それにもかかわらず、IBM事件では租税回避防止規定と言われる法税132条の適用の有無について争われることとなったのは何故か。以下では、その理由を明確化するために、平成14年の事業年度から始まった、日本IBM社によるIBM APH社からの自己株式取得のかたちでのアメリカ本国への利益還流のスキームについて、同取得に先立って実施され、IBM APH社を中間持株会社として配置することを主な内容とするIBMの組織の再編（以下、本件再編という）にまで遡って説明する。本件再編に言及するのは、IBM事件における自己株式取得を通じた株式譲渡損失の創出の考察にあたっては、アメリカ本国での取扱いも踏まえる必要があり、その作業に不可欠なためである。

　最初に、本件再編が実施される直前の日本IBM社とアメリカ本国との関係や利益還流の態様、そして、それに伴う課税結果を確認しよう。再編前の日本IBM社は、IBM World Trade Corporation（以下、WT社）によって発行済み株式の100パーセントを保有される完全子会社であった。そして、日本IBM社は、適宜、配当または自己株式取得を通じた利益還流を行っており、配当や自己株式取得が日本IBM社からWT社に対して実施されていた[5]。

　所得税法は、WT社のような日本国内にPEを有さない外国法人が受け取る配当[6]にも所得税を課すものとしており（所税178条、161条5号）、その税

---

[5]　日本IBM社の配当や自己株式の実施状況は、第一審判決別紙11（「日本IBMによる配当・自己株式取得の状況」）で明らかにされている。

[6]　本件再編前の当時の所得税法にも、自己株式取得に係るみなし配当のルールは存在したが、現在と異なり、消却されなかった株式についても「消却した株式に対応する資

額は支払者たる法人の源泉徴収義務を通じて徴収される（所税212条1項，161条5号）。他方，アメリカ連邦所得税は，外国子会社からの配当（dividends）[7]を原則として課税対象とするが[8]，その反面，配当に係る源泉所得税について，直接の外国税額控除が認められる（I.R.C.§901）。したがって，外国税額控除が完全に認められる限り，源泉所得税の賦課の有無は課税後利益の多寡に影響しないはずである。しかし，当時のアメリカ連邦所得税には，代替ミニマム税（alternative minimum tax）について，認められる外国税額控除を代替ミニマム税額の90パーセントまでとする制限[9]があった。この制限の超過額をIBMは多く抱えていたため，日本IBMからの配当に係る日本の源泉所得税を直ちには税額控除できない状況にあったのである。

他方，本件再編後では，IBM APH 社がWT 社と日本IBM 社との間に挟まる形となった[10]。そして，問題となった期間において，日本IBM 社によ

本の金額」の配当収入（いわゆる2項みなし配当）が生じるものとされていた。所税25条2項1号（平成13年法律第6号による改正前のもの）参照。また，所税25条1項によっても，譲渡収入のうち「資本等の金額…のうちその交付の基因となった株式…に係る部分の金額をこえる…部分の金額」が配当収入とみなされた。詳細については第1章第4節を参照。したがって，完全子会社による自己株式取得（株式消却を伴うもの）は，同社に「資本積立金額」（法税2条17号（平成13年法律第6号による改正前のもの））がなく，「資本の金額」と「資本等の金額」（法税2条16号）とが一致する場合においては，その全額は配当収入になっていたと考えられる。なお，判決文からは，日本IBM社が米国WTから取得した株式を消却していたかどうか明らかでないが，平成13年の商法改正前の自己株式取得では，原則として，取得後直ちに消却することが要求されていた。

7) アメリカ連邦所得税における配当は，1913年2月28日より後に留保されたE&P，または，その年のE&Pから払い出された「財産の分配（distribution of property）」と定義され（I.R.C. §316 (a)），按分的な「株式償還」（自己株式取得）は「財産の分配」とみなされる（I.R.C. §302 (d)）。したがって，日本IBM社が米国WTを相手に行っていた配当または自己株式取得は，その全額が配当として取り扱われていたものと推測される。

8) 例外として，see I.R.C. §245.

9) Former I.R.C. §59 (a) (2), *added by* Tax Reform Act of 1986, §701, 100 Stat. 2085, 2320-2345, *struck by* American Jobs Creation Act of 2004, §421, 118 Stat. at 1514.

10) IBM APH 社は，日本IBM 社株式以外にも，APSC 社（IBM Asia Pacific Service Corporation）株式（発行済株式の100パーセント），DTI 社（Display Technologies, Inc.）株式（発行済株式の100パーセント），YSC 社（Yasu Semiconductor Corporation）株式（発行済株式の50パーセント）を，いずれもWT 社から購入し，これらを傘下に収めている。

る本国への利益還流は，①日本 IBM 社が IBM APH 社から自己株式取得を行い，その対価を IBM APH 社に支払う，② IBM APH 社は，直ちに，当該対価を WT 社に対し，借入金に係る元本返済・利息支払として支払う，というかたちで大規模に，複数回実施された。これらの課税結果を考える上で重要なのは，①の自己株式取得の対象となった日本 IBM 社株式が WT 社から約 1 兆9500億円で時価取得したものであったこと，②の借入金が日本 IBM 社株式の購入代金のうち，現金弁済の対象とされず，消費貸借の目的とされた約1317億8000万円であったことである。

　利益還流に伴う課税の変化は次のようにまとめられる。本件再編により，日本 IBM 社が自己株式取得を WT 社でなく IBM APH 社を相手に行うようになったこと（①の部分）は，源泉所得税の対象たる配当の収入の額に影響するものでなかったし，日本 IBM 社が納付すべき源泉所得税額それ自体はむしろ増加しただろう。なぜなら，みなし配当のルールは，相手方が外国法人であるか，内国法人であるかにかかわらず，等しく適用されるし，配当の収入は内国法人に支払う場合であっても源泉所得税の対象とされているばかりか，その税率は日米租税条約の限界税率より高く設定されているからである（所税212条1項・3項）[11]。

　しかし，日本国内に恒久的施設（PE）を有さない，いわゆる4号外国法人（法税141条4号）であった WT 社と異なり，内国法人である IBM APH 社は，日本 IBM 社から受け取った配当について法人税の課税を受ける。法人税の対象となることは，一見すると納税者に不利だが，内国法人からの配当は益金不算入の対象であり，しかも不算入率は100パーセントであるから（法税23条1項），配当の受領に起因して納付すべき法人税の額は生じない。しかも，IBM APH 社は，日本 IBM 社が納付した源泉所得税額について，税額控除を主張することができる（法税68条1項，法税令140条の2第1項1号）。結局のところ，この場合の法人税の課税は，源泉所得税の賦課を打ち

---

11) WT 社宛の配当に係る源泉所得税は，その当時の日米租税条約第12条（2）（b）に従って，同条項で定められた限界税率の10パーセントで実施されるが，内国法人である IBM APH 社宛の配当に係る源泉所得税は，所得税法で定められた20パーセントの税率で実施される。

消すものとして作用するのである。

　もっとも，IBM APH 社も日本 IBM 社と同様に配当を支払えば源泉徴収義務を負うから，日本の所得税の適用上，WT 社が IBM APH 社から配当を受け取ったとされてしまうなら再編前と変わりがなかっただろう。だが，配当ではなく主として借入金の元本返済を受けるようにすることで（②の部分），その問題は回避された。これにより，IBM はアメリカ本国への利益還流に係る日本の源泉所得税の大半を回避できるようになったのである。

　課税当局はこのスキームの有効性を争っていないが，このスキームを課税上尊重するのが自明あるとは言えないように思われる[12]。なるほど，借入金の元本返済は原資の回収であるから，源泉所得税の対象外であるのは当然であろう。だが，IBM APH 社が日本 IBM 社から配当を得たとみなされることとなった大前提には，日本 IBM 社株式を WT 社から時価取得したことがあり，しかも，②の借入金返済は，実質的にはその対価の繰延払いである。IBM APH 社の存在を尊重するとしても，日本 IBM 社から WT 社への利益移転という性格は否定し難いように思われるのである。

　また，大変興味深いことに，アメリカ連邦所得税の側では，WT 社と日本 IBM 社との間に IBM APH 社を挿入したことで何らの変化も生じなかった。WT 社は本件再編前と同様に，日本 IBM 社による自己株式取得の当事者と認識され，按分的な「株式償還」[13]によって E&P の範囲で配当を得たものとされていた。このことは，IBM が，日本 IBM 社へ投資からの利益を間接の外国税額控除（I.R.C. §902）が認められる配当によって回収しつつ，日本の源泉税を圧縮できたことを意味する。

　但し，日本の所得税・法人税の場合に IBM APH 社が当事者とされる一方，連邦所得税の場合に WT 社が当事者とされるという差異は，IBM APH

---

[12]　このスキームについても否認の可能性があったと指摘するものとして，岡村・前掲注（1）39頁参照。

[13]　自己株式取得は株式償還（redemption of stock, I.R.C. §317 (b)）に該当し，「配当と同等でない（not equivalent to dividends）償還」，「十分に非按分的な（substantially disproportionate）株式償還」といった条件（I.R.C. §302 (b)）のいずれかを満たさない限り，E&P の範囲で配当となる「財産の分配（distributions of property）」とみなされる（I.R.C. §302 (d)）。

社を課税上も独立の主体として認識するか否かという,各国の立法政策に任された事項に由来するものであることには注意すべきであろう。すなわち,日本の有限会社は,連邦所得税の適用にあたって当然に法人（corporation）として取り扱われる主体ではなく（Treas. Reg. §301-7701-2 (b)),また,一の者に支配されている場合には「社団（association）に分類されるか,その所有者とは別の事業体であるものの無視されるか」の選択が認められているところ（Treas. Reg. §301-7701-3 (a)),IBM APH 社については後者の無視が選択された。その結果,「〔IBM APH 社の〕活動は,所有者たる〔WT社〕の…支店（branch),または部署（division）で行われるそれと同様に取り扱われる」こととなったために（Treas. Reg. §301-7701-2 (a)),株式償還の当事者が IBM APH 社でなく WT 社となったのである。IBM APH 社が独立した主体と認識された上で,同社による日本 IBM 社株式の所有が否定されたわけではない。

　本件再編の内容とその意図された効果—正確には,IBM が意図したものであったことに争いのない効果—は以上の通りであるが,結果だけみると,日本の源泉所得税の（実質的な）回避は本件再編により IBM が享受した課税メリットのごく一部であるに過ぎない。IBM 事件で当否が争われることとなったより大きな課税メリットは,IBM APH 社が法人税の課税所得の算定にあたり,日本 IBM 社株式の譲渡対価に匹敵する規模の株式譲渡損失を計上し—譲渡対価が4298億5509万7875円（総計）であるのに対し,株式譲渡損失は3995億8763万9370円（総計）であった[14]—,それらを日本 IBM 社などの課税所得と通算できるよう,IBM APH 社を連結親法人とする連結納税が平成20年1月1日から開始されたことで生じた[15]。

　このような株式譲渡損失が経済的実質に乏しいことは言うを俟たない。一

---

14) 差額は,譲渡対価のうち,配当とみなされなかった部分に起因するものである。
15) 問題の株式譲渡損失は IBM APH 社の単体申告時の繰越欠損金となっていたところ,同社を連結親法人とする連結納税が開始されたことにより,連結欠損金とみなされた。法税81条の9第2項1号（平成22年法律第3号による改正前のもの）参照。これにより,巨額の株式譲渡損失を傘下の日本 IBM 社などの連結子法人の個別所得金額から控除できるようになったのである。

連の IBM APH 社による日本 IBM 社株式の譲渡は WT 社から同株式を時価で購入した直後から実施されたものであるばかりでなく，譲渡価額は 1 株あたり127万1625円で購入価額と同じであったからである。さらに，IBM APH 社には，専任の役員・使用人，固有の事務所・事業がないばかりか，アメリカ連邦所得税の適用においては WT 社の支店ないし部署に過ぎないとされていたのであり，本件再編に伴う一連の取引が経済実態の変化を伴わない法形式の操作を通じて巨額の税負担軽減を実現させる租税裁定（tax arbitrage）[16]の性格が強いものであったことも，否定し難い事実であるように思われる。

　他方で，このような実質が直ちに問題とされるべきものであるのか否かについては，なお議論の余地があるものとは言えよう。株式の発行法人に対する譲渡は，時価取得した直後に行うものであっても，法税24条1項4号の例外に該当しない限りみなし配当事由とすることは，まさに法が定めるところであり，自己株式の取得にあたって株式譲渡損益も計上させることとし，その際に譲渡収入となる譲渡対価から配当とみなされた部分を除く一方，譲渡原価には取得価額をそのまま用いることも，また法の定めるところであるからである（法税61条の2第1項1号括弧書）。したがって，経済的な実質のない株式譲渡損失の発生と控除は法の予定するところと言えるし，むしろ第2章で詳しく見たように，受取配当益金不算入などのインテグレーション措置と一体となって多重課税排除に寄与するという積極的な評価が可能なものですらあった。

　しかしながら，第2章第4節（3）で確認したように，株式譲渡損失の創出が不当な多重課税排除という機能を果たすためには，株式譲渡利益への課税が対称的に実施される必要があるのであり，株式譲渡損益課税の実施が一部の者に対するものに限られている状況では課税ベースの浸食の危険があ

16）　租税裁定とは，課税上の差異を利用して租税負担の減少を図ろうとする納税者の経済的行動を指す概念である。たとえば，中里実『タックスシェルター』（有斐閣，2002年）11頁参照。もっとも，「租税裁定行為（tax arbitrage）は，状況次第で節税にあたる場合と租税回避にあたる場合とがありうる」と言われる。金子・前掲注（2）125頁参照。

る。そして，IBM 事件はその危険が現実化したものであることが強く疑われる事件である。なぜなら，WT 社から IBM APH 社への日本 IBM 社株の時価譲渡についても，IBM APH 社の存在を課税上認識するか否かに起因して，アメリカ連邦所得税においては認識されない一方で[17]，日本の所得税・法人税においては認識されるという不整合は，上述した課税ベース浸食の図式―株式譲渡利益への課税が欠けるにもかかわらず，株式譲渡損失の控除を認めてしまう―に当てはまるものだからである。

　もちろん，上記図式との一致のみを根拠に問題の株式譲渡損失の控除を課税ベースの浸食と断ずるのは早計と言うべきであろうし[18]，WT 社と IBM APH 社との間での株式譲渡を内部取引と見て無視することは株式譲渡利益への課税の放棄を意味しておらず，ただ繰り延べているに過ぎない，あるいは，WT 社は日本 IBM 社からの配当について課税を受けており課税漏れはない，といった反論も予想される。だが，著名なインテグレーション研究の一つである1993年 ALI 研究において，居住者が非居住者から株式を取得している場合にはインテグレーションの課税利益を原則として付与しないものとされ，一定期間の経過や，当該非居住者に対する株式譲渡利益への完全な

---

17) 同一法人の本支店間で行われるような内部取引は，平成26年の改正前の日本の法人税と同様に，アメリカ連邦所得税においても課税機会でない。法税令176条3項2号参照。これに対し，法税141条1号（平成26年法律第10号第3条による改正後のもの。以下同じ），142条1項によると，日本国内に PE（恒久的施設）を有する外国法人は，「本店等」（同概念は，当該 PE 以外の当該外国法人のすべての構成部分を指すものとされる。『平成26年度 税制改正の解説』（2014年）679-680頁参照）との「内部取引」（法税138条2項）を勘案した「PE 帰属所得」（法税138条1項1号）について法人税の課税を受ける。また，内国法人についても，外国税額控除に係る控除限度額を画する国外源泉所得の一つである「国外 PE 帰属所得」（法税69条4項1号）の算定にあたり，「本店等」との「内部取引」（法税69条6項）を勘案すべき旨が規定されている。もっとも，内国法人の国外 PE 帰属所得は，外国税額控除に係る控除限度額を算出する目的でしか用いられず，課税所得の算定上，内部取引が勘案される訳ではないことに注意。財務省・前掲763-765頁参照。他方，アメリカ合衆国内で事業を行う外国法人は連邦所得税の課税を受けるが，その課税所得の算定は，当該事業に「実質的に関連する総所得のみを総所得に含める」かたちで行うものとされており（I.R.C. §882 (a) (2)），当該事業それ自体を独立の課税主体とみなして行われるものではない。
18) 意図通りである場合としては，対内投資促進のために居住地国課税の有無・程度を問わず，源泉地国課税（法人税）を大幅に軽減するといったことが一応は考えられる。

課税が自国により実施されたことが証明される場合は例外的に付与するとの方針が見られることを想起すると（第2章第4節（3）参照），WT社が日本IBM社株式に係る株式譲渡利益，ないしそれと同視しうる利益について連邦所得税を課されているか否かが正当な問いであるのかも別途検討すべきと言えるかもしれない。確かに，日本国はアメリカ合衆国との間で，日本IBM社株式に係るWT社の株式譲渡利益への課税権を確かに放棄しているが[19]，このことから，非居住者たる株主がその居住地国で株式譲渡利益への課税に服する限り株式譲渡損失の控除を認めても支障はないとの理解がストレートに導けるわけではないし，そのような理解は，利益還流が素直に配当を通じて行われる場合において法人利益への課税権を保持していることと整合しないように思われるからである。

（2）第一審判決，控訴審判決の概要と検討

（1）では，IBM事件の概要を，問題の株式譲渡損失の経済的・法的性格の理解にも注意を払いつつ，確認した。その結果明らかになったのは，問題の株式譲渡損失の控除の当否は，法がそうした株式譲渡損失の創出を認める趣旨や限界をも考察の対象としない限り，満足に回答し難いものであろうということであった。もっとも，以下で確認するように，第一審判決だけでなく，控訴審判決でも，そうした考察が十分になされたとは言い難い。そこで（2）では，それら二つの判決を概観し，それぞれどのような特徴があるのか，そして，具体的にどのような点で不足があると考えられるのかを示すこととしたい[20]。

---

19) WT社が日本IBM社株式の100パーセントを譲渡したことによる所得は，法令によると法人税の課税対象であるが（法税令187条1項3号），日本は日米租税条約第13条（7）においてその課税権を放棄している。
20) 本事案の「法人税の負担〔の減少〕」は，直接的には連結欠損金額の繰越控除（法税81条の9第1項）によって生じたものなので，法税132条の3の適用可能性も問題となり得るはずであるが，被告（国）が主張しなかったためか，この点についての裁判所の判断はない。本稿の範囲を超える論点であるため，詳論はしないが，法税132条の3の適用要件が法税132条第1項のそれと異なる可能性はあるから（たとえば，連結納税制度は，日本IBM社の所得（利益）に起因して生じた株式譲渡損失と日本IBM社の所得との通算を予定したものではなく，その見地から本事案の連結欠損金額の繰越控除は法税132条の3のいう「法人税の負担を不当に減少させる結果」に当たる，という解釈が

まず，2つの判決の結論を示すと次のようになる。第一審の東京地判平26・5・9では，本件再編後の自己株式取得による「有価証券の譲渡に係る譲渡損失額が本件各譲渡事業年度において原告の所得の金額の計算上損金の額に算入されて欠損金額が生じたことによる法人税の負担の減少が，法税132条1項にいう『不当』なものと評価することができるか否か」が審理された後[21]，これが消極に判断され，課税処分は取り消された。控訴審の東京高判平成27・3・25においても，同じ争点が審理されたが，やはり消極に判断され，国による控訴は棄却されている。

しかし，これら2つの判決における法税132条1項該当性——正確には，問題の法人税の負担の減少が法税132条1項中の「不当なもの」との文言に値するものと評価できるか否か——の判断方法は異なったものである。第一審では，法税132条1項該当性を基礎づける事実（評価根拠事実）であると国が主張した，（1）IBM APH社を中間持株会社としたことに「正当な理由ないし事業目的があったとは言い難い」こと，（2）WT社とIBM APH社との間の融資が「独立した当事者間の通常の取引とは異なる」こと，（3）一連の行為について「租税回避の意図が認められる」ことが審理されている。他方，控訴審では，本件再編を始めとする一連の行為や本件再編後の自己株式取得が「独立当事者間の通常の取引と異なるものであり，経済的合理性を欠く〔か否か〕」が審理されている。

こうした判断のうち，本章の目的で最も注目すべきなのは，第一審の（1）及び（3）に関する判断であるので，以下では主にそれらの内容を見ていくこととしよう。これら2つはアメリカ法の否認法理である経済的実質主義（Economic Substance Doctrine）の判断方法（いわゆる二分肢テスト）[22]に

理論的にはあり得よう），上告審での判断が望まれたが，最高裁第一小法廷は2016年2月18日付けで上告不受理の決定を行った。同様の指摘として，高橋・前掲注（1）9頁参照。なお，法税132条の2の適用要件を法税132条のそれと異なるものと判示した最近の裁判例として，いわゆるヤフー事件の東京地判平26・3・18判時2236号25頁参照。

21) これは3つの争点のうちの最初の一つであり，他の2つは，争点1が積極に判断される場合において「処分行政庁による本件各譲渡事業年度の課税標準等に係る引き直し計算が適法であるか否か」（争点2）と，理由附記の不備による違法があるか否か（争点3）であった。

極めて近い。また，IBM 事件で否認できるか否かが争われた，非課税の法人間配当を用いた株式譲渡損失の創出と控除は，非課税の法人間配当を用いた株式譲渡利益の圧縮と実質は同じであるが，アメリカ法では，第2節で見るように，後者の取引が租税回避として否認の対象となるか否かが，二分肢テストないしそれに類似した手法によって判断されてきた。したがって，(1)及び(3)に関する日本の裁判所の判断を確認しておくことは，第2節で取り組むこととする，租税回避の否認を通じた非正常配当の規制の意義や限界の検討に大いに役立つと考えられるのである。

なお，法税132条1項の適用要件の検討は本章の目的ではないので，事業目的の不存在や租税回避の意図の存在[23]が法税132条1項該当性を左右すると理解するか——これは第一審判決の立場である——[24]，それらは無関係である

---

22) 二分肢テストの詳細については，岡村忠生「税負担回避の意図と二分肢テスト」税法学543号3頁，13-28頁（2000年）参照。
23) 租税回避の意図の要件は，学説において，従来の裁判例で要求されてもおらず，要求する必要もない旨が有力に主張されてきた。清永・前掲注（2）44-45頁。もっとも，そうした見解は，客観的に租税回避に当たる場合であれば，それが納税者の意図したものでないとしても否認は可能という意味で主張されてきたものである。第一審判決は，行為の動機が租税回避であったという事実を，法税132条1項の消極的要件ではなく，積極的要件（行為計算否認を可能にする「不当」という評価を基礎づける要素）とみる点で特徴的であり，このような主観要件の位置づけは，二分肢テストが，納税者の主観が税負担回避目的だけである場合に，その一点をもって課税利益を否定するところにおいて類似するのである。なお，2010年の改正で法典化されるまで，否認されないために客観要件と主観要件の両方が必要であるのか，否認するために客観要件と主観要件の両方が必要であるのかについて裁判例は分かれていたが，法典化にあたっては前者の立場が採用された。なお，法典化に関する紹介としては，岡村忠生「米国の新しい包括的濫用防止規定について」『税制改革の課題と国際課税の潮流』（日本租税研究協会，2010年）138頁参照。
24) 従来から「純粋経済人の行為として不合理，不自然な〔行為又は計算〕」に当たる場合とは「異常ないし変則的で租税回避以外に正当な理由ないし事業目的が存在しない場合」である，という見解が有力に主張されてきた。金子・前掲注（2）471-472頁。この見解に沿った判示は従来の裁判例でも見られるが，そうした従来の判示は，法税132条1項の性格についての一般論として言及されたものに過ぎず——たとえば，名古屋地判平11・5・17税資242号602頁には「租税回避以外に正当な理由ないし事業目的が存在しないと認められる場合または独立・対等で相互に特殊関係のない当事者間で通常行われる取引と異なっている場合に否認しうる」との判示が見られるが，実際の判断は専ら後者の場合についてのみ行われている——，「正当な理由ないし事業目的が〔なかった〕」という事実を，「不当」という評価を基礎づける事実として明確に位置づけたものは見当

と理解するか—控訴審判決の立場はこれである—については立ち入らない。また，念のため付言すれば，第一審の（1）及び（3）の判断方法に特に注目するのは，アメリカ法との比較検討をより豊かにするためのものであり，当該方法が法税132条1項から自然に導かれると主張するものではない。

　最初に，（1）の判断について見ていこう。既に述べたように，（1）の判断は，「〔IBM APH 社〕をあえて日本 IBM の中間持株会社としたことに正当な理由ないし事業目的があったとはいい難いか否か」についてのものであり，裁判所はこれを消極的に判断している。しかし，この判断については次のような2点が疑問として指摘できるように思われる。

　第1は，「正当な理由ないし事業目的」の有無，すなわち，経済的実質性の有無を問う対象を IBM APH 社の中間持株会社化にするという問題設定の妥当性である。IBM 事件では，中間持株会社の設置以外にも，日本 IBM 社による自己株式取得や IBM APH 社による連結納税の承認申請なども行われており，特に，当該自己株式取得は問題の株式譲渡損失が生じた直接の原因でもある。なお，この問題設定は直接には課税庁が行ったものではあり，裁判所の役割は受け身的なものであるが，法税132条の適用の可否に経済的実質性の有無が関わるという法解釈を裁判所は採ったのであり，その際

たらない。また，本判決において行われた「正当な理由ないし事業目的」の有無の判断は，問題の行為を遂行するに至った納税者の目的（動機）ではなく，当該行為が課税利益以外の経済的利益を得ようとして行われたか否かという客観性の存否に着目して行われており，この点でも，二分肢テストと類似する。なお，2010年の改正で内国法典に明記された経済的実質主義によると，ある取引に経済的実質が認められる場合とは「（A）当該取引が納税者の経済的地位を（連邦所得税の効果とは別に）有意に（in a meaningful way）変化させるものであり，かつ，（B）納税者が当該取引を遂行するにあたり（連邦所得税の効果とは別に）実質性のある意図を有する場合」であるが（I.R.C. §7701 (o) (1)），その場合の経済的実質主義とは「取引に付随する…課税利益を，当該取引に経済的実質がない，または，事業目的が欠ける場合に認めないというコモンロー上の原則」とされる（I.R.C. §7701 (o) (5) (A)）。要するに，「経済的実質」と「事業目的」とは殆ど同じ意味で用いられているのであり，こうした用語法からすると，IBM 事件において裁判所が「事業目的」の有無を探求するにあたり，課税以外の経済的利益の発生・不発生を問題としたのは奇妙なものではない。なお，先に引用した経済的実質性の客観要件（I.R.C. §7701 (o) (1) (A)）に相当する判断を，経済的実体（economic reality）ないし事業目的の存否の問題として扱う判例として，see Coltec Industries, Inc. v. United States, 454 F.3d 1340, 1357-1360 (Fed. Cir. 2006).

に問題設定の適切さも検討すべきであったと言えるだろう。

　もちろん，中間持株会社化がIBM事件の争点に全く無関係ということはない。問題の株式譲渡損失が生じるためには，日本の法人税において，日本IBM社株式の取得価額が時価にステップ・アップしている必要があったのであり，この条件は日本IBM社の直接親会社がWT社のままであったなら満たせなかったものと考えられる。また，仮にWT社に株式譲渡損失が生じたとしても，外国法人は仮にPEを有するとしても連結親法人となれないのであるから[25]，連結欠損金額となって日本IBM社などの個別所得金額から控除されることもなかったはずである。したがって，日本IBM社株の真の所有者はIBM APH社でなくWT社であったと認定すること—法令上の根拠が法税132条であるかはともかく—が仮に可能であるとすれば，それによっても原告の請求は棄却されただろうと考えることができる。

　しかし，問題の株式譲渡損失は，IBM APH社が中間持株会社として存在する限り必然的に発生する性格のものではない。IBM APH社がWT社から日本IBM社株式を時価取得し，その後に連結親法人となったとしても，日本IBM社からIBM APH社への利益の移転が自己株式取得でなく，利益の配当として実施されていたならば，譲渡損失は発生しなかった。もちろんその場合でも，日本IBM社株の時価が取得価額と大幅にかい離し，株式譲渡損失は潜在的には生じただろう。だが，そのような潜在的な損失を株式譲渡なしに評価損として損金に算入することは困難であろうから，自己株式取得が最も重要な要素であったと言うべきであろう。したがって，経済的実質が存在しているか，いないかを真に問うべきであったのは，利益還流の手法として，利益の配当ではなく自己株式取得という法形式を選択したことであ

---

[25] 国際課税原則の帰属主義への転換（平成26年の改正で実現，平成28年4月1日より開始）は，主税局参事官の私的研究会の報告書で骨子が示されたが，同報告書では，無差別条項の適用があるとは考えられず，また，租税回避の温床になりかねないとして，外国法人を連結親法人とする連結納税制度を不要と結論付けている。財務省主税局参事官「国際課税原則の総合主義（全所得主義）から帰属主義への見直し」22頁（2013年10月）参照。なお，この報告書は，政府税調の下で，2013年10月24日に開催された国際課税ディスカッショングループの資料（http://www.cao.go.jp/zei-cho/gijiroku/discussion1/2013/25dis11kai.html）（最終アクセス，2016年1月31日）となっている。

ったのように思われるし[26]，中間持株会社化を経済的実質の有無を問う対象にするとしても，利益還流の手法の選択も併せて対象とすべきではなかったか，という点が大いに疑問となるのである[27]。

　第2に，仮に第1の疑問を問題なしとする—経済的実質性の有無を問う対象は中間持株会社としてのIBM APH社の設置だけであると考える—としても，その判断にあたって裁判所は考慮すべきでない事情を考慮しているのではないか，との疑問が残る。裁判所は，中間持株会社たるIBM APH社には，企業買収の際の受け皿としての機能や金融仲介機能があったと認め—より正確には，そのような機能がなかったとはいい難いと認め—，中間持株会社化の経済的実質性を承認したが，その際，上記金融仲介機能の手段の例として「IBMグループに係る租税の負担を減少させたりすること」も挙げられた。しかし，中間持株会社化について「正当な理由ないし事業目的」の有無を問題とするのは，租税負担軽減以外の目的を達成する手段でもあるため課税上尊重しなければならないか否かを判断するためのものと考えられるから，そこに「租税の負担の減少」が含まれるのは背理と言うべきなのではないだろうか。

　確かに，上記金融仲介機能の承認にあたって言及される租税は，本件再編前において，日米租税条約の特典を享受した場合でも（その当時は）免税とはならなかった配当に係る日本の源泉所得税であり，他方，法税132条が適用された場合に増加することとなるのは法人税であるから，形式的には矛盾なしと言えるのかもしれない。だが，上記源泉所得税の回避や軽減それ自体も，全く正当とは言い難い性格のものなのである。また，IBMグループにおいて，上記の源泉所得税についての国際的二重課税が生じていたことは紛

---

[26] 第一審判決別紙11によると，日本IBM社は，連結納税開始直前に問題となった自己株式取得のいずれをも上回る規模の配当を実施したようであり，利益還流を大規模に行う限り，配当という法形式でなく，自己株式取得という法形式を選ぶ課税以外の事情の存在は希薄であったことが窺われる。

[27] これに対し，控訴審判決では，日本IBM社が配当でなく自己株式取得を選択したのは，配当であると当時の旧商法下では事業年度終了後の定時株主総会で決議しなければならず，源泉所得税の還付を受けるのが翌年以降になってしまうのを避けるためであった，と認定されている。

第 2 節　IBM 事件　*147*

れもない事実だが，その主たる原因は，代替的ミニマム税の適用上，外国税額控除に上限を設けていたアメリカの側にあったのであり，それにもかかわらず，当該二重課税の解消について，源泉所得税を回避するためのスキームを容認せねばならぬという形で，日本国に消極的な責任があったとは言い難いように思われる[28]。したがって，源泉所得税の減少という事実は，税目が異なるのだから，正当と断言し難い税負担軽減が行われても何の問題もない，問題にすべきでないといった態度を取らない限り，中間持株会社化の経済的実質性の存在にむしろ不利に作用すると言うべきであろう。裁判所は，中間持株会社化の経済的実質性を問うにあたり，IBM 社でなく IBM APH 社が企業買収の際の受皿会社としての機能を果たしたことによる経済的利益が，源泉所得税額の減少という課税利益に比して，十分に大きいかどうかを問うべきであったように思われるのである。

　また，（3）の判断についても，租税回避の意図に基づくものだったか否かを問う対象を，中間持株会社の設置から連結納税の開始までの一連の行為にするという問題の設定が妥当であったのか，という第3の疑問を提示することができるように思われる。裁判所は，「不当」な税負担減少を引き起こした租税回避であったか否かを問題とする対象を一連の行為に設定した上で，使用する見込みの欠如を理由に，株式譲渡損失や欠損金に係る繰延税金資産が計上されなかったこと，連結納税の適用を寧ろ避けようとしていたこと，さらには，連結納税を開始しても日本 IBM 社などに対する時価評価課税が実施されないようになる前に最初の自己株式取得に係る欠損金につい

---

28)　第一審において，被告は「米国の税制に関する不満を我が国の税制を利用して解消しようとするものにすぎ〔ない〕」と論難しているが，相当の説得力がある。なお，比較法的には，オランダがこうした配当源泉税の回避に厳しく対処してきたことが知られる。その紹介として，*see e.g.* Paulus Merks, Dutch Dividend Withholding Tax in Corporate Cross-Border Scenarios, Dividend Stripping and Abuse-of-Law（Part I）32（1）Intertax 51（2004）. なお，外国法人の国内 PE が受け取る配当に対してのものではあるが，OECD モデル条約24条（無差別条項）についてのコメンタリーには，内国法人が受け取る配当と同様の特別な取扱いを与える締結国の義務を肯定する OECD 加盟国と否定する加盟国との間での対立が存在するとの記述がある。*See* Commentary on Article 24: Concerning non-discrimination *in* MODEL TAX CONVENTION ON INCOME AND ON CAPITAL 2010, at C（24）15-18（2010）.

て，平成16年改正によって繰越期間が7年に延長されることがなければ，繰越控除期限を迎えるようになっていたことなどの事実の存在を根拠に租税回避の意図を否定する。なるほど，こうした事実の存在によって，一連の行為が租税回避の意図の下に仕組まれたものであるとの認定が著しく困難になることに—租税回避の意図の隠ぺいを目的とした工作であるとの疑いが明白に存在すれば別であろうが—異論はない。

　しかし，第1の疑問の箇所で述べたように，日本IBM社が巨額の利益還流を自己株式取得の法形式で行うことの必然性は乏しかったように思われる。また，日本IBM社等の保有資産に係る含み益への課税を避けつつ，当該自己株式取得に伴う株式譲渡損失を日本IBM社等の所得から控除する手段としては，株式保有から5年以上経過した後の連結納税の開始以外にも，（法税57条3項，4項の要件を満たす）適格合併などがあり得た[29]。要するに，IBM事件における税負担軽減の達成にあたり，中間持株会社の設置から連結納税の開始に至る一連の行為は唯一の手段ではなかったし，株式譲渡損失の発生は必然的なものでもなかったのである。したがって，自己株式取得という法形式の選択についても，租税回避の意図から実行されたか否かという観点から問われるべきであったと考えられるのである[30]。

---

[29] 原告は，IBM APH社が日本IBM社を吸収する適格合併の可能性について，「合併による債務の引継ぎに伴う取引先の信用への悪影響や日本IBMの許認可や第三者との間の取引契約の承継といった問題を考えれば，適格合併を行うことはビジネス上も不可能であった」と主張しており，裁判所はこうした主張を理由に，一連の行為について租税回避の意図を問題にすべきと考えたのかもしれない。もっとも，原告が挙げた難点のほとんどは，日本IBM社がIBM APH社を逆に吸収することで回避可能であろうから，裁判所は，その点を考慮すべきであったように思われる。なお，持株会社と事業会社との間での適格合併が事業関連性要件（法税令112条3項1号）を満たし得ることについては，「持株会社と事業会社が合併する場合の事業関連性の判定について」（https://www.nta.go.jp/shiraberu/zeiho-kaishaku/shitsugi/hojin/33/05.htm）（最終アクセス，2016年1月31日）参照。

[30] この疑問に関連して，原告は，適格合併等の利用があり得た点を考慮することを「結果として繰越欠損金が利用された場合に，過去のある一時点において当該繰越欠損金を利用し得る可能性がありさえすれば，その不当性が根拠づけられるというに等しく，当該繰越欠損金の利用を可能とするような税制度が存在していることのみによって欠損金を生じさせた行為の不当性が根拠づけられ得るというもの」と論難しているが，欠損金額（株式譲渡損失）を生じさせた行為それ自体の不当性－経済的利益がなかった

第 2 節　IBM 事件　149

（3）みなし配当課税は適正化されたか？

　IBM 事件では，IBM APH 社による株式譲渡がみなし配当事由にあたり，しかも，100パーセントの益金不算入の適用があるために，株式譲渡代金の大半が非課税の収益となり，時価と取得価額とに差額がなかったと考えられるにもかかわらず，多額の株式譲渡損失が生じた。これに対し課税庁は法税132条による否認を試みたが，裁判所は，第一審，控訴審のいずれにおいても，これを拒絶した。（2）でみたように，現時点での裁判所の法税132条の適用可否の判断のあり方は全く疑問なしというものではない[31]。だが，裁判所の判断が基本的には当事者— IBM 事件では，IBM AP 社と国（課税庁）—の主張に拘束されるものである以上，やむを得ないものと言うべきであるのかもしれない。

　また，法税132条による否認を裁判所が拒絶したことについては，平成22年の改正で IBM 事件の株式譲渡損失の創出を抑止し得る規定が設けられたから，このような立法による対処が実質的に遡及適用されることがなく適切であったと理解することもできるように思われる。問題の株式譲渡損失を生じさせた自己株式取得は平成14年から平成17年にかけて実施され，更正処分が行われたのは平成22年の初頭であったが，その直後に法案が国会を通過した平成22年の改正の内容には，同年10月1日以降に開始する事業年度に適用があるものとして，「みなし配当の生ずる取引に関する課税の適正化」がある。これは，①「自己株式として取得されることを予定して取得した株式に係るみなし配当」に関する措置（法税24条1項4号），②「抱合株式の譲渡損益」に関する措置（法税61条の2第3項），③「100％グループ内の法人の株式の発行法人に対する譲渡」に関する措置（法税61条の2第16項）から成るものであり[32]，IBM 事件当時も存在していたとすると，②を除き，同事件

　　か，租税回避の意図からのものだったか－の有無を問うべきでない理由としては説得的でないように思われる。
31）「検証・IBM 裁判〔第2回〕」週刊 T&A Master 556号4頁，8頁（2014年）において，朝長は「欠損金は，それが利用できるという確実性がある程度ないと資産計上できませんので，繰延税金資産に計上していなかったということは，確実に利用できるという判断がされていなかったということの証拠にはなっても，『何の関心も持っていなかったこと』の証拠になるものでは〔ない〕」という類似の指摘を行っている。

の自己株式取得にも適用され，株式譲渡損失の発生を妨げていた可能性がある。要するに，これら—特に①及び③—には，IBM事件に関する個別的否認規定という側面があることが否定できないのであり，法税132条をIBM事件の自己株式取得にストレートに適用することは，これらの遡及適用の様相を帯び，不適切なものとなるではないか，との疑念が生じるのである。そこで以下では，①及び③のルールを概観した上で，それらがIBM事件で顕わとなった課税ベース浸食の危険に上手く対処できるものであるのか否かを検討していくこととしたい。

　まず，①の措置であるが，これによると，法税24条1項4号の自己株式取得のうち，その発生が予定された状況で取得した株式について実施されたものからの配当の収益には受取配当益金不算入の適用が認められない。この場合でも，株式譲渡損益の算出にあたっての譲渡収入は売却代金から配当の収益とみなされた額を除いた額のままであり，株式譲渡損失自体は同様に生じるが，配当の収益が益金不算入とならずにそのまま益金に算入されるから，最終結果だけみれば，自己株式取得としての取扱いがなかったものと同じ状態となるのである。

　もっとも，別稿で詳しく論じたように[33]，①の措置については，どのような状況で適用されるものなのか，何を問題視してその適正化を図ろうとするものなのかがはっきりしないという問題がある。IBM事件を—仮に同事件の自己株式取得が平成22年10月1日以降に開始する事業年度で実施されたと仮定した上で—例とすると，日本IBM社からIBM APH社へと利益の配当や自己株式取得を通じて利益を移転し，さらに，IBM APH社からWT社へと借入金の返済を通じた送金を行って利益の還流を行うことが本件再編の内容であったのだから，その後に日本IBM社が実施する自己株式取得は「〔法税24条1項4号〕に掲げる事由が生ずることが予定されているものの取得」に当たるようにも見えるが，他方で，どの時期に，どの程度の額で行う

---

32)　財務省『平成22年度 税制改正の解説』(2010年) 337-340頁。
33)　小塚真啓「『租税回避』防止立法としての法人税法23条3項」岡村忠生編著『租税回避研究の展開と課題』(ミネルヴァ書房，2015年) 265頁。

かが予め具体的に定められていたものではない。課税実務においては，①の措置の対象となる株式に「例えば，上場会社等が自己の株式の公開買付けを行う場合における公開買付期間…中に，法人が当該株式を取得したときの当該株式が…該当する」との基準が示されているが，同時に「当該株式についてその公開買付けによる買付けが行われなかったときには，その後当該株式に法第24条第1項第4号に掲げる事由が生じたことにより同項に規定する配当等の額を受けたとしても，当該配当等の額については法第23条第3項の規定の適用がない」ともされており（法基通3‐1‐8），自己株式取得の実施が大まかにしか決まっていない場合にも適用する意図であるか否かは結局のところ不明瞭なままである。

また，立案担当者による①の措置の趣旨を参照しても，「通常の投資利益を目的とせずに，税務上の譲渡損失の計上を行うことを目的と〔する〕」という箇所[34]に着目すれば，自己株式取得の時期や額が明確に決まっていることは不要であると言えるように思われるが，「みなし配当と譲渡損益の構造を租税回避的に利用した行為を防止するため」という箇所に着目すれば，税負担軽減以外の目的で自己株式取得の時期や額が左右されたという事情があれば，予定通りの取得があったとはいい難いとの理解も可能であり，明確な答えは見えてこない。租税回避的でない「みなし配当と譲渡損益の構造」の利用が特定されていないため，換言すれば，経済的には存在しない株式譲渡損失を敢えて生じさせ，その控除を認める趣旨が十分に説明されていないため，法税23条3項の内容は不明確なものとならざるを得ないとも言えるだろう。したがって，この条項については，課税ベース浸食の危険を適切に認識して立法されたものと言い難いばかりでなく，適切に対処することにもなり難いように思われる。

これに対し，法税61条の2第16項による③の措置については，その適用条件が自己株式取得などのみなし配当事由が完全支配関係のある内国法人同士で行われることであり（法税61条の2第16項），完全支配関係の有無は100パ

---

34) 財務省・前掲注（32）338頁。

ーセントの直接・間接の株式保有で判定されるから（法税2条12号の7の6，法税令4条の2第1項），適用範囲は明確であり，IBM事件におけるIBM AP社と日本IBM社との関係はこれに当たる[35]。そして，この条件を充足する場合には，株式譲渡収入が株式譲渡原価と同額とされて株式譲渡損益が生じないから，この条項がIBM事件で問題となった株式譲渡損失を否認する性格のものであることは間違いがないと言える。なお，法税61条の2第16項の適用がある場合，法税23条3項の適用条件も同時に満たすとしても，その適用はないとされているが（法税23条3項第2括弧書），既に引用した立案担当者の趣旨説明にもあるように，法税23条3項は一定の「税務上の譲渡損失の計上」を問題視し，これを防止するためのものであるから，株式譲渡損失が生じない場合には適用する必要がないという判断なのであろう[36]。

　しかしながら，法税61条の2第16項の詳細にまで目を向けると，同項がIBM事件の株式譲渡損失を適正に規律するものであると断言することは難しいということがわかる。完全支配関係と課税ベース浸食の危険との間には関連がない──完全支配関係がなくとも，同種の課税ベース浸食の危険はあり得るし，逆に，完全支配関係があっても，課税ベース浸食の危険がない場合もあり得る──から，ズレが生じるのは当然であるが，その点を捨象してもなお問題は残る。なぜなら，以下でみるように，一旦完全支配関係が生じたとしても，自己株式取得等が行われる時点でその関係が解消していれば適用はなく，また，適用があったとしても株式譲渡損失を計上する機会が完全に消滅するわけではないからである。

　そもそも，この法税61条の2第16項は何について，どのような対処を行うものなのであろうか。立案担当者によると，同条項は「発行法人に対する株式の譲渡及びこれと同様のみなし配当の発生の基因となる事由の発生もグループ内法人に対する資産の譲渡に変わりないこと」に着目して，「グループ

---

[35] もっとも，課税実務では，間接の完全支配関係が解釈により拡張されている。「平成22年度税制改正に係る法人税質疑応答事例（グループ法人税制関係）（情報）」（http://www.nta.go.jp/shiraberu/zeiho-kaishaku/joho-zeikaishaku/hojin/100810/pdf/all.pdf）5頁（最終アクセス，2016年1月31日）参照。

[36] 財務省・前掲注（32）339頁には「租税回避のおそれがないため」との説明がある。

内法人に対する資産の譲渡」の場合に譲渡損益が計上されないこと（法税61条の13）に合わせて導入された措置であるとされる[37]。また，法税61条の2第16項や法税61条の13を始めとする「100％グループ内の法人間の取引等」に関する措置一般の根拠ついて，立案担当者からは，同一グループの諸法人の経営が一体的になされていること—したがって，同一グループ内で法人間の資産の移転が行われても資産に対する支配が実質的には継続していると理解できるし，それにもかかわらず課税関係が生じるならば円滑な経営資源再配置に対する阻害要因となってしまいかねないこと—が指摘されている[38]。

だが，法税61条の2第16項による譲渡損益の非計上と法税61条の13に基づく非計上とは，内容が大きく異なる。法税61条の13第1項が要求するのは，100％グループ内資産譲渡に係る譲渡損益の認識の先送りである[39]。他方，法税61条の2第16項によると，その文言は取得価額を引き継がせる（carry-over basis, transferred basis）形での譲渡損益の課税繰延べを認める諸規定（たとえば法税62条の3）と全く同じであるものの，譲渡損益は将来においても生じない。なぜなら，法税61条の2第16項の対象資産は，譲受法人の下では資産性が認められない自己株式であって，譲渡法人の帳簿価額を維持するためにそれを付すことができず，さらに，譲渡法人が譲受法人株式と引換えに取得した資産にもそれら固有の取得価額—原則は時価—が別途に付されるから，譲渡した株式の取得価額を付与して維持すること（substituted basis, exchanged basis）[40]もできないからである[41]。基因となった株式の帳簿価額

---

37) 財務省・前掲注（32）234頁。
38) 財務省・前掲注（32）189頁。
39) 譲受側法人が取得価額を引き継ぐこととなる100％グループ内の非適格合併（法税61条の10第7項）でも変わらない。
40) たとえば，適格合併及び，金銭等が交付されない合併では，被合併法人株式と引換えに合併法人株式を取得した法人株主は，前者の帳簿価額を後者に付すことになる。法税令119条1項5号参照。
41) 自己株式取得などのみなし配当事由を通じて金銭以外の現物を株主等に交付する行為は現物分配に該当し（法税2条12号の6ロ），さらに100％グループ内で実施される場合には適格現物分配となる（法税2条12号の15）。適格現物分配では帳簿価額の引継ぎがあるが，株主の下で分配資産に付される帳簿価額は基因となった株式に付されていた帳簿価額ではなく，分配法人の下で分配資産に付されていた帳簿価額である（法税令123条の6第1項）。

は，譲渡の時点で課税関係を生じさせないだけでなく，切り捨てられ，消滅するのである。

また，法税61条の2第16項と法税61条の13とは貸方側の処理でも異なる。法税61条の13による譲渡損益の計上の繰延べのうち，非適格合併の場合（法税61条の13第7項）には，自身にとって時価取引であるにもかかわらず，合併法人が資産を被合併法人の下の取得価額で受け入れるから，その貸方側において時価と取得価額との差額の調整——差額がプラスの場合には貸方項目の減額，マイナスの場合には増額——が必要となるが，これは利益積立金額を用いて行われる（法税令9条1項1号ル）。このような貸方側の調整が必要となるのは法税61条の2第16項の場合でも変わらない。なぜなら，譲渡法人は，自身にとって簿価取引であるにもかかわらず，譲渡対価を時価等で受け入れるからである。しかし，法税61条の13第7項の場合と異なり，調整は利益積立金額でなく，資本金等の額の増減によって行われる（法税令8条1項19号）。

資産が譲渡され，譲渡損益が発生し，そのまま認識される場合，貸方側の調整に用いられるのは利益積立金額である（法税令9条1項1号イ）。益金や損金に永久に算入されない非課税の収益や費用の調整も利益積立金額で行われる（法税令9条1号本文括弧書，ロ〜ホ，チ，ヌ）。したがって，譲渡損益を計上しない場合の貸方側の増減は利益積立金額で行うのが自然であり，法税61条の13第7項の場合に利益積立金額が用いられるのはその流れに沿ったものと言えるように思われる。

それにもかかわらず，法税61条の2第16項の場合にはなぜ資本金等の額が用いられるのだろうか。さらに，資本金等の額とは「株主等から出資を受けた金額」であり（法税2条16号），完全支配関係のある法人間で自己株式取得などが行われても株主からの出資は増加も減少もしないはずである[42]。そこ

---

[42] 平成22年の改正前から存在した，適格分割型分割や適格合併における抱合株式の処理についてではあるが，岡村はこれらの処理を「〔資本金等の額が出資の記録であるという〕原則を侵害する〔もの〕」と評価する。岡村忠生『法人税法講義〔第3版〕』（成文堂，2007年）539-540頁参照。また，岡村は，法税61条の2第16項の場合に資本金等の額が増減する処理について「合理的に説明することは，困難である」とも述べる。岡

で立案担当者の解説を参照すると，その調整の内容を「譲渡原価と譲渡対価との差額（譲渡損益相当額）を株主である法人の資本金等の額にチャージする」と整理した上で，その意義について次のような説明が行われている[43]。

　　他の者からの株式の取得による子法人化は，自己と子法人を一体としてみれば，一種の自己株式の取得に該当するが，旧株主に対して配当課税が行われていないので，それは資本金等の額を原資として取得したのと同様の課税が行われていたとも考えられるところ，子法人と一体化するのを機に後追い的に資本を調整するものであること（すなわち，親法人と子法人を一体的なものとして，資本をみようとするものともいえます。）

　施行令に規定された資本金等の額のマイナスの調整額は，〈みなし配当＋株式取得価額－分配資産価額〉であって（法税令9条1項20号），これは〈分配資産価額－みなし配当－株式取得価額〉というプラスの調整額に変形できるから，「〔株式譲渡損益相当額〕を株主である法人の資本金等の額にチャージする」というのはやや不正確な表現で，正確には，本来であれば法税61条の2第1項により益金または損金に算入されていた譲渡損益額—すなわち，配当の収益とみなされなかった譲渡対価から譲渡原価を控除することで得られる，法税61条の2第1項の譲渡利益額または譲渡損失額—を資本金等の額に加算するものと言うべきであろう。また，みなし配当は分配資産価額から対応する資本金等の額を控除して算定されることを踏まえると，分配資産価額が対応する資本金等の額を上回る限り，プラスの調整額は〈対応する資本金等の額－株式取得価額〉に変形できるし，上記説明のように他の株主からの株式時価取得を前提とすると，株式取得価額は過去の株式譲渡対価のはずである。したがって，この場合の調整は〈過去の株式譲渡対価－対応する資本金等の額〉を資本金等の額から差し引こうとするものとも言えるが，この額は「旧株主に対して〔行われるはずだった〕配当課税」の額に他ならない

　村忠生「パパの選んだ恋」佐藤英明編著『租税法演習ノート〔第3版〕』（弘文堂，2014年）261頁，270-273頁参照。
43）　財務省・前掲注（32）236頁。

し，資本金等の額が減少すれば，その分だけみなし配当の額が増えるという関係があることが注目される。要するに，法税61条の2第16項の措置は，単に「子法人と一体化するのを機に後追い的に資本を調整する」だけでなく，「旧株主に対して〔行われるはずだった〕配当課税」を親法人の株主に対して実施できるようにするものでもあるのである[44]。

この法税61条の2第16項の作用に着目すると，同条項は自己株式の範囲を拡張するものとみるべきかもしれない。自己株式は，平成13年の改正以来，課税上，資産性が否定され，消却の有無にかかわらず資本の額から控除するものとされている（法税令9条1項19号）。これに対し，他の法人の株式は，平成22年の改正を経た現在でも，既に一定以上の株式保有の関係のある子法人についてのものでも，課税上，資産として扱われ，取得価額が付される。しかし，その発行法人との間に完全支配関係が発生し，その後に発行法人に譲渡される場合には，取得法人の側で譲渡損益が計上されないし，しかも資本の額は合計でちょうど取得価額の分だけ減少する。なぜなら，資本金等の額は，取得法人の下で〈過去の株式譲渡対価－対応する資本金等の額〉だけ減少するわけではなく，発行法人の側でも〈対応する資本金等の額〉だけ減少しており（法税令8条1項18号など），これらを合算することにより，〈過去の株式譲渡対価〉を資本の額から控除していると言えるからである[45]。

また，配当課税の維持や自己株式の範囲の拡張という側面については，利

---

[44] なお，利益積立金額はみなし配当の額を通じ，発行法人から取得法人へと移転する。

[45] このことは，「旧株主に対して〔行われるはずだった〕配当課税」が株式取得から法税61条の2第16項の適用までの間に失われた場合にも同様に当てはまる。この場合の取得法人の側の資本金等の額の控除額は〈株式取得価額－分配資産価額〉であり，対応する資本金等の額が登場しないが，発行法人の側の控除額が〈分配資産価額〉であるため（法税令8条1項18号第2括弧書など），合算すると〈株式取得価額＝過去の株式譲渡対価〉となるのである。もっとも，利益積立金額の負値―より正確には，対応する資本金等の額が分配資産価額を上回る部分―に対応したみなし配当がないから，発行法人の下での利益積立金額の負値は取得法人に引き継がれず，その範囲で資本金等の額が多く減少する。このことは，無視されるマイナスのみなし配当を明示して，取得法人の側のプラスの調整額を〈みなし配当－みなし配当＋株式取得価額－分配資産価額〉＝〈株式取得価額－（対応する資本金等の額＋みなし配当）〉，発行法人の側のプラスの調整額を〈分配資産価額＋みなし配当－みなし配当〉＝〈対応する資本金等の額＋みなし配当〉と表現することでより良く理解されよう。

益積立金額が実質的には維持されることと整合的であるとも指摘できる。法税61条の2第16項の適用がある場合，発行法人の下ではみなし配当の額だけ利益積立金額は減少する。だが，取得法人の下で同額だけ利益積立金額が増加するから，発行法人と取得法人とを併せてみれば，結局のところ利益積立金額に変化はないのである。さらに，会計においては留保利益の額が必ずしも維持されないことも踏まえれば[46]，利益の資本組入れの場合に資本金等の額を増加させずに維持されること（法税令8条1項13号）と類似の処理が行われるとみることもできるように思われる。

　したがって，IBM事件に法税61条の2第16項の適用があったとしても，その実質は，株式取得譲渡損失の否認でなく，その繰延べに過ぎないと言うべきであろう。なぜなら，IBM AP社は確かに株式譲渡損失を認識できないが，同社の資本金等の額がほとんど同じ額だけ減少することとなり，同社による自己株式取得等を通じてほぼ同額の株式譲渡損失を同社の法人株主に生じさせ得るようになっているからである。もちろん，株式譲渡損失の繰延べというやり方と課税ベース浸食の危険への対処とはおよそ相いれないというわけではなく，対応する株式譲渡利益の発生の時点まで繰り延べるのは合理的であるかもしれない。しかし，法税61条の2第16項によって達成されるのは，完全支配関係がない場合での自己株式取得等が行われるまでの繰延べであって，その時点において課税ベース浸食の危険が消滅しているとは限らないのである。

46）　会計上は，株式譲渡損益がそのまま計上されるから—たとえば，親会社が子会社を吸収合併する場合には，親会社持分相当額と抱合せ株式の帳簿価額との差額が特別損益に計上される。企業会計基準委員会「企業結合会計基準及び事業分離等会計基準に関する適用指針」（2014年11月18日最終更新）66-69頁（特に，第206項）参照—，取得後に発行法人（子会社）の下で生じた利益は取得法人（親会社）によって認識されるが，取得前に生じた利益は認識されない。具体的な処理としては，同204-206頁（設例20）を参照。

第3節　アメリカ法

(1) 判例法

　アメリカの連邦所得税においても，法人間配当は非課税ないし軽減課税となっており（I.R.C. §243），法人株主には，個人株主とは逆に[47]，株式譲渡利益（大抵の場合はキャピタルゲイン）を配当へと転換するインセンティブが生じる。そして，この構造の下で非正常配当が課税上も尊重されるか，あるいは否認されるかが争われてきたが，IBM 事件のように尊重されたものもあれば，逆に否認されたものもある。以下では，非正常配当が否認された *Waterman* 判決[48]と *Basic* 判決[49]を紹介した後に，非正常配当が課税上尊重された *TSN* 判決[50]と *Litton* 判決[51]を紹介する[52]。

1. *Waterman* 判決

　Waterman Steamship Corporation（以下，Waterman 社）は，蒸気船事業者であり，その子会社と共に連結申告書の提出を行っていた[53]。Waterman

---

47) アメリカ法における配当からキャピタルゲインへの転換（ベイルアウト）への対処の紹介と検討としては，渡辺徹也「みなし配当課税と租税回避」同『企業取引と租税回避』（中央経済社，2002年）209頁（初出，1996年）参照。
48) Waterman Steamship Corp. v. Commissioner, 430 F.2d 1185 (5th Cir. 1970), *rev'g* 50 T.C. 650 (1968).
49) Basic Inc. v. United States, 549 F.2d 740 (Cl. Ct. 1977).
50) TSN Liquidating Corp. v. United States, 624 F.2d 1328 (5th Cir. 1980).
51) Litton Indus. v. Commissioner, 89 T.C. 1086 (1987).
52) これらは，著名なケースブックである Andrews & Feld が完全子会社による非正常配当の否認が問題となった事案として紹介しているものである。*See* William D. Andrews & Alan L. Feld, FEDERAL INCOME TAXATION ON CORPORATE TRANSACTIONS, at 336-345 (3rd Ed., 1994).
53) 以下の事案の概要は *Waterman*, 430 F.2d at 1186-1190 をまとめたものである。なお，本事案の取引などにおける当事者の Waterman 社と訴訟当事者の Waterman 社とは異なっており—前者は Alabama 州法人，後者は New York 州法人であり，1965年に後者が前者を吸収合併して権利義務を承継している。*See Waterman*, 50 T.C. at 651—，いずれに対して課税処分が行われたのかなど不明な点もあるが，本章の目的においては両社を区別する実益はないので，両社を同一として扱うこととした。

社は，McLean Trucking Company（以下，Trucking 社）の社長であった Malcolm P. McLean（以下，McLean 氏）から，完全子会社の Pan-Atlantic Steamship Corporation（以下，Pan-Atlantic 社）と Gulf Florida Terminal Company（以下，Gulf 社）の発行済株式のすべてを350万ドルで取得する旨のオファーを受けたが，臨時取締役会はこのオファーを拒否した上で，対案を McLean 氏に送付することを決議した。その対案は，Pan-Atlantic 社と Gulf 社が合計280万ドルの配当を Waterman 社に行った後に，Waterman 社がそれらの発行済株式のすべてを70万ドルで売却する，というものである。McLean 氏のオファーが拒絶され，対案を送付することとされたのは，Pan-Atlantic 社株式と Gulf 社株式に係る Waterman 社の基準価格は合計で70万180ドルしかなく，オファー通りに売却すると約280万ドルの譲渡利益が発生するが，対案であれば，280万ドルの配当は当時の連結申告規則の下で免税となり，その後の売却でも譲渡利益が生じないはずであったからである。

その後，Waterman 社の執行役員と McLean 氏の代理人との間で対案について数か月にわたる交渉がなされた結果，次のような取引が考案され，実際に実行された。

まず，Pan-Atlantic 社と Gulf 社を取得するために McLean Securities Corporation（以下，Securities 社）が Trucking 社の下に設立され，同社は，Securities 社株式をその株主（McLean 氏とその兄妹）に按分的に分配した。また，分配と同時に，McLean 氏は保有する Trucking 社株式を信託した。これらは，ある運送業者の支配者が別の運送業者を支配する場合には ICC（Interstate Commerce Commission，州際通商委員会）の認可が必要となるが，Trucking 社株式の支配権と同社の業務を取得直前に受託者に移転すれば，McLean 氏は同社を支配していないこととなり，ICC の認可が不要となるとの考えに基づくものである。

次に，Pan-Atlantic 社の取締役会が279万9820ドルの配当を，同額の約束手形を振り出して宣言した。約束手形を振り出すこととしたのは，その額の配当を支払うに足る現金を Pan-Atlantic 社が有していなかったからである。

最後に，Securities 社は，同社と McLean 氏が取得後に279万9820ドルを

Pan-Atlantic 社に貸し付けることを前提に，Waterman 社から Pan-Atlantic 社株，及び Gulf 社株のすべてを70万180ドルで取得した。その後，Pan-Atlantic 社は，Securities 社と McLean 氏から合計で279万9820ドルを借り入れ，上記約束手形を支払うための小切手を発行した。

そして，Waterman 社は，連結所得税申告書において，受領した279万9820ドルを Pan-Atlantic 社からの配当であったとして所得から消去し，また，Pan-Atlantic 社株，及び Gulf 社株の売却代金を70万180ドルであったと申告した。しかし，内国歳入庁長官は，Waterman 社に対し，279万9820ドルの長期キャピタルゲインが実現したとして，不足税額決定を行った。そこで，Waterman 社は，当該決定の再決定を求めて租税裁判所に提訴した。

租税裁判所は，279万9820ドルを非課税の法人間配当であったと判決したが，第5巡回区控訴裁判所は，「問題の配当と売却は一の取引なのであって，約束手形は株式を売却するための，あらかじめ決められた総合的なプランの中の一時的な段階（transitory step）に過ぎなかった。実質において，Pan-Atlantic 社は Waterman 社に対して配当を宣言したことも，支払ったこともなく，Waterman 社に購入代金を支払うための単なる導管として行動したに過ぎなかった」と判示し[54]，判決を覆した。

控訴裁判所は，「当事者間の取引の，連邦所得税を適用するにあたっての法的性格が決め手であり，その性格は事実の問題ではなく法の問題である」との理由から，「配当が宣言された時点で，実質において Waterman 社は形式と実質の両面において問題の株式の所有者であったという租税裁判所の認定により，実質において配当が宣言されたか否かが決されることはない」と判示するが，こうした判断の根拠とされているのが，「課税の結果は，取引の順序や形式ではなく経済的実質に基づかなければならない」という *Gregory* 判決[55]の原則である[56]。

---

54) *Waterman*, 430 F.2d at 1192.
55) Gregory v. Helvering, 293 U.S. 465 (1935). *Gregory* 判決やその意義については，たとえば，岡村忠生「グレゴリー判決再考」『税務大学校論叢40周年記念論文集』(2009年) 83頁参照。
56) *Waterman*, 430 F.2d at 1192-1195.

このように経済的実質を問題にすることは，第2節（2）でみた IBM 事件の第一審との類似点と言える。しかし，*Waterman* 判決で経済的実質が問われたのは，取引全体でなくその一部の非正常配当である。すなわち，子会社の売却という取引そのものではなく，子会社を売却し，その対価を回収する手段として配当の支払いというかたちを採ることに税負担軽減以外の意味があったか否かが問われ，それが否定されたのである。

もっとも，控訴裁判所が Pan-Atlantic 社から Waterman 社への配当について経済的実質を欠くとした判断には不明瞭なところが多い。著名なケースブックである Andrews & Feld では，(a) 事業目的（business purpose）を欠くことが問題とされた可能性，(b) 経済的に正当性のない取引の段階（step）を挿入したに過ぎないことが問題とされた可能性，(c) 買主の支払いの一部を配当と性格付けするためだけの虚偽（sham）であることが問題とされた可能性，の三つが提示されているところ[57]，経済的実質性の欠如を断言する前に「一時的な段階（transitory step）に過ぎなかった」という (b) に係る判示があるのは先に見た通りである。だが，問題の配当を無視すべき段階と評価するにあたり，控訴裁判所は，子会社株式の売却を基準として採用した根拠を明示しなかった。Andrews & Feld は，McLean 氏からのオファーが350万ドルでの子会社株式の売却だった事実に依拠したものと推測しつつ，その判断が *Gregory* 判決，あるいは，*Court Holding* 判決[58] の適用であったかを問いかけているが[59]，控訴裁判所はこれらの連邦最高裁判決について，取引段階の判断との関係では言及しておらず，正当化の可能性を指摘するに留まる[60]。

---

57) Andrews & Feld, *supra* note 52, at 342-343.
58) Commissioner v. Court Holding Co., 324 U.S. 331 (1945).
59) Andrews & Feld, *supra* note 52, at 343.
60) 控訴裁判所は，*Gregory* 判決が法人組織再編成（corporate reorganization）以外の分野にも適用される旨の判例法としてしか *Court Holding* 判決を引用していないが（*Waterman*, 430 F.2d at 1193），どちらかと言えば，*Court Holding* 判決の適用と考えた方が良いように思われる。*Court Holding* 事件は，保有資産の売却について保有者たる法人と買主との間で交渉が行われ，口頭での合意が成立した後に，このままでは法人税が課税されてしまうことに気づき，急遽，契約締結前に法人の清算とそれに伴う清算分配が実施されたが，資産譲渡は，当初の通り，法人と買主との間で行われたとされた

162　第3章　税法上の配当概念の現代的課題

　これに対し，(a) については，ICC の認可の必要性を避ける上では株式譲渡とするだけでよかったはずであり，配当を差し挟む必要はなかったという具体的な判示があり[61]，また，(c) についても，問題の分配が Waterman 社に支払われる前提で McLean 氏によって賄われたものだったにもかかわらず，実質を付与しようと，Pan-Atlantic 社が Waterman 社宛の約束手形を発行したことを論難する判示がある[62]。しかし，どのような場合であれば経済的実質があるとされるのか—法人間配当としての取扱いを受けるために必要とされる事業目的とは結局何か，法人間配当というのは虚偽であるという評価の決定的要素は配当に係る支払いを実質的に行ったのが買主（McLean 氏）であったという点にあるのか否か—という点については，手がかりが殆ど示されていない。

　なお，控訴裁判所は，判決を締めくくる前に，*Waterman* の事案において非課税配当を認めてしまうことの危険性を指摘する。この指摘は，非正常配当の否認の必要性や妥当性を考える上で有益であろうから，やや長いが以下に引用しよう（注などを一部省略。また，下線，脚注は引用者が付加)[63]。

　　本事案の取引から歳入法典1502条の非課税配当が生じることを認めるなら，租税回避の機会の新たな地平を開くこととなろう。完全子会社を有する法人は，売却前の E&P の取出しを通じて，キャピタルゲインを難なく回避できることとなる。歳入法典1502条の下で制定されている財務省規則は，関係グループ内のメンバーが別のメンバーから受け取った「配当分配」を所得から消去することを認める[64]。しかしながら，売却前の引出しは，継続的な法人と株主との関係という文脈で実施される E&P の分配という，配当の概念と衝突する[65]。また，回避の可能性はそこで止まるものではなく，仮に裁判所が問題の

　　事案であるからである。
61)　*Waterman*, 430 F.2d at 1194.
62)　*Waterman*, 430 F.2d at 1194-1195.
63)　*Waterman*, 430 F.2d at 1195-1196.
64)　Treas. Reg. §1.1502-31A (b) (1) (i), (2) (ii), *as contained* in the 26 CFR edition revised as of April 1, 1996. これらの規定は1966年1月1日前の課税年度に適用されたものである。
65)　この一文の判示にあたり，裁判所は Borris I. Bittker & James S. Eustice, FEDERAL

取引についての Waterman 社の見解を受け入れなければないとすれば，法人が別の法人を時価で購入し，その新たな子会社の E&P を法人間配当の形で受け取った上でその子会社を売却し，そして，その売却に係る損失を主張できることとなろう。この点において，親会社による子会社株式の完全な譲渡の直前の子会社の配当の宣言は，配当の効果なしに，E&P を引き出す以外には何等の事業目的のない中身のない仕掛け（device）であるように思われる。このことは，完全な売却がなければ配当が支払われなかったと－本事案において租税裁判所が考えたように－考えられる理由がある時に，特に当てはまる。

　上記判示中の下線箇所は，IBM 事件で問題となった事柄に極めて近いものであり，このことは，同事件と類似の状況が，アメリカ連邦所得税では *Waterman* 判決によって規律され得ることを強く示唆する。もっとも，*Waterman* 判決の内容がそうした租税回避への対処として適切なものであったかのか否かは別問題であろうから，この点について後に改めて検討することとしたい。

2．*Basic* 判決

　Basic Inc.（以下，Basic 社）は，主に耐火性素材を製造する製造業者である[66]。Basic 社は，1963年5月に，優先株式を対価に用いて，炭素素材から成る加工装置の製造・販売を手掛ける Falls Industries Inc.（以下，Falls 社）を取得し，自らの完全子会社とした後，1964年1月1日付けで，Falls 社の保有に係る二つの工場のうちの一つ（とその資産）を新たに設立した Basic Carbon Inc.（以下，Carbon 社）に移転し，その対価として Carbon 社の発行済株式のすべてを（Falls 社が）取得する組織再編を行った。しかし，Basic 社には，耐火性素材の事業と炭素素材の事業とを共に拡張する程の資金がないことが判明したため，Basic 社は Carborundum Company of Niagara Falls（以下，Carborundum 社）との間で，炭素素材の事業の売却交渉を行う

INCOME TAXATION OF CORPORATIONS AND SHAREHOLDERS, at 148（2nd Ed., 1966）を引用している。
[66]　以下の事案の概要は，*Basic*, 549 F.2d at 741-743 をまとめたものである。

こととし，売却価格を393万5,000ドルとすること，Carborundum 社が Basic 社から Carbon 社への貸付金100万ドルの返済を保証することで暫定合意が成立した。

そこで，Carborundum 社は当初，Falls 社と Carbon 社との全資産を取得することを提案したが，課税上の考慮などを理由に Basic 社が売却価格の上乗せを主張したため，主たる関心は資産取得にあったものの，Falls 社と Carbon 社との発行済株式のすべてを Basic 社から取得することを再度提案した。これに対し，Basic 社はその課税結果を検討し，満足できるものと判断した。なお，Carborundum 社は自社にとって最善と見て後者の提案を行ったのであって，Basic 社に課税利益を与える意図で行ったのではない，と認定されている。

その後，Carborundum 社は Basic 社に対し，Falls 社と Carbon 社との発行済株式のすべてを393万5000ドルで取得することなどを回答期限を付した上で正式に提案し，Falls 社の取締役会は期限の3日前に，Carbon 社の発行済株式のすべてを Basic 社に配当することを決議し，その譲渡は同日中に完了した。その翌日，Basic 社の取締役会は Carborundum 社の提案の受け入れを承認し，その提案に従って1964年内に売却は完了した。

Basic 社は，1964年の連邦所得税申告において，Carbon 社株を受領した結果，50万1869ドル76セントの配当収入があったと申告し，その額の85パーセントの受取配当控除を主張した。また，Falls 社株式と Carbon 社株式の売却については，231万217ドル52セントの長期キャピタルゲインが申告された。しかし，内国歳入庁は，長期キャピタルゲインを50万1869ドル76セント増額する一方，同じ額だけ配当収入を減額する決定を行った[67]。これに対し，Basic 社は不足税額を納付した上で，長期キャピタルゲインの増額と配当収入の減額に由来する8万7827ドル22セントの還付を請求したが，拒否されたため，請求裁判所に提訴した。

---

67) Falls 社から Basic 社への Carbon 社株式の移転が否認され，Falls 社株式を393万5000ドルで売却したものと扱われたのだと思われるが，課税処分の理由の詳細は判決文に示されていない。

請求裁判所は，合衆国政府の課税処分が適法であったとして，Basic 社の還付請求を棄却した。請求裁判所は「原告が Falls 社から Basic 社への Carbon 社株式の譲渡に係る，当該譲渡の課税結果以外の理由を示さなかった」ことを理由に，当該譲渡は配当ではなく，「Carborundum 社への事業譲渡から生ずると予想されたキャピタルゲインの一部を回避させた譲渡であったと考えなければならない」と判示している[68]。

　この判決でも，*Gregory* 判決由来の実質主義（substance-over-form doctrine）が根拠であるとされており，その点は *Waterman* 判決と同じであるが，Carbon 社株式取得の相手方を Basic 社とすることは，Carborundum 社それ自体の要望でもあったと認定されたために，事業目的の欠如の認定はより精緻化しているように見える。すなわち，Basic 社は，Carborundum 社の要請に応えようとすれば，Falls 社から Basic 社への Carbon 社株式の移転（配当）が必要であったのであり，それゆえ，当該移転には正当な事業目的（valid business purpose）があり，課税結果を目的とした自己取引であるとは言えない，と主張した。譲渡法人（Waterman 社）の要望に端を発するものだった *Waterman* のスキームと比べ，この事件の法人間配当の否認がより難しいものであったことに疑問の余地はない[69]。

　しかし，請求裁判所は，「Falls 社の事業上の利益は，同社株主の Basic 社のものとは別なのであるから，Basic 社に対してのみ有効な説明，すなわち，Carborundum 社が望んだのであるから問題の取引は必要であった，という説明は成り立たない。そのような説明で十分なのだとすると，一連の行為の末端に位置し，いずれにせよ正当性を有する取引と，ごくわずかであるとしても一応は繋がってはいることを示すだけで，あらゆる中間的な譲渡に

---

68) *Basic*, 549 F.2d at 749.
69) 実際，請求裁判所は最初の提案が Basic 社の課税上の考慮で潰れたことを指摘しつつも，「Basic 社が自身に有利な課税が予測されることを理由に Carborundum 社のオファーに乗ったのかもしれないという事実は，Basic 社の主張が Basic 社と Carborundum 社との間での直後の譲渡を説明するものである限りにおいて，その主張の価値を減じない。その取引が事業目的を有するものだった，すなわち，事業の売買を行おうとするものであったことは明白であって，税負担最小化の考慮とは無関係であったはずである」と判示する。See *Basic*, 549 F.2d at 745.

ついて『事業目的』を主張できることになってしまうであろう」と判示した上で、Falls 社の取締役会の決議が Carborundum 社の正式な提案日とその期日との間で行われた点を重視し、「Falls 社は、自身を支配する親会社を通じて、親会社が独自の意図で決定した売却に係る財産を移転させられた。その移転は、Basic 社が Falls 社株式という自身の財産を売却するにあたって負担することになったはずの租税を軽減するものだったのである」と結論付けている[70]。要するに、問題の株式の移転（配当）に係る事業目的は、親会社である Basic 社の見地からだけでなく、Falls 社の見地からも認められる必要があるとされた上で、Carbon 社株式の移転が買収前であったことが Falls 社にとってどのような経済的な意味を持つのかが示されなかったが故に、経済的実質が欠如すると判断されたのである。

このように、Basic 社の完全子会社であったにもかかわらず、請求裁判所は Falls 社の独立主体性を強調したのであるが、その根拠についての判示は見当たらない[71]。Falls 社が Basic 社の完全子会社であったのは、約 1 年半というごく短い期間だけであり、株主への分配が配当に当たることを基礎づける E&P も、その殆どが Basic 社による取得前に留保されたものと推測されるから、そうした事実と独立主体性の認識とを関連付けることは可能であろう。だが、Basic 判決中には、そのような関連付けを窺わせる要素はなく、可能性の一つにとどまることに留意すべきである。

3．TSN 判決

Texas State Network Inc.（以下、TSN 社)[72] は、保険会社である Community Life Insurance Company（以下、CLIC 社）の発行済株式の90パーセントを保

---

70) *Basic*, 549 F.2d at 745-746.
71) 請求裁判所は、*Cumberland* 判決との区別に関連して「本事案では、法人である Falls 社とその株主である Basic 社との区別に関する問題は生じていない」と判示するだけである。See *Basic*, 549 F.2d at 748。問題とならない理由についての判示は見当たらない。
72) 同社は問題の取引後の1972年に資産の売却と解散を行い、TSN Liquidating Corporation へと名称を変更している。See TSN Liquidating Corp. v. United States, 1977 U.S. Dist. LEXIS 13317, 3 (N.D. Tex. 1977).

有していたところ[73]，1969年頭から，Union Mutual Life Insurance Company（以下，Union Mutual 社）が CLIC 社を取得する交渉が両社の間で開始された[74]。1969年5月には，TSN 社などの CLIC 社株主は，Union Mutual 社との間で，CLIC 社株式のすべてを売却する株式購入契約を締結したが，同契約には，一定の株式を除く CLIC 社の事業・資産について重大な事態の変更（material adverse change）を加えない旨が規定されていた。Union Mutual 社が取得を望まない不要資産の大半は店頭取引銘柄の株式である。もっとも，不用資産を単に処分してしまうと幾つかの州でライセンスが取得できないこととなってしまうため，Union Mutual 社は，CLIC 社の取得後に，債券を出資することとされていた。

1969年5月19日に，CLIC 社の取締役会は株主購入契約での合意を満たすため，不要資産を現物配当として株主に交付した。同月20日には，Union Mutual 社が CLIC 社株式のほぼすべてを，82万ドル3822ドルで取得し，うち74万7436ドルが TSN 社に支払われた。さらに，Union Mutual 社は，それと同時に CLIC 社に対して112万ドルの州債券と82万4598ドルを出資した。

TSN 社は，1969年7月31日に終了する年度の所得税申告において，CLIC 社から受け取った資産を配当として申告し，85パーセント受取配当控除を主張した。しかし，内国歳入庁は，CLIC 社から TSN 社に分配された資産について，TSN 社から Union Mutual 社への CLIC 社株式の売却の一体部分（integral part）として取り扱うべきであったとして，当該資産の時価評価額167万7082ドルを株式売却代金に加算した。これに対し，TSN 社は不足税額を納付した上で還付を請求し，その後に訴訟を地区裁判所に提起した。

地区裁判所では，TSN 社が配当と主張するものは Union Mutual 社が CLIC 社に支払った購入価格の一部とするつもりのものであったものだと判

---

73) CLIC 社は，元々，Pyrometer Company of America, Inc.（以下，Pyrometer 社）が1964年にその発行済株式のすべてを購入して子会社としたものであり，1969年に Pyrometer 社（その当時の名称は，Community Management Services, Inc.）が TSN 社に吸収合併されたことにより，CLIC 社は TSN 社の子会社となった。See TSN, 1977 U.S. Dist. LEXIS 13317 at 3.
74) 以下の事案の概要は，特に断らない限り，TSN, 624 F.2d at 1329-1330 のまとめである。

断され，請求は棄却されたが，第 5 巡回区控訴裁判所は，地区裁判所の判決を覆し，差し戻した。

　TSN 社は，控訴審において「ある法人から，当該法人の株式の売却が予定される中，配当によって取り除かれた資産は，当該資産が売却株主の下に保持され，その後に買主に譲渡されないことが信用できる時には，経済的実体，及び，実質において，売却株主が除かれた資産を売却株主が売却することも，買主が購入したり，または支払いをしたりすることはなかったのであるから，配当として課税され，譲渡された株式について支払われた対価の一部とされない」ということが確立したルールであると主張し，控訴裁判所はこれを認めた[75]。

　さらに，控訴裁判所は，本事案に *Waterman* 判決または *Basic* 判決が適用されることもないと判示する。すなわち，TSN 社は配当と引換えに Union Mutual 社から債券を受け取っており，合衆国政府はこの点に着目して *Waterman* 判決の適用を主張したが，控訴裁判所は，株式取得前に分配された資産と著しく異なる資産を取得後に注入する場合への *Waterman* 判決の適用を否定し，これを退ける[76]。この判示を前提とする限り，*Waterman* 判決の適用範囲は相当に狭くなるものと考えられるが，*Waterman* の法人間配当が虚偽（sham）とされた根拠が何であったのかを，控訴裁判所は明らかにしておらず，どの程度まで適用範囲が狭められたのか——本事案と異なり，不用資産の殆どが流動性の高い上場株式等であったところに，債券や現金を注入した場合などに適用可能性があるのか，など——はなお不明確なままであると言える。

　Basic 判決については，TSN 社などの株主による分配資産の保持という違いを指摘すると共に，同判決が Falls 社の観点から事業目的の判断を行ったことについて，「実質を形式に勝るものとし，かつ，取引は一部でなく全体で観察するという立場を採りつつ，それと同時に，複数の者による取引に関わった内の一人の者に過ぎない者の事業目的を，（その者が納税者によって支

---

75)　*TSN*, 624 F.2d at 1331.
76)　*TSN*, 624 F.2d at 1333-1335.

配された法人であり、しかも、それ自身は売却取引の当事者でない場合であるにもかかわらず）取引全体についての全体にわたる事業目的と区別して観察すると述べることは、矛盾するように思われる」と疑問を呈した上で、不用資産の分配が Union Mutual 社の要望であったことを重視し、本事案における事業目的の欠如の根拠にならないと結論づけている[77]。もっとも、Basic の法人間配当（と Basic 社が主張した取引）と本事案のそれとを区別するにあたり、控訴裁判所は Basic 判決とは異なる態様で事業目的を要求した、と断言することには疑問の余地があろう[78]。本事案においては CLIC 社の財務内容が大きく変化しただけでなく、そうした変更は、一時的とはいえ不用資産を間接的に保持することと、事前に不要資産が処分されることとの間に、Union Mutual 社にとって経済的な相違が全くなかったという例外的な場合——前者と後者との間では不用資産に係る値下がりリスクの有無が異なるので、相違なしと言える状況は相当に限定されるように思われる——を除けば、不用資産の事前処分（法人間配当）の実施なくしてあり得なかったとの評価が妥当するはずであり[79]、Basic 判決に従って、CLIC 社から TNS 社への資産譲渡という取引について、当事者である CLIC 社の事業目的を問うという問題設定であっても、やはり事業目的があると判断された可能性は十分にあると考えられるからである。

4．*Litton* 判決

　Litton Industries, Inc.（以下、Litton 社）は、その子会社と共に、産業機械

---

77) *TSN*, 624 F.2d at 1335-1336.
78) *But see* Diane McCarron, The Obsolescence of the Waterman Steamship Doctrine, 24 New Eng. L. Rev. 653, 666-669 (1989). これは *TSN* 判決の事業目的の要求の態様を Basic 判決のものと異なると理解するものである。
79) 実際、Basic 判決には「Falls 社から Basic 社への株式移転は偶然の出来事であった。その取引全体が、付随するリスクや最終結果をいささかも変更させることなく、逆の順序でも遂行され得た規定の結論であったのである」との判示がある。*See Basic*, 549 F.2d at 746. この判示からは、買収前に Falls 社が Basic 社に分配するか、買収後に Carborundum 社に分配するかの間の経済的相違の欠如——前者と後者との間には、Carbon 社株の間接保有が一時的に生じるか否かの違いしかない——を請求裁判所が重視していたことが窺える。

などを製造・販売する事業者であるが，1967年10月に，冷凍食品などを製造・販売する事業者で，上場企業であったStouffer Corporation（以下，Stouffer社）の発行済株式のすべてを取得した。しかし，Litton社では1972年の初頭から，Stouffer社の売却が議論されるようになり，同年9月には，Stouffer社売却を検討している旨が公表された。また，売却検討の公表前の同年8月に，Stouffer社は，Litton社宛の約束手形による3000万ドルの配当を宣言した。その後，Litton社は，1億500万ドルでの取得を提案してきたNestle Alimentana S. A. Corp.（以下，Nestle社）に対してStouffer社株式をすべて売却することとし，1973年3月にNestle社は，同株式の対価として7496万2518ドルを，約束手形について3000万ドルを，それぞれLitton社に支払った。

本事案の争点は，1973年7月29日に終了する課税年度について，内国歳入庁長官がLitton社に対して行った不足税額決定の適法性であり，より具体的には，Stouffer社からLitton社への3000万ドルがNestle社への株式譲渡の譲渡収入を構成し，キャピタルゲインを増加させるのか，それともLitton社が主張するように配当にあたるか―この場合，Litton社は85パーセントの受取配当控除を主張できる―，である。租税裁判所は，「問題の取引は形式と実質とが一致しており，課税のみを理由に遂行されたものではなく，Litton社が構築したように認識されなければならない」と判示し，譲渡収入ではなく配当であると結論づけた[80]。

租税裁判所は，*Waterman*と区別されるべきとしたが，その際に重視したのは，法人間配当が実施された段階の相違である。すなわち，本事案では配当宣言の時点では，Stouffer社の売却に向けた正式な行動はとられておらず，同社売却の公表さえ行われていなかったが，その点に着目して，租税裁判所は「本事案では，配当の宣言と株式の売却とが時間面において実質的に分離していた点において，そうした異なる取引が殆ど同時に起きた*Waterman*とは異なる」と判示する。また，Stouffer社株式の売却が，配当

---

80) *Litton*, 89 T.C. at 1100.

金を回収する唯一の手段であったのだから，配当と株式譲渡とは「互いにしっかりと結びついていた（inextricably tied together）」とする被告の主張に対し，租税裁判所は，Stouffer 社の株式公開や借入れを通じて回収する可能性があったことを指摘し，これを退けている[81]。

租税裁判所は，本事案の法人間配当に事業目的があったとも判示しているが，これは Stouffer 社の株式公開が計画されていたことを前提とする認定である[82]。したがって，*Waterman* とこの事件とを区別する本質的な要素は，売却相手が具体的に決まった段階で実施された法人間配当であったか（*Waterman* の場合），そうでなかったか（*Litton* の場合），であると考えられる。

（2）判例法の意義と限界

以上のように，*Waterman* 判決以下の4つの判例では，非正常配当が *Gregory* 判決由来の実質主義によって否認できるか否かが問われた。しかし，それらの結論は同じでなく，ある非正常配当が否認される一方で，別のそれは尊重される状況となっている。そのような結論の相違はどのような要因に基づくのか。また，そのような結論は妥当と評価されるものなのか，そうでないのか。この（2）では，それぞれの事案の特徴，結果，判決内容の整理を通じて，以上の疑問の答えを探ってみることとしたい。

次の表は，4つの判例を（A）結論（否認されたか否か），（B）分配資産（どのような資産を子会社が分配したか），（C）分配後の態様（分配資産を受け取った後に現金化したか，保持したか），（D）時間間隔（法人間配当と株式譲渡との間にはどの程度の時間間隔が存在したか），（E）子会社（元々，親会社と同じ関係グループ（affiliated group）（I.R.C. §243 (b) (2), §1504 (a)）に属していたのか，取得によって同じ関係グループに加入したのか），（F）E&P 発生（配当としての取扱いを基礎づけた E&P は関係グループ内で生じたものか，そうでないか）についてまとめたものである。以下では，この表を参照しつつ，判例法の特徴などについて指摘を行うこととしたい。

---

81) *Litton*, 89 T.C. at 1097-1098.
82) *Litton*, 89 T.C. at 1100.

	Waterman	Basic	TSN	Litton
(A)	否認	否認	否認されず	否認されず
(B)	約束手形	子会社株式	投資有価証券	約束手形
(C)	直後に現金化 (by 取得者)	直後に現金化 (by 取得者)	保持	後に現金化 (by 取得者)
(D)	直前	数日前	数日前	数か月前
(E)	不明	1年前	5年前	5年前
(F)	グループ内	グループ外	グループ外	グループ外

　最初に指摘すべきであるのは，否認が認められた Waterman と Basic との間で，問題の法人間配当の性格が株主にとって大きく異なるものだった点であろう。

　なるほど，問題となった法人間配当の外形的特徴については，Waterman と Basic との間であまり相違がない。Waterman の法人間配当は，株主宛の約束手形を株式譲渡直前に分配したものであって，しかも，株式譲渡直後に当該約束手形が（買収を行った）Securities 社と McLean 氏によって支払われた。この態様が株式譲渡の対価としての現金支払いに極めて近いことに疑問の余地はないと言える。また，Basic の法人間配当についても，分配資産が Waterman とは異なり，株式譲渡までの時間は Waterman と比べて若干伸びているが，分配直後に取得者に譲渡して現金化された点では同じである。

　しかし，法人間配当を行った子会社に目を向けると，Waterman と Basic との間には明確な違いが存在する。

　Basic における Falls 社は，Basic 社が優先株式を用いて取得した子会社であり，その取得から後の売却までの時間間隔も1年程度であったから，配当としての取扱いを基礎づけた E&P は，取得の前に，グループ外で生じたものが殆どであったと推測される。これに対し，Waterman の Pan-Atlantic 社・Gulf 社については，外から取得したという事情は判決文中になく，インサイド・ベイシス（純資産基準価格）がアウトサイド・ベイシス（株式基準

価格）を大幅に超過していた事実も踏まえると[83]，E&P もグループ内で生じたものであったと推測される。

また，*Waterman* における2つの子会社は Waterman 社と共に連結申告を行ってもいたのであり，連結申告を行う関係グループ内の資産譲渡が課税機会でないとされていたこと[84]を踏まえれば，そうした子会社の株式譲渡について，自ら保有する資産の（まとまった）譲渡——この場合，売却価格とインサイド・ベイシスとが一致していたため，譲渡利益は生じない——と課税を異にする意義は乏しかった。他方，*Basic* については，Basic 社は（Falls 社と Carbon 社の）資産の現金取得という当初のオファーを課税上の理由から拒絶しているから，子会社株式譲渡と資産譲渡とで同様の課税を行うべきという要請が *Basic* のような取得した法人を直ぐに再譲渡する場合にも働くとしても，その要請から株式譲渡利益への課税を控えるべきとの立論を行うことは困難であろう。

以上をまとめると，*Waterman* と *Basic* は，株式譲渡利益への課税を取引の工夫により回避しようとした点では同じであるが，前者において回避が問題となった課税の正当性は後者のそれと比較して相当に弱かったと言える。

第2に，*Waterman* と *Litton* との比較，及び，*TSN* と *Litton* との比較からは，非正常配当の否認の機能不全が窺われる。

Waterman と *Litton* とを比較すると，前者よりも後者において株式譲渡利益課税の回避の性格が弱いことは否定し難い。*Litton* では，Stouffer 社の売却方法として当初，同社の株式公開が検討されており，その場合には株式譲渡と同時に約束手形について全額が支払われることはなく，約束手形の負担の分だけ売却代金が少なくなっていたであろうと考えられるからである。

また，*TSN* 及び *Litton* の法人間配当について裁判所が経済的実質性を認

---

83) Pan-Atlantic 社については，インサイド・ベイシスとアウトサイド・ベイシスがそれぞれ391万3346ドルと57万6180ドルであり，Gulf 社については，それぞれ27万9199ドルと12万4000ドルであった。See Waterman .Steamship Corp. v. Commissioner, 50 T.C. 650, 657 (1968).
84) Former Reg. 75, Arts. 31 (a), 38 (c) (1929); Former Treas. Reg. § 1.1502-31A (b) (1) (i), §1.1502-38A (b). See also Andrew J. Dubroff & John Broadbent, Consolidated Returns: Evolving Single and Separate Entity Theme, 72 Taxes 743, 763-764 (1994).

めたことそれ自体も，正当なものと言うべきであるように思われる。*TSN* の法人間配当は，それがなければ Union Mutual 社による取得がなかったという意味において，取得前に行われる必然性があったと考えられるし，*Litton* の法人間配当についても，株式公開による子会社売却を前提とすれば，直ちに法人資産を流出させない一方，Litton 社が手にする配当額を他の株主が生ずる前に確定させた点で課税以外の経済的意義があったと考えられるからである。

だが，先ほど同様に法人間配当を行った子会社に目を向けると，*TSN* や *Litton* よりも *Waterman* の方が法人間配当としての取扱いを認めるべき要請は強かったのではないかとの疑問が生じる。

TSN や *Litton* の法人間配当が，それ自体に独自の経済的意義があり，株式譲渡と区別されるべきものであったことは先に見た通りである。だが，いずれの法人間配当についても，1964年の改正により，適格配当（qualifying dividends）に係る100パーセントの受取配当控除（I.R.C. §243 (a) (3)）が認められるようになった[85]後のものであるにもかかわらず，いずれの部分についても85パーセントの受取配当控除（I.R.C. §243 (a) (1)）しか主張されていない。このことは，*TSN* や *Litton* において配当としての取扱いを基礎づけた E&P がグループ外で留保されたものであったこと，すなわち，株主にとっての問題の法人間配当の性格は，むしろ *Basic* のそれに近いものだったことを示唆する。

そして，非正常配当の否認が認められず，課税上尊重された *TSN* や *Litton* が，取引の経済的実態としては *Waterman* よりも *Basic* にむしろ近いものであったという事実は，*Waterman* 判決で指摘された租税回避——非正常配当を利用した株式譲渡損失の創出——[86]に対する実質主義の有効性に深

---

85) Revenue Act of 1964, §214, 78 Stat. 19, 52-55 (1964).
86) 前掲注（63）に対応する本文を参照。なお，*Waterman* 判決が懸念した株式譲渡損失の創出への懸念に対しては，譲渡側において株式譲渡益課税が行われていることを見過ごしており，適切でないとの批判がある。*See* James H. Ditkoff, Intercorporate Dividends and Legitimate Tax Avoidance, 4 J. Corp. Tax'n 5, 17 (1977). これは第2章第2節などで検討した二重課税排除論をアメリカ法においても展開しようとしたものと理解できよう。

刻な疑義を生じさせるものと言える。なぜなら，非課税となる法人間配当を基礎づけた E&P が関係グループ外で留保されたものであればあるほど，当該 E&P がその基因となった株式の基準価格に反映済である可能性は高いはずであって，非正常配当を株式譲渡に係る売却代金として取り扱う要請がむしろ高かったのではないかと考えられるからである。

　Waterman 判決に端を発するこれら 4 つの判例は，いずれもキャピタルゲイン課税を追加的に実施することの適否が争われたものであって，株式キャピタルロスの創出の適否を争ったものではないから，後者の場合には実質主義の適用のあり方が異なる可能性は考えられる。しかしながら，*Waterman* 判決が実質主義による否認を租税回避への対処の必要性から根拠付けていたことも踏まえると，その場合であっても *TSN* 判決，*Litton* 判決が判例法として機能し[87]，その否認が認められない可能性も十分に存在すると言うべきであろう。

（3）E&P への着目

　アメリカ法では，非正常配当である法人間配当が実質主義により否認されることがあり，その端緒となった *Waterman* 判決では租税回避への対処策の側面も指摘された。だが，先の第 3 節（2）での検討からは，その内実が否認すべきでないものを否認する一方，否認すべきものを否認しないものであった可能性が示された。この局面での実質主義が問題とするのは，株式譲渡直前の非正常配当という取引が株式譲渡と区別可能であるか否かであって，その取引が課税の見地から配当とされるべきものであるかは問われていないからである。

　もちろん，*Waterman* 判決では，課税の見地から配当とみるべきでないものを配当と取り扱ってしまうことの弊害が意識されてはいる。だが，そのような視点からの検討はその後の 3 つの判例で行われることはなかった。このことからは，裁判所は何が課税上の弊害をもたらすかを適切に認識できてお

---

87)　たとえば，その後に非正常配当の否認を認めた *Thor* 判決において，*Litton* 判決が尊重されている。*See* Thor Energy Resources and Subsidiaries v. Commissioner, 70 TCM 1057 (1995).

らず,出発の時点から問題を抱えていたと言えるように思われる。すなわち,*Waterman* は,「継続的な法人と株主との関係」を解消する際の株式キャピタルゲインであっても,関係グループ内で生じた E&P に対応する限り課税しないことが要請される[88]。連結申告に関わる事案であるが,それにもかかわらず,そうした要請についての判示がないのである。また,*Waterman* 判決は,同事件当時において,非正常配当を通じた租税回避への対処が全く欠如していたかのような内容であるが,実際には,その当時の連結申告規則においても,株式キャピタルロスの控除を否認するかたちでの対処規定が存在したのである[89]。

そして,上記の株式キャピタルロス控除の否認は E&P の発生時期—関係グループへの加入前,加入以後のいずれであるのか—に着目して行われるものとなっていた[90]。こうした背景を踏まえると,*Waterman* 判決は配当を基礎づけた E&P にもっと目を向けるべきであったように思われるのである。

無論,1966年連結財務省規則の制定に伴って1966年1月1日以降に開始する連結年度中の分配には適用されないこととなったから,上記の株式キャピタルロスの控除否認ルールは過去のものではある[91]。同規則では連結子会社

---

[88] 後述するように,*Waterman* の当時に適用があった連結申告規則では投資調整が設けられておらず,利益を留保させたまま連結子会社株式を譲渡すると株式キャピタルゲインへの課税が実施されることとなっていたが,Andrew W. Mellon 財務長官(当時)は,その理由として,増額調整を通じて解消すべきと主張される二重課税が株式譲渡前の配当によって治癒可能なものであること,及び,増額調整を行う場合には実際の配当時の調整が要求される結果,ルールが不必要に複雑化することを挙げる。*See* Andrew W. Mellon, Consolidated Returns Regulations, 7 Nat'l Income Tax Mag 105, 105-106 (1929).

[89] Former Reg. 75, Art. 36 (a) (1929). この条項では「株式…の売却その他の譲渡による損失のうち,分配法人が関係グループのメンバーとなった日より前に留保された E&P の関係グループに所属する期間の分配に帰せられる部分については…控除が認められないものとする」と規定されていた。*See also* former Treas. Reg. §1.1502-36A (a).

[90] 当時の連結申告規則のルールへの批判も見られるが,それは株式キャピタルロスの控除否認という手法の問題を指摘するもの—具体的にはグループ加入前の E&P の消去を主張するもの—であって,E&P への着目自体は正当であるとする。*See* Notes, The Affiliated Group as a Tax Entity, 78 Harv. L. Rev. 1415, 1423-1424 (1965).

[91] Former Treas. Reg. §1.1502-15 (b), 31 Fed. Reg. 16694, 16695 (1966).

のE&Pの増減に応じて連結子会社株式の基準価格も増減させる投資調整 (investment adjustment) が導入され[92]，分配（配当）を機会に連結子会社株式の基準価格を減額させる途が開かれたため[93]，株式キャピタルロスの控除を否認するというやり方は適切でなくなったのだろう。しかし，この投資調整のルールにおいても，配当を理由とする減額の範囲を確定する目的でどのような状況でE&Pが生じたのかは問題にされ続けた。

すなわち，その当時の分配に起因する負の基準価格の調整はあらゆる分配について実施すべきものではなく，その対象は，(a) 1965年12月31日より後に始まる連結申告年度に留保されたE&Pからの分配と (b) 当該連結子会社の関係発生前諸年度 (pre-affiliation years)[94] に留保されたE&Pからの分配[95]とに限定されていた。それゆえ，E&Pが存在する場合の分配であっても（1）関係グループへの加入後ではあるが，未だ単体申告を行っている間の課税年度に留保されたE&Pが払い出されている場合や，（2）1965年12

---

92) 投資調整に関する貴重な邦語の先行研究には，酒井貴子「連結税制における投資調整と投資損失否認ルールの取扱い」同『法人課税における租税属性の研究』（成文堂，2011年）133頁，141-163頁（初出，2007年）がある。

93) 1966年連結申告規則の前でも，連結子会社株式の基準価格を調整するルールが存在していたが，そのルールは，連結グループからの離脱を生じさせる株式譲渡の際に，連結申告を行ったことで「利用される (availed of)」こととなった損失の額に限定されていた。See Former Reg. 75, Art. 35 (c) (2) (1929); Treas. Reg. §1.1502-34A. グループ加入前のE&Pの分配について負の基準価格調整ではなく，当該分配に起因するキャピタルロスの控除を否認することとされた理由を説明した文献は見当たらないが，その理由にも応用し得る説明を，当時の基準価格調整が負の調整に限定されていたことについて行う近時の見解がある。See Andrew J. Dubroffl & John Broadbent, Consolidated Returns: Evolving Single and Separate Entity Themes, 72 Taxes 743, 757 (1994). この見解によると，当時あったのは連結申告による「課税利益の取戻し (recapture of tax benefits)」のルールであって，連結子会社の課税所得は（損失とは異なり），連結申告を行っても連結親会社に課税利益をもたらさないために調整の対象外とされたと説明される。この説明によれば，加入前E&Pの分配に伴う（株式キャピタルロスの創出，控除という）課税利益が株式基準価格の調整の対象外とされたことも，連結申告外でも法人間配当はその当時非課税であって，当該利益は連結申告由来のものでないため，と言えるように思われる。

94) Former Treas. Reg. §1.1502-32 (d) (9), 31 Fed. Reg. at 16699. この条項によると，子会社の「関係発生前諸年度」という用語は，当該子会社がメンバーでなかった日がある課税年度を意味する。

95) Former Treas. Reg. §1.1502-32 (b) (2) (iii), 31 Fed. Reg. at 16698.

月31日以前に開始した連結申告年度に留保されたE&Pが払い出されている場合には,株式基準価格は減額されなかった。これらに対し,(3)1965年12月31日より後に始まる連結申告年度に留保されたE&Pの分配では株式基準価格を減額しなければならず,また,(4)関係発生前諸年度に留保されたE&Pの分配については,当該関係発生前諸年度の開始が1965年12月31日以前であったとしても,同様に株式基準価格が減額された。

1966年連結申告規則の投資調整は正の基準価格調整—株式基準価格の増加—をその年の当期E&Pに基づいて行うものだった[96]。それゆえ,(1)及び(2)が減額処理の対象外であるのは,払い出されたE&Pが株式基準価格の増額に用いられていないためであったと考えられる。そして,(3)の場合に株式基準価格が減額されるのは,過去において正の基準価格調整に使用されており,減額しなければ二重に課税上の利益を与える結果となってしまうためと言えるだろう。

他方,(4)のE&Pは(1)や(2)のE&Pと同様に正の基準価格調整に用いられていないはずだから,(4)の場合の減額処理は課税利益の二重化の排除では説明できない。しかし,(4)のE&Pも,連結申告に関する著名な実務書のDubroffが言うように,「子会社株式の取得費(cost basis)に反映されていると考えられる」から[97],その点では(3)のE&Pと同じである。また,この状況は,Waterman判決が懸念した,「法人が別の法人を時価で購入し,その新たな子会社のE&Pを法人間配当の形で受け取った上でその子会社を売却し,そして,その売却に係る損失を主張〔する〕」という租税回避の条件そのものであるし,正の基準価格調整に用いられていないにもかかわらず減額の対象とする(4)の条件は,1966年改正前の連結申告規則による株式キャピタルロス控除の制限と変わらない。

したがって,(4)の場合に投資調整の下で負の基準価格調整を行うことは,従来の規制の発展とみることができ,これこそがWaterman判決にお

---

96) Former Treas. Reg. §1.1502-32 (b) (2) (i), 31 Fed. Reg. at 16698.
97) Andrew J. Dubroff, Jerred G. Blanchard Jr., Marc A. Countryman, and Steven B. Teplinsky, FEDERAL INCOME TAXATION OF CORPORATIONS FILING CONSOLIDATED RETURNS, at §51.02 [3] (2009).

いて採用されるべきアプローチであったと言うべきかもしれない。従来の手法では，株式キャピタルロスが生じて初めて規制するものであったから，関係発生前に留保した E&P の分配が株式キャピタルゲインを減少させるだけの場合には規制されえず，*Waterman* で使用可能なものではなかった。これに対し，1966年規則で採用された上記手法によれば，株式基準価格それ自体が調整され，株式譲渡損失が生じない程度の非経済的損失の創出も規制の対象となるのである。

　このような規制は，（4）の配当で株式基準価格を減額すべき理由が投資調整と無関係のものであることを踏まえると，連結申告の場合だけでなく，単体申告の場合にも同様に行われるべきとも考えられるが，実際の単体申告の場合の規制である I.R.C. §1059 の内容は連結申告のそれと全く同じではない。すなわち，同条項が求める具体的な処理は，配当の非課税部分（I.R.C. §1059 (b)）について，まず株式基準価格を減額し，超過部分は株式譲渡利益とするというもので（I.R.C. §1059 (a)），上記規制の処理とよく似てはいるが[98]，適用条件は異なる。この条項が適用されるのは，原則として，基因となった株式の基準価格の一定割合以上の額の配当―以下，1059条配当という―であり（I.R.C. §1059 (c)）[99]，さらに基因となった株式の保有期間が配当の時点で2年以内である場合において，上記の処理が要求されるのである。

　もっとも，どのような E&P を払い出す配当であるのかが全く無視されるわけではなく，1059条配当の該当性の阻却の有無や適用除外の判断の局面においては，E&P が着目される。すなわち，関係グループ内で生じた E&P の分配は，単体申告の場合には，100パーセント受取配当控除の対象となる

---

98) まず株式基準価格を減額し，残額は株式譲渡利益とする処理は，原資の回収の処理そのものであるから（I.R.C. §301 (c) (2), (3)），このような1059条配当のルールの趣旨は，配当とされた分配のうち一定のものを原資の回収に引き戻すことにあると言えるかもしれない。実際，1984年改正の立法資料には，この処理の理由として「株式の取得が〔当該株式に対して行われるであろう分配の権利と，当該株式そのものという〕二つの資産の取得である場合にあっては，法人株主について課税されない分配の価値を反映するよう当該株式の基準価格を減額することが適切であると，上院歳入委員会は結論する」という説明がある。*See* S. Prt. No. 169 Vol. 1, 98th Cong., 2d Sess. 172（1984）.
99) 配当に関する優先がある株式についての割合は5パーセント，それ以外の株式についての割合は10パーセントとされている。

適格配当とされるが，これは1059条配当に含まれない（I.R.C. §1059 (e) (2)）。また，グループ外の法人からの配当のうち，当該法人の株式を当該法人の設立時から保有し続けてきた場合で，かつ，別の法人のE&Pを引き継いでいない場合のものは，1059条配当に該当したとしても，株式基準価格の減額などの処理が適用除外とされるのである（I.R.C. §1059 (d) (6)）。

しかしながら，E&Pの発生時期が関係グループ加入前か，以後か，という属性と，当該E&Pが株式基準価格に反映されているか，いないか，という事実とは常に連動するものではなく，この属性に依拠した判断でも過不足は避けられない。たとえば，グループ外の法人取得がB型組織再編成を通じて行われる場合の株式基準価格は旧株主から引き継いだものであるから，グループ加入前のE&Pは未反映である蓋然性が高い。それにもかかわらず，グループ加入前のE&Pからの配当であることに着目して株式基準価格を減額すると，株式譲渡利益が創出されることになるだろう。逆に，加入後に生じたE&Pであっても株式基準価格に反映済みということも十分にあり得る。グループ加入後のE&Pであっても，加入時点で発生済みの保有資産の含み益が実現，認識されたものである可能性があるからである[100]。

そして，投資調整の減額調整については，1994年の連結財務省規則の大改訂にあたり，対応するE&Pの発生時期にかかわらず，グループ内のすべての分配を対象に行うよう改められた。この変更の理由として，最終財務省規則の前文では，E&Pの算定と課税所得の算定との間の乖離が大きくなったこと—これは，投資調整をE&PではなくM所得額などに基づいて直接行うようになった直接の理由であったとされる—だけでなく，加入後に生じたE&Pであっても株式基準価格に反映済みである可能性が指摘されている。また，同前文は，加入以後に生じたE&Pを連結申告開始前に自発的に分配することで，当該E&Pについての株式基準価格の減額が回避できることも，正当化事由として挙げる。

要するに，新たな連結申告規則では，制度設計上の前提が納税者による自

---

100) T.D. 8560, 59 Fed. Reg. 41666, 41669 (1994).

律的な調整に変わっているのである。このようなルールのあり方は，納税者の経済状況に関する納税者と課税庁との間での情報の非対称性も踏まえれば，あり得る一つの方向性ではあるだろうが，不注意な納税者にとってのトラップとなることが懸念されるし，投資調整があって初めて採用可能な方針であることに注意する必要があろう。

第4節　日本法への示唆と課題

　IBM 事件は，非正常配当を通じて株式譲渡損失が創出，控除され，その結果，課税ベースが浸食される事態に日本の法人税が極めて脆弱性であることが顕わになった事件と言える[101]。また，この脆弱性は，平成22年の改正によって解決済みと言えるものではない。法税23条3項は，自己株式取得が当初予定された通りに実施されない限り適用されない蓋然性が高いものであるし，法税61条の2第16項も，その実質は株式譲渡損失を課税ベース浸食の危険と無関係に繰り延べるに過ぎないものであるからである。

　法税132条1項による否認も第一審に引続き，控訴審でも否定され，上告審においても裁判所が認める可能性は小さい。だが，仮に上告審において否認が認められたとしても，それが上記の脆弱性の改善に十分に役に立つかは疑問である。IBM 事件の株式譲渡損失が課税ベース浸食の危険性を有すると考えられるのは，IBM APH 社が日本 IBM 社の完全親会社であるという状態を維持したまま，株式譲渡損失が計上されたが故である。したがって，法税132条1項の否認によって脆弱性を十分に封じるには，何らかの組織変更を伴って，非正常配当や株式譲渡がそれぞれ別々に行われる場合にも同様

---

[101]　前掲注（86）で触れたように，株式譲渡損失の創出はインテグレーションの見地から正当化される余地があるが，その正当化には株式譲渡利益への課税が要請される。したがって，この正当化を支持する場合であっても，WT 社が株式譲渡利益への課税を日本だけでなく，アメリカにおいても受けない中で，IBM APH 社による株式譲渡損失の創出を許してしまった点について，日本の法人税には脆弱性があると言わざるを得ない。なお，このような意味で（日本の法人税の）脆弱性を理解していることが窺われるものとして，「検証・IBM 裁判〔第4回（最終回）〕」週刊 T&Amaster 559号17頁，20-21頁（2014年）（朝長英樹発言）参照。

に適用可能でなければならないと考えられる。

　だが，第3節の *Waterman* などの検討から明らかになったように，アメリカ連邦所得税における非正常配当の否認の余地は，驚くほど狭かった。これは，非正常配当の経済的実質性が容易に満たし得るとされた結果のものであるが，非正常配当が事業組織の変更に頻繁に登場することや，適切な分配政策や事業資金の適切な配分方法が企業ごとに大きく異なるはずであることを踏まえれば，経済的実質が殆ど否定できないのは当然というべきかもしれない。また，同様の指摘が株式譲渡についても妥当するように思われる。

　したがって，非正常配当を否認するための新たな立法的措置は必須と言えるだろう。問題は，そのような新たな立法措置が，どのような形で，どのような内容で行われるべきか，という点にある。

　アメリカ連邦所得税において，経済的実質主義が非正常配当の否認について華々しい成果を上げてきたとはおよそ言い難いことを踏まえれば，この文脈における一般的否認規定の充実が不適切であるのは言うまでもない。そこで，何らかの個別的否認を導入すべきということとなろうが，従来主張されてきたのは，配当以外の分配であってもそれが比例的に実施される場合においては，その全てを配当とさせるという処方箋である[102]。

　この取扱いは，自己株式の比例的な取得に代表される比例的分配と配当との間に経済的な相違を認め難いという事実に着目したものであり，アメリカ連邦所得税においては，その黎明期に採用され，それ以降一貫して維持されてきた（I.R.C. §302 (d)）。これによると，比例的な自己株式取得などにあっては，株式譲渡対価などの分配額が，対応する資本金等の額を上回るか否かと無関係に全て配当とみなされ，株式譲渡損益を計算する機会が失われる結果，株式譲渡損失の計上が阻止されることとなる。

　もっとも，こうした比例的分配のルールのみで，非正常配当への備えが万全であるとは言えないであろう。非経済的な株式譲渡損失の課税利益を享受するためには，非正常配当（と受取配当益金不算入）を通じて非経済的なマ

---

[102] たとえば，渡辺徹也「自己株式に関する課税問題」金子宏＝中里実＝J・マーク・ラムザイヤー編『租税法と市場』（有斐閣，2014年）392頁，398-402頁参照。

イナスの増加益を生み出すだけではなく，株式譲渡損益の計算を引き起こす必要があるのであって，後者の機会の適正化が日本の法人税にとって好ましい変更であることは論を俟たない。だが，株式譲渡損益の計上の機会が適正化された場合でも，非正常配当を通じた非経済的なマイナスの増加益の創出自体は可能であり，その後に適正な株式譲渡損益の計上の機会を経ることで，その享受は可能となる。問題の本質は，原資の回収であるにもかかわらず，それが非課税の配当として扱われてしまうところにあるのであり，そのような非正常配当を原資の回収へと引き戻し，株式帳簿価額の減額を要求するかたちでの否認も併せて導入すべきと考えられるのである。

　実質は原資の回収である配当の否認，すなわち，原資の回収への引直しを日本法において行うことについては，差し当たり2つの課題を指摘できる。1つは，そのような引直しの対象とする配当をどの様に特定するのかという技術的な問題であり，いま1つは，実質は原資であってもなお配当としての取扱いを認める領域を設けるべきか否かという原理的な問題である。

　これらのうち，前者の技術上の問題については，分配された利益の発生時期を基準とすることが有望であると言えるように思われる。もちろん，連邦所得税においてもE&Pの発生時期が唯一の基準ではなく，1059条配当については，基因となる株式の保有期間と金額の大きさとがまず参照されるのであるが，これらの基準のみで対象を適切に絞り込むことは困難であろう。1059条配当に当たらなくなる場合の保有期間が短すぎたり，金額が大きすぎたりすれば容易に回避されるだろうし，逆に長すぎたり，小さすぎたりすると，真正な配当の場合でも株式帳簿価額が減額される事態が頻繁に生じてしまうだろうからである[103]。これに対し，E&Pの発生時期は保有期間や金額と比べて操作が難しいであろうから，実質が原資である場合をより良く特定できると考えられる。1994年の連結申告（最終）規則の前文が指摘するように，分配されたE&Pの発生が関係グループ加入の前であるか，以後である

---

[103] 一定の取引類型から生じた配当については，金額の大きさや基因となった株式の保有期間にかかわらず，1059条配当であるとして原資の回収の取扱いを実施すべきものとされているが（I.R.C. §1059（e）（1）），このことは，保有期間や金額への着目のみで適切な特定を行うことが困難であることの証左であるように思われる。

かは，その経済的実質が原資の回収か，配当かを常に正しく分類するわけではないものの，それなりの精度での特定が可能であることも，また確かであろう。

しかしながら，第1章第3節，第4節で見たように，日本の所得税・法人税における配当は，必ずしも，利益積立金額が現に存在し，それが払い出されたものと言いきれる概念ではない。配当の収入とみるか，それとも株式譲渡収入などとみるか，ということと，配当としての取扱いを貫徹するか，それとも株式取得価額を同時に減額するか，ということとは一応別個の問題のはずであって，前者の区分は利益積立金額に基づかずに行うが，後者の区分にあたっては利益積立金額の発生時期を参照する，という可能性はあり得るだろうが，不自然であることは否めない。これに対し，利益積立金額が現に存在する限りで配当の収入とするよう，配当の概念の転換を図った上で，払い出された（とみる）利益積立金額の発生時期から実質的な原資の回収を特定することは自然であろうが，その途は容易なものではないだろう。この場合には，対応する資本金等の額の部分については配当としないという一応の切り分けは不可能となり，原資の回収を利益積立金額の残額が存在する場合でも原資の回収とする余地はあるべきか，あるとすれば，それはどのような場合であるのか[104]という難問に答えなければいけないからである。

また，後者の原理的な問題について，連邦所得税を参照する限りでは，消極と答えるべきこととなろうが，第2章で見たように，インテグレーションの見地からは，株式譲渡損失の創出も正当化され得る。そして，連邦所得税と日本の所得税・法人税とはインテグレーションの面で異なるから，およそ株式譲渡損失の創出を否定的に評価するのは，この相違に起因するものかもしれない。

要するに，これら2つの課題は，日本の所得税・法人税の全体像と関わると言える。そこで，以下の本書の締めくくりにおいては，第1章からの知見

---

[104] 岡村・前掲注（42）373-375頁は，対応する利益積立金額が十分に存在するが，法人への投資が一部または全部終了するために，株式譲渡損益としての課税を行うべき場合をどのように特定するのかが困難な課題として浮上すると指摘する。

も踏まえ，日本の所得税・法人税の全体像のモデルを示しつつ，これらの課題の答えを素描することを試みることとしたい。

結　語

　日本の所得税・法人税の配当の概念は，清算課税説に基づいて説明しきれるものではなく，配当益説に基づかない限り説明が困難な部分もある。だが，そのような部分を包括的所得概念に反するものと即断して専ら否定的に見ることは適切でない。なぜなら，第1章第5節や第6節で見たように，個々の株主に着目する限り，過去の増加益を把握したものとは言えず，それ自体が所得であると理解する他がない配当であっても，集団としての株主に着目し，法人からそのような株主集団へと法人の利益が初めて移転したという側面に注目すれば，過去の増加益の把握として理解することも可能であるし，さらに，配当だけでなく，株式譲渡損失も後に認識することも踏まえれば，結局，所得のないところに所得を把握したとは言い難いからである。また，第2章第2節でみたように，個々の株主でなく，集団としての株主に着目して配当を認識させ，その結果，株式譲渡損失を作り出して控除させることには，個々の株主の増加益が配当でなく，株式譲渡利益として認識される場合にも二重課税排除措置の恩恵を実質的に与えることを可能にする側面が認められた。増加益が株式譲渡利益として実現するか，配当として実現するかにかかわらず，等しい税負担を達成することは包括的所得概念と親和的なものであって，個々の株主に着目した際に配当や株式譲渡損失が創出される点のみに注目してそれを否定的に見ることは，枝葉末節のみにとらわれて大局を見失った議論との評価を免れ得ないものと思われる。

　さらに，第2章第3節，第4節で見たように，配当と株式譲渡損失の創出を容認し，配当控除などの課税利益の移転を可能にすることは，シャウプ勧告のインテグレーションと整合的であり，その考案者と目されるVickreyの見解とも合致する。さらに，同種のインテグレーションで，その精緻化とみることができるカーター方式については，これを提唱したカーター報告書

において，これらの創出に対する肯定的な評価が具体例と共に明言されていたことも確認された。個々の株主の増加益と無関係に配当や株式譲渡損失を創出することは，当該株主だけを見る場合にはまぎれもなく所得なき所得課税であるが，視野を広げて全体を見渡すことにより，包括的所得概念により忠実な所得課税に近づける措置としての性格を認めることができるのである。

　もっとも，第2章第4節の後半で確認したように，配当や株式譲渡損失の創出を包括的所得概念に忠実な所得課税に資するものとして正当化するにあたっては，その前提として，株式譲渡所得の完全課税が要求される。この要求については，従来，シャウプ勧告の重要な部分であることはしばしば指摘されても，インテグレーションの必須条件と位置付けられていたことはあまり重視されてこなかったように思われるが，Vickreyの著作をみると，むしろ，株主の増加益は株式譲渡所得への完全課税を通じて課税すべきとの発想がみられた。

　こうした株式譲渡所得への完全課税の要求や重視は，個々の株主の増加益と無関係に配当や株式譲渡損失を創出する趣旨が，増加益を株式譲渡所得として実現し，認識した株主に対して二重課税排除措置を間接的に与えようとする趣旨のものであったことを踏まえれば当然であろう。株式譲渡所得が一部しか課税されない，あるいは，全く課税されない状況であるにもかかわらず，配当と株式譲渡損失との創出を通じた二重課税排除措置の間接的付与が認められるなら，法人を通じて株主が獲得した利益が過度に軽課される，あるいは全く課税されない結果となってしまう。第3章で見たIBM事件は，この実例であったと言えるが，その適正な対処は配当の取扱いにだけ着目しても見出しがたいと言うべきであろう。法人への投資を通じて株主が得た利益が適切に課税ベースに含まれるかどうかは，株式譲渡所得の課税のあり方，及び，その執行可能性にも大きく依存する問題なのであって，配当の取扱いだけを切り出す検討や議論も木を見て森を見ない類のものとならざるを得ないように思われるからである。

　したがって，包括的所得概念を前提に，どのような形で実現，認識される

としてもなるべく等しい税負担となるのが理想の所得税制であるとの立場を所与としても，その理念から日本の所得税・法人税における配当の概念の評価を，執行可能性などの考慮無しに確定的に下すのは困難であるばかりか，配当の概念のあるべき姿は，それ単体で，一意に決まるものではない，とさえ言える。しかし，所得税・法人税の理想像を，いくつかの類型として整理することは可能であり，その試みは，本書の検討をまとめる上でも，残された検討課題を抽出する上でも有用であろう。そこで，以下では，理想像を，第1類型（個人所得税中心），第2類型（法人所得税中心），第3類型（個人所得税，法人所得税の共存（二重課税は否定）），そして，第4類型（個人所得税，法人所得税の共存（二重課税を肯定））という4類型へと整理し，その上で，今後の課題などに言及することとしたい。

　第1の個人所得税中心の類型は，シャウプ勧告やカーター報告書の立場の徹底を目指すものである。

　この類型では，法人の留保利益の範囲でのみ配当が生じ得る現在の配当概念のあり方は正しいものと評価され，本来の配当にもその内容を及ぼして，より一貫性のある形でその維持に努めるだけでなく，拡充も求められる。すなわち，平成13年改正に際し，旧2項みなし配当が廃止され，日本の所得税・法人税において，株主が配当を得たとされるには，現実の分配が必須となったが，このあり方は，みなし配当としての取扱いが二重課税排除措置の適用の余地を拡げるものという位置付け[1]と相容れない。カーター報告書が提案し，1993年 ALI 研究の提案にも含まれた税法上の擬制配当を，みなし

1）　もっとも，配当収入と株式譲渡収入とは，二重課税排除措置の適用の有無（前者では有り，後者では無し）だけでなく，原資の回収（株式取得価額の控除）の有無（前者では無し，後者では有り）という点でも相違がある。また，二重課税排除措置は，無条件には認められず，法人税を課された後の法人利益との対応が必要とされる。したがって，第1の類型であっても，配当収入より株式譲渡収入の方が課税上有利の局面があり得るのであり，そうした局面における配当収入から株式譲渡収入への転換を防止する必要性が残るとも考えられる。実際，次の第2の類型に属するものではあるが，1992年米国財務省報告書は，その必要性を指摘した。See U.S. Department of The Treasury, INTEGRATION OF THE INDIVIDUAL AND CORPORATE TAX SYSTEMS, at 84-86 (1992). 本書では，この面からの配当概念の検討ができなかったため，今後の課題としたい。

配当の一種として創設し，会社法上，利益の資本組入れを実施するか否かにかかわらず，配当を生じさせられるようにすべきことになろう。

二重課税排除措置については，当然ながら，その拡充が要請される。配当控除は，仮にこれを維持するとすれば，対応する法人税額の税額控除を認めるものとなるようにグロス・アップ処理の導入などを行ってその精緻化，換言すれば，法人税の源泉所得税化を推し進めるべきことになる。受取配当益金不算入も，不算入率を一律100パーセントとした上で，負債利子控除も廃止するべきことになろう。

これに対し，株式譲渡利益については，配当収入と同じ税率での課税が保証されるよう，その課税の強化が要請されるし，その補完を目的とする利益留保の場合の課税措置，たとえば，シャウプ勧告の利子附加税や，個人最高税率での法人税の賦課（個人最高税率での法人段階での源泉徴収の実施）などの導入も必要となる。また，二重課税排除措置を拡充した結果，ある者について株式譲渡利益の非課税を認め，それにもかかわらず，その者からの株式取得者が二重課税排除措置の課税利益を享受することに何らの制限も設けないと，その者が法人を通じて獲得した利益の完全非課税を容認してしまうことに注意を要しよう。

したがって，仮に，非居住者・外国法人たる株主や，公益法人等たる株主であっても，法人を通じて得た利益について法人税率での税負担を負うべきとされるなら，それらの者の株式譲渡利益を配当収入と同じ税率で課税するか，あるいは，その者からの株式取得者が享受できる二重利益排除措置の課税利益を，株式取得以降に生じた法人利益に対応する部分に限定することが必要となろう[2]。

第2の法人所得税中心の類型は，配当非課税や CBIT など，1992年米国財務省報告書が理想としたものである。

この類型でも，第1の類型のときと同様に，現在の配当概念について，そ

---

[2] 第2章第4節（3）で見たように，1993年の ALI 研究の立場は，外国株主に対しても株式譲渡利益を原則として課税すべきだが，未実施の場合には税額控除を認めない，という二本立てある。See Warren, *infra* note 14, at 190-191 (Proposal 10).

の維持，拡張が求められよう。法人所得税中心の第2の類型にあっても，第1の類型と同様，二重課税排除措置の適用を受けるのは，配当を得たとされる株主に限られる[3]。それ故，株主に配当を得させる余地を拡大し，その適用の機会を増やすだけでなく，その課税利益が株式譲渡利益としての課税を受けた株主に間接的に及ぶようにすることが求められるのである。

また，この第2の類型にあっても，株式譲渡利益への課税を確保することの重要性は失われない。もし，株式譲渡利益を全く課税しない一方で，株式取得者が当該利益に対応した株式譲渡損失を控除できるものとすれば，法人所得税の負担が全部又は一部打ち消されることとなるからである[4]。

もっとも，株主の所得に対する適切な課税の確保を法人所得税の任務とする，というのが第2の類型の基本的立場であるから，株式譲渡利益を，対応する法人利益の有無にかかわらず，非課税としてしまう途も考えられなくはない。この場合，保有株式の増加益を株式譲渡利益として認識する株主に対し，二重課税排除措置の課税利益の移転を通じて，これを間接的に付与する必要性が消滅するから，株式譲渡損失の控除も不要となり，株式譲渡所得課税は，これを全く実施しないことが可能となる。さらに，株式譲渡利益が，対応する法人利益の有無にかかわらず非課税であるのなら，その取扱いを配当にまで拡張し，株式の所得を個人所得税の算定上，全く非課税とすることも可能となるだろう[5]。

しかし，法人所得税が実現主義に基づいて実施されると考える限り，この途を第2の類型の理想と位置づけることは困難であろう。株式譲渡利益の無条件の非課税化は，法人所得税の算定上，未実現であるにもかかわらず，法

---

3) 1992年米国財務省報告書は，法人がその課税後利益を留保したまま，株式取得価額の増額する DRIP（Dividend ReInvestment Plan）を提案した。*See* U.S. Department of The Treasury, *supra* note 1, at 87-92. これはその名称から明らかなように，二重課税排除措置の適用の余地を拡大するための配当概念の拡張に外ならない。また，同報告書は，法人の留保利益に対応する範囲で株式譲渡利益を非課税とする可能性を，執行上不可能であるとして排斥している。*See Id.* at 85, 221 n. 22.
4) 1992年米国財務省報告書でもこの危険性は認識された。*See* U.S. Department of The Treasury, *supra* note 1, at 219 n. 4.
5) U.S. Department of The Treasury, *supra* note 1, at 83.

人資産の含み益たる株主の所得を，株主が，これを非課税の株式譲渡利益としてその手に納めること，ひいては，半永久的に所得課税を免れることを可能なものとしてしまうからである[6]。

こうした過剰な課税繰延の危険の排除を，たとえば，ある一定割合の株式の譲渡を契機に法人資産の含み益への課税を実施することとし，法人所得税の側で行なう途もあり得ようが[7]，法人の支配に変化がない場合の課税は困難であろうから[8]，むしろ，一定の条件の下での株式譲渡利益への課税を，廃止せず，維持することとなろう[9]。だが，それに伴う二重課税の排除は相当に困難であって[10]，結局，株式譲渡所得への課税を維持した上で，直接，

---

6) また，David A Weisbach は，課税のタイミングに着目し，所得課税の実施を目指したはずが，実質的には消費課税となってしまうと指摘する。See David A Weisbach, The Irreducible Complexity of Firm-Level Income Taxes: Theory and Doctrine in the Corporate Tax, 60 Tax L. Rev. 215, 224-226 (2006).
7) 1992年米国財務省報告書は，その一例として，80パーセント以上の株式譲渡があった法人について，法人資産の譲渡があったものと擬制する内国歳入法典338条選択の強制化を挙げる。See U.S. Department of The Treasury, *supra* note 1, at 220 n. 11.
8) アメリカ連邦所得税では，GU 原則を廃止した1986年改正以降，法人段階課税が強化されたが，支配の変化が50パーセント未満の場合に課税を行なうものはない。See I.R.C. §355 (e). 法人段階課税強化の代表的提案たる UCLR (Universal Corporate-Level Recoginition) にあっても，その発動要件は50パーセントとされている。See James B. Lewis, A Proposal For a Corporate Level Tax On Major Stock Sale, 37 Tax Notes 1041, 1048 (1987). また，段階取引の問題のため，納税者と課税庁との紛争が激化することも懸念される。岡村忠生「法人清算・取得課税におけるインサイド・ベイシスとアウトサイド・ベイシス」論叢148巻5・6号267頁（2001年）を参照。
9) 1992年米国財務省報告書も，どちらかと言えば，株主段階での対処を好ましいものとする。See U.S. Department of The Treasury, *supra* note 1, at 84. また，有価証券譲渡所得が原則非課税であった昭和63年末改正前の日本の所得税においても，昭和36年改正（昭和36年法律第35号による改正）以降，「土地等を現物出資して株式を取得し，これを売却する方法等により土地等の譲渡所得課税を回避する事例」や「株式に化体した後の土地等の値上がり益は有価証券の譲渡所得として課税されない結果となつている」ことへの対処として，いわゆる事業譲渡類似の場合の有価証券譲渡所得が課税されていた。税制調査会『当面実施すべき税制改正に関する答申（税制調査会第一次答申）及びその審議の内容と経過の説明』（1960年12月）366頁。
10) 1992年米国財務省報告書は，株式譲渡利益の課税があった範囲で，法人資産の基準価格（インサイド・ベイシス）を調整する可能性を示唆するが（U.S. Department of The Treasury, *supra* note 1, at 82, 84），脚注において，公開会社の場合の実施は不可能であろうことを認めている（*Id.* at 219 n. 6）。また，Weisbach は，事業目的のない場合に限って課税することについて，「複雑で，恣意的で，回避が容易なものとなりが

間接に二重課税排除措置を及ぼすべきことになると考えられるのである。

　第1や第2の類型と異なり，第3の類型では，個人所得税と法人所得税との両方に役割が与えられる。これは，Yinが付加税アプローチ（Surtax Approach）と呼ぶものであるが，要するに，第1の類型のように，個人所得税のみで株主の所得に適切な税負担を課そうとするのでも，第2の類型のように，法人所得税のみで行おうするのでもなく，法人所得税と個人所得税とを併せることにより，適切な税負担の達成を目指すというものである[11]。

　具体的には，まず，法人所得税の税率を個人所得税の最低税率と一致させ，最低税率に服する株主にとっての個人所得税の代用とする。そして，より高い税率に服する株主については，配当や株主譲渡利益を得た時点において，最終的な税負担の水準が他の所得と同等となるよう，付加的に個人所得税を課し，最低税率の株主については，これらを非課税とすることにより，法人が存在しない状況下で個人所得税のみが実施された場合と類似した結果を達成しようとするのである[12]。

　この第3の類型の下，個人株主については，配当や株主譲渡利益が同等の税負担を負うべきものとなり，個人株主段階での二重課税排除措置はもはや存在しないこととなる。よって，法人利益が存する限りで配当所得と株式譲渡損失とを創出することは，その必要性が認められなくなるばかりか，株主の所得に対する適切な課税の達成を妨げる要素（超過負担を生じさせかねない要素）として，積極的に廃止が求められることになろう[13]。

　また，個人所得税の算定上，法人所得税の負担の範囲で二重課税排除の課

　　ちである」として，好ましくないと指摘する。See Weisbach, *supra* note 6, at 226.
11)　George K. Yin, Corporate Tax Integration and the Search for the Pragmatic Ideal, 47 Tax L. Rev. 431, 480-481 (1991).
12)　Yin, *supra* note 11, at 482-486.
13)　第1，第2の類型でもそうであったように，原資回収（株式取得価額の控除）の有無の点において，株式譲渡収入と配当収入との間で差異が残るから，一定の株式譲渡収入を配当とみなすことは必要であり続けるかもしれない。だが，現時点の日本の所得税のように，残余財産の分配といった，原資回収を認めて差し支えのない状況下でのみなし配当の意義は失われるのであり，みなし配当の取扱いは，せいぜい，全株主を対象とした按分的な自己株式取得などを通じた配当としての取扱いの回避（いわゆるベイル・アウト）の場合に限るべきであるように思われる。

税利益を与えるべきとの要請が働く第1，第2の類型の場合と異なり[14]，第3の類型では，法人所得税を先に実施し，その後に，その範囲で個人所得税を実施することへの論理的な必然性は見出しがたい[15]。法人からの分配を個人所得税の算定上どのように取り扱うのかを決定する上で，利益積立金額のような課税後の法人利益の数値を参照する必要はないはずであろう[16]。したがって，株式取得価額の控除をそもそも認めるか，認めるとしてどの範囲で認めるかは，受領した株主にとって当該法人への投資の清算が認められるかどうかにより決定されるべきであるように思われる。

他方，法人株主については，課税済みの法人利益に対応する配当や株式譲渡利益への課税を（少なくとも理念上は）未調整のままとすることができない[17]。この課税の未調整は，法人所得税の負担が2回以上生じることを意味し，個人所得税と法人所得税とを併せて適切な税負担となるようにするとい

---

[14] 詳細は第2章参照。また，著名なインテグレーション提案での記述も参照されたい。See also Royal Commision on Taxation, REPORT OF THE ROYAL COMMISSION ON TAXATION Vol. 4, at 676; Alvin C. Warren, FEDERAL INCOME TAX PROJECT, REPORTER'S STUDY OF CORPORATE TAX INTEGRATION, at 102 (Proposal 2) (1993); U.S. Department of The Treasury, *supra* note 1, at 17-20.

[15] もっとも，Andrewsは，アメリカ連邦所得税において，「法人段階で実現した利益こそが株主への所得税の真の対象であるという発想が，曖昧な過去以上のものとなってしまい，E&P要件の適用をある程度，正当化とまではいかないまでも，説明する役割を果たすまでに至っている」と述べる。See William D. Andrews, Out of Its Earnings and Profits Some Reflections on the Taxation of Dividends, 69 Harv. L. Rev. 1403, 1417 (1956). また，渡辺徹也「法人税法における出資と分配」税法学556号151頁，168頁（2006年）も「配当課税回避防止という視点からは，わが国の立法論としても，利益積立金額の範囲に止めておくのが合理的であろう。マイナスの利益積立金額を計上してまで，配当課税すべきではないからである」と述べる。この是非は，さらなる検討を要する論点であると考えるが，本書の範囲を超えるものであるため，今後の課題としたい。

[16] Andrewsは，アメリカ連邦所得税のE&P概念について，「1913年3月1日前に生じた利得の同日以降の分配を非課税にするために存在しているだけのもの」であって，「原資の回収と所得とを区別する道具として上手く機能することはこれまでなかった」と評価する。See Andrews, *supra* note 15, at 1438-1439. また，1993年のALI研究は，このAndrewsの見解に従ってE&P要件の廃止を提唱した。See Warren, *supra* note 14, at 97-98. *But see* U.S. Department of The Treasury, *supra* note 1, at 24.

[17] Yinは，付加税アプローチの下での法人株主のあるべき取扱いについて，特に論じていないが，アメリカ連邦所得税には既に受取配当控除（I.R.C. §243）が存在するから，これにより法人部門内での多段階課税には十分対処できるとの立場にたったものと推測される。

う目標が阻害されるからである。

したがって，法人株主に限ってみると，あるべき配当概念は第1や第2の類型の場合と大差ない可能性が高い。たとえば，日本の現在の法人税と同様に，受取配当益金不算入（法税23条）だけでなく，株式譲渡所得への課税も保持するとすれば，法人利益が存在する範囲で配当を生じるものとし，かつ，会社法の目的などにかかわらず，配当としての取扱いが可能でなければならない。第3の類型にあっては，個人所得税の配当概念と，法人所得税のそれとは大きく異なることとなろう。

最後の第4の類型は，第3の類型の変形である。そのため，あるべき配当概念も第3の類型のそれに類似する。たとえば，個人所得税の配当は，法人からの分配のうち，これを受けた株主にとって，当該法人への投資を清算した対価と認められないものから成るべきであろう。

さらに，株主の所得に対する多段階課税が法人部門内で生じても，基本的にはこれを容認してよいとすれば[18]，法人所得税の配当も原則として個人所得税のそれと同じで良いことになるだろう。また，受取配当益金不算入などの法人部門内での二重課税排除措置も基本的に不要となって廃止することが可能となり[19]，その結果，課税ベースが浸食されないよう株式譲渡利益への課税を確保することが不要となるから，制度が相当に簡素化されると考えら

---

[18] 日本の法人税（昭和15年改正前は第1種所得税）では，大正9年所得税法（大正9年法律第11号）の制定から昭和25年改正前まで，法人間配当に関する調整規定がなく，多段階課税が完全に肯定されていた。なお，大正9年所得税法で受取配当が課税されることになった理由を，「旧法上の会社所得税は純然たる遡源徴収主義に依るものなるを以て，既にその源泉的課税を了したる所得については，その後の課税を絶対に排すべきものと為したるも，改正法上の会社所得課税の主義は，その趣を異にし，必ずしも源泉課税を目的とせず。従て一の会社について課税せられたる所得といえどもその人格を異にする他の会社又は個人に帰属したるときは，再びこれを税するも敢て不合理ならずと謂ふにあるものの如し」と説明するものがある。藤澤弘『会社の経済と納税』（日本租税学会，1921年）192-194頁を参照。

[19] アメリカ連邦所得税制において，投資家として法人が得る受取配当につき，受取配当控除の廃止しようとする提案として，see William D. Andrews, FEDERAL INCOME TAX PROJECT SUBCHAPTER C, PROPOSALS ON CORPORATE ACQUISITIONS AND DISPOSITIONS AND REPORTER'S STUDY ON CORPORATE DISTRIBUTIONS, at 490-491 (Reporter's Proposal R3) (1982).

もっとも，法人部門内での多段階課税が容認される場合でも，あらゆる法人間配当を法人所得税に服させることは，企業組織の形態に対する中立性を害するものとして回避され[20]，1の経済主体とみるべき企業グループ内の法人間配当については，受取配当益金不算入などの二重課税排除が維持されるだろう。この限りで，ある配当について，二重課税排除措置を与えるべきものか，与えるべきでないものか——具体的には，分配された利益がグループ内で発生したものか，それともグループ外で発生したものか——を判定した上で，後者を原資の回収として取り扱うといった対処[21]はなお必要とされる。だが，他の類型の場合と比較して，そうした対処についての執行可能性の欠如はあまり気にしなくて済むように思われる[22]。なぜなら，この場合にあっ

---

[20] 昭和63年末改正に関する税制調査会の答申は，関係法人以外の内国法人からの受取配当の不算入率を引き下げる理由として，「…親子会社間の配当のように，企業支配的な関係に基づくいわば同一企業の内部取引と考えられるものについては仮にこれに課税すると，事業を子会社形態で営むよりも事業部門の拡張や支店の設置等による方が税制上有利となり，法人間の垂直的統合を促すこととなる等，企業の経営形態の選択等に対して法人税性が非中立的な効果を持つという弊害が生じるおそれがある」としつつ，「このような関係を有しない法人の株式は一種の投資物件という性格があり，また，企業の資産選択の実態等を踏まえると，法人が投資対象として保有する株式に係る配当についてまで益金不算入としなくてもよいのではないかと考えられる」という説明を行っている。税制調査会『税制改革についての中間答申』（1988年4月）56-57頁。

[21] アメリカ連邦所得税では，第3章第3節（3）で見たように，法人が受け取る非正常配当（Extraordinary Dividend）の場合に，その基因となった株式の基準価格を減額すべきものとされ，非按分的な株式償還や一部清算たる株式償還から生じた配当は原則として非正常配当とされる。See I.R.C. §1059 (a), (e) (1). 例外の1つは，同じ関連グループ（Affiliated Group）に属する法人から受ける配当として，内国歳入法典243条上の適格配当（Qualifing Dividend）となり，かつ，当該法人が当該グループに加入する前に生じたE&Pないし資産の利得に帰せられることがないものの場合である。See I.R.C. §1059 (e) (2). また，ある法人から受け取る配当のうち，当該法人の設立から当該配当の時点まで継続して保有する株式を基因とするものを非正常配当としない例外ルールもあるが，適格法人（Qualified Corporation）（その設立以来，非正常配当（となり得る配当）を行った法人と同程度以上の株式を保有し続けてきた法人であって，この要件を満たさない法人が保有していた財産に係る増加益に帰せられるべきE&Pを有しない法人）以外の法人から移転を受けた財産またはE&Pに帰せられるべきE&Pが存在しない場合に限定されている。See I.R.C. §1059 (d) (6).

[22] もっとも，連結グループ加入前に生じた未実現譲渡益（ビルトイン・ゲイン）への法人段階課税を，加入後の実現に起因する株式譲渡損失の控除により回避する試み（い

ては、日常的な株式譲渡があり得ず、グループの構成する法人に変動があった場合にのみ着目すればよいはずだからである。

　以上の整理、及び、第3章における考察を踏まえ、日本の所得税・法人税の現状と課題に言及すれば次のようになろう。

　まず、第1に、日本の所得税・法人税の配当概念と、配当控除といった諸制度との間には、明らかな不整合が認められる。

　法人の利益の範囲で配当を創出する必要性は、主として、個人所得税、または法人所得税のいずれかを中核に、株主の所得を一度だけ課税しようとする、第1ないし第2の類型においてのみ認められるものであり、個人所得税と法人所得税との間での調整を不要とする第3、第4の類型にあって、個人株主の下で配当を創出することは、誤った課税を招くものと認識される。また、現在の日本の所得税・法人税を4つの類型のいずれかに当てはめるなら、第4の類型が最も近く、ほかには、上場会社の場合に限り第3の類型の要素がみられるに過ぎず、第1ないし第2の類型には程遠い。それにもかかわらず、日本の所得税・法人税の配当概念は、配当の創出を正面から認めるものであり続けているのである。

　なるほど、昭和28年の改正に際し、所得税の目的において、基因となった株式の増加益の範囲という限定が撤廃され、配当の創出が始まったことは、シャウプ税制が第1の類型に属するものであり、同改正にあっても、配当控除や受取配当益金不算入などの二重課税排除措置が堅持されたことから[23]、

わゆる Sun-of-Mirror 取引）への対処は、ULR（Unified Loss Rule）の下、問題の株式譲渡損失が加入前のビルトイン・ゲインであったかどうかという判定（トレーシング）なしに実施されている。See Treas. Reg. §1.1502-36 (c). このことは二重課税排除を行うべき利益と行うべきでない利益との区別の困難を示すものと思われるが、詳細な検討は今後の課題としたい。なお、ULR 及び Sun-of-Mirror 取引へのアメリカ連邦所得税制上の対処一般については、酒井貴子「サン・オブ・ミラー・トランザクションとLDR」同『法人課税における租税属性の研究』（成文堂、2011年）164頁（初出、2007年）、及び、同「LDRに代わる統一的損失制限ルールの導入」前掲書213頁を参照。

23）　受取配当益金不算入の対象は、「内国法人から利益の配当…の金額のうち命令の定めるところにより計算したその元本たる株式…を所有した期間に相当する部分の金額」と改められたが（法税9条の6第1項（昭和28年法律第174号による改正後のもの））、これは、個人の株式譲渡利益が非課税となったことへの対応であった。当時の解説として、佐藤七郎「改正法人税法の解説」税経通信8巻9号47頁、48-49頁（1953年）を参

その時点では正当性が認められよう。しかし，この措置は，遅くとも，昭和63年12月の改正において，見直されるべきであったように思われる。同改正では，個人株主の株式譲渡利益が原則課税に転換され[24]，さらに，昭和45年の改正による配当控除の縮小を維持したまま，受取配当益金不算入についても，およそ法人部門内での多段階課税を排除しようとするものから，1の経済主体とみることができるグループ内での二重課税の排除を目指すものへと転換されて[25]，第4の類型としての性格が大幅に強化されたからである。

　また，平成13年の改正により，日本の所得税・法人税に共通の配当概念が採用されたことについても，従前の所得税制上のそれと歩調を合わせるかたちで，法人税制上も配当の創出が行われ得るようになった点で，その正当性に疑問が生じる。この改正の理由として，立案担当者は「法人がその活動により稼得した利益を還元したと考えられる部分の金額の有無や多寡は，本来，株主等の株式の帳簿価額とは関係がない」ことを指摘するが[26]，法人がその利益を交付したという事実が，なぜ株主にとって原資の回収に過ぎないという事実に優先するのかが問題なのであるから，説得的とは言い難いし，第2章第4節（3）でみたように，課税ベースの浸食の危険が増すという弊害は見過ごされるべきではない。さらに，そうした優先が正当化される事情，すなわち，株式譲渡利益を課税の対象とすることに起因する株主の所得への二重課税を未調整のまま残存させないようにする要請が強まったとも言い難い。その翌年の平成14年の改正では，法人税の課税ベースの適正化の一環として[27]，受取配当益金不算入が原則50パーセントへとさらに引き下げら

　　照。株式譲渡利益として課税されることのなかった先の株主の増加益について二重課税排除を否定することは，第1の類型においても当然認められることであり，二重課税排除の方針の後退とは評価されないのである。また，みなし配当のうち，残余財産の分配や合併に伴うものは清算所得として課税されるようになったが，その適用税率には配当控除を勘案したものが用いられた。第2章第3節，第4節を参照。
24) 租特37条の10（昭和63年法律109号による改正後のもの）。
25) 前掲注（20）を参照。
26) 中尾睦『改正税法のすべて（平成13年度版）』（大蔵財務協会，2001年）162頁。
27) 税制調査会『平成14年度の税制改正に関する答申』（2001年12月）6頁。法人間配当への課税強化は，税制調査会の法人課税小委員会が，平成8年11月の報告書において，昭和63年末改正時の方針を妥当なものと確認した上で，適正な課税ベースの拡張として

れ，その反面，連結納税制度の導入と共に，連結グループ内の法人間配当について，負債利子控除を伴わない完全な益金不算入が認められることとなり[28]，第4の類型の性格が一層強まったからである[29]。

　第2に，日本の所得税・法人税が第4の類型にとどまり続けると仮定すれば，配当概念の大幅な見直しが必要であると言える。その見直しはどのような内容となるだろうか。

　この問いを考える際に重要であるのは，対応する法人利益の存在する限り，配当，ひいては株式譲渡損失を創出するというシャウプ税制改革以来の発想が，第4の類型にあっては，基本的に不合理で正当化できないものである，ということであろう。この類型にあっては，株主の集団としての適正な税負担を考える必要は，当該集団が分配法人と一体となって1のグループを形成している場合を除き，全くなく，個々の株主について適正な取扱いを考えればよいのである。したがって，その対応としては，たとえば，個人株主を相手方とする剰余金の配当や比例的な自己株式取得からは，法人事業の一部清算として実施されたものでない限り，配当の収入が生じるものとし，それ以外の分配は原資の回収とする，という扱いが考えられる。これは，按分的な分配でもE&Pがなければ配当でなく原資の回収にするという点を除き，アメリカ連邦所得税の取扱いに他ならない。もっとも，原資の回収としての扱いを認めるアメリカ連邦所得税の条件が最も優れているのか，そこに何らかの課題が存在するのかしないのか，は必ずしも明らかではない。利益

　　実施可能であることを指摘していたものであり，平成14年の改正において突如として現れたものではなかった。税制調査会『法人課税小委員会報告』（1996年11月）59-61頁を参照。

28）　法税23条1項（平成14年法律第79号による改正後のもの。以下同じ），2項。

29）　さらに，平成27年の改正では，100パーセントの益金不算入のため（関連法人株式等に該当するため）の株式保有量が3分の1に引き上げられると共に，株式保有量が5パーセント以下の被支配目的株式等に対する受取配当の益金不算入率が20パーセントへと引き下げられた。法税23条1項，6項，7項参照。特に，被支配目的株式等というカテゴリの導入は「支配関係を目的とした株式保有と，資産運用を目的とした株式保有の取扱いを明確に分け〔る〕」という趣旨によるものでもあり（税制調査会『法人税の改革について』（2014年6月27日）5頁），第4の類型の性格がますます高まったものと理解すべきであろう。

積立金額が存在しない場合には原資の回収とする方がよいのかどうか，という点も含めて今後の検討課題としたい。

　他方，法人税については，1の経済主体と言えるグループ内の場合と，それ以外の場合とで，それぞれ独自の配当概念を設けることとし，グループ内の場合については基本的には現在の内容を維持するが，それ以外の場合では，上述のような個人所得税の配当概念と同じとすることが適当であろう。配当を創出してまで二重課税排除措置を適用するのは，株式譲渡利益への課税と法人利益への課税とが併存するのを避ける趣旨のものであるから，株式譲渡利益の非課税による対処もあり得ようが，これもあくまでグループ内の法人の株式が，当該法人の当該グループに残留する範囲内での対処に留まり，グループ外に譲渡される場合の適切な対処は困難であるように思われるからである。

　第3は，IBM事件で顕わになった課税ベース浸食の危険にどのように対処するか，である。

　先に素描した配当の内容は，第4の類型から自然に導かれるものと考えるが，少なくとも現時点の日本の所得税・法人税は第4の類型に綺麗に収まるものではないであろうから，短期的に目指すべきものとは言い難い。だが，いずれの類型に収まるかはっきりしないことを理由に，課税ベース浸食の危険に何らの対処も行わないというのも誤った態度であろう。また，第3章で詳しくみたように，この危険が租税回避の否認という手法で抑止されることは殆ど期待できないし，平成22年の改正による適正化は極めて不十分と言わざるを得ないものであったから，何らかの立法上の規制が必要であるのは明らかであるが，問題はその内容である。

　第3章3節（3）及び第3章4節で確認したように，配当として払い出された法人利益の発生が株式取得の前であるか後であるかに着目することにより，完璧には程遠いものの，それなりの精度で，実質的な原資の回収は特定される。もっとも，日本の所得税・法人税の配当の概念は，法人の利益が集団としての株主に払い出されたという建前に必ずしも沿っていないから，その内容にメスを入れない限り，実質的な原資の回収を特定する際にだけ利益

積立金額に着目するという，不自然で，不恰好な建付けとなってしまう。

　だが，その不自然さは日本の所得税・法人税が4類型のいずれにも当てはまりにくいこと—換言すれば，日本の所得税・法人税の配当の概念が極めて中途半端なものであること—に起因するものである以上，やむを得ないように思われる。差し当たり，アメリカ連邦所得税の非正常配当のルール（I.R.C. §1059）を一定の手直しの上で導入し，その後に，4類型のいずれに進むべきであるのかも意識しつつ，配当の概念を改善していくべきであろう。

　そして，第4に，これまでの配当概念についての分析からすると，平成21年改正により導入された外国子会社配当益金不算入（法税23条の2）について，日本の所得税・法人税の課税ベースが浸食される恐れを指摘できる。

　外国子会社配当益金不算入は，株主の所得への多段階課税を排除しようとするものではなく，国際的二重課税の排除を目指すものであるが，その基本的機能は受取配当益金不算入と変わらない。したがって，前の株主の下で発生し，課税後所得を支払った外国子会社株式の増加益について，これを配当として受け取る際に外国子会社配当益金不算入を主張し，その後に当該株式を譲渡して株式譲渡損失を認識できるとすると，前の株主に対する株式譲渡利益への課税を，日本の所得税・法人税において打ち消すという効果が生じるはずである。

　しかしながら，前の株主が日本の居住者・内国法人である，あるいは，非居住者・外国法人ではあるが日本の所得税・法人税に服した，といったことについての保証はなく，また，当該外国子会社に対する日本の法人税の課税も通常は行われない。それにもかかわらず，外国子会社配当益金不算入の要件とされているのは配当の前6か月以上の25パーセント超の株式保有だけであって（法税令22条の4第1項）[30]，受け取った配当が株式を保有する間に生じた外国子会社の利益と対応していることは要求されていない。このため，

30）　青山慶二「外国子会社配当益金不算入制度の考察」筑波ロー6号99頁，104-105頁（2009年）は，その趣旨を「租税回避への対応上整備されてきた現行間接税額控除の要件をそのままそっくり引き継ぐものであり，間接税額控除との連続性を保障し，国外所得免除方式を拡大・縮小適用する意図がないことを明示したもの」（引用にあたり脚注は省略）と説明する。

上記の試みが成功するとすれば，その限りにおいて日本の法人税の課税ベースが，他の所得について課税した分についてまで浸食されることになると考えられるのである。

この場合の課税ベースの浸食は，アウトバンド投資の機会を利用したものであって，インバウンド投資に係る税負担の軽減の否認が問われているIBM事件と状況は異なるものの，問題の本質は共通する。そして，繰り返しとはなるが，第3章で確認したように，この問題に対する一般的な否認規定による対処は極めて困難である。これらの点を踏まえると，何らかの立法による対処の必要性は極めて高いというべきであろう。

平成22年の改正では，受取配当益金不算入と外国子会社配当益金不算入とに共通の制限として，合併などの組織再編行為の実施が予定された法人の株式を時価で取得し，その後の当該再編の際に反対株主の買取請求を行う節税スキーム—保有株式の自身の増加益はほとんどないにもかかわらず，みなし配当が生じてこれは一部益金不算入となるが，その見合いで生じる株式譲渡損失は全額が損金に算入されるため，課税所得が圧縮されることとなる—の防止規定が設けられた（法税23条3項，23条の2第2項)[31]。しかし，この防止規定が外国子会社配当益金不算入の文脈で機能するものであるかどうかは明らかでなく[32]，たとえば，予定された取引が通常の配当と株式譲渡とである場合に適用することは文理上不可能であろう。IBM事件のように本国での課税の可能性は残されてはおり，課税繰延とみることも出来る場合とは異なり，課税ベースが完全に浸食されてしまい得る点で，対処の必要性はより高いと思えるところであり，配当だけでなく，株式譲渡損益も非課税とすることで対処できないか[33]，といった点について，さらなる検討を行っていきた

---

[31] 法税23条3項の趣旨をこのように説明するものとして，たとえば，岡村忠生＝渡辺徹也＝髙橋祐介『ベーシック税法〔第7版〕』（有斐閣，2013年）188頁（渡辺徹也執筆）を参照。

[32] なお，第3章第2節（3）では，IBM事件で行われたような自己株式取得への適用は困難であろうと論じた。

[33] 外国子会社配当益金不算入は，経済産業省の下に設置された国際租税小委員会の提言に基づき導入されたが，その報告書は，「その他所得（キャピタルゲイン）については，一義的には配当と同一という性質を有するが，キャピタルロスとの関係，租税回避

い。

　配当概念について言及すべきところは以上であるが，本書を終えるにあたり，第1の類型の理想像に関連したさらなる研究の必要性も指摘しておきたい。

　すなわち，シャウプ勧告のインテグレーションは，その生みの親と目されるVickreyにとって次善に過ぎなかったが，パートナーシップ方式による完全統合も理想とはされていない。Vickreyが理想の地位を与えたのは，現実の収入があった場合に課税することとし，そのような課税のあり方（実現主義）に伴う課税のタイミングの問題を，一生涯での平均課税（包括的平均課税）によって解決する方策であった。

　Vickreyの包括的平均課税については，1990年代に入って，Alan J. Auerbachが，事前（ex ante）の視点の面で，包括的平均課税と同じメリット（保有期間中立性）を持ちつつ，より少ない情報で実施できる遡及的キャピタルゲイン課税（Retrospective Capital Gain Taxation）を提唱し[34]，さらにその改善として，所得税型キャッシュ・フロー課税（Generalized Cash-flow Taxation）が，David F. Bradfordと共に提唱された[35]。また，こうした事前の視点に着目した措置について，事後（ex post）の視点を重視してきたこれまでの所得課税のあり方と整合しないのではないか，との問題意識から，その改善を目指す研究も登場している[36]。

　こうしたその後の展開を，Vickreyの包括的平均課税の詳細な検討を出発点に[37]，同課税の目標との関連に着目して，整理，検討した研究は未だ登場

　　等の懸念や所得算定の困難性を含めた実務面での煩雑さ，株式を売却するまでは課税が繰り延べされること等を鑑みれば，今回は対象外とするべきではないか」と述べる。国際租税小委員会「我が国企業の海外利益の資金還流について〜海外子会社からの配当についての益金不算入制度の導入に向けて〜」3頁（2008年8月）を参照。
34)　Alan J. Auerbach, Retrospective Capital Gains Taxation, 81 Am. Eco. Rev. 167 (1991).
35)　Alan J. Auerbach & David F. Bradford, Generalized Cash Flow Taxation, 88 Journal of Public Economics 957 (2004).
36)　神山弘行「租税法における年度帰属の理論と法的構造（5・完）」法協129巻3号587頁，603-623頁（2012年）。
37)　Vickreyは，包括的平均課税の具体的な実施例を数式による証明を付した上で説明

していないようである。しかし，Vickreyの包括的平均課税が，包括的所得概念に基づく課税を目指したシャウプ勧告のインテグレーションの理想像とみるべきものであることを考えると，この研究を進めることは，包括的所得概念に基づく所得課税の意味をより深く検討する上で，必須のもののように思われる。本書の対象を超えるものではあるが，本書著者の長期的課題として取り組んでいくこととしたい。

している。*See* William Vickrey, AGENDA FOR PROGRESSIVE TAXATION, at 417-427 (1947).

事項索引

【ア行】

IBM 事件　　*1, 131, 181, 200, 202*
アウトサイド・ベイシス　　*64, 95*　→　「インサイド・ベイシス」も参照
E&P (Earnings and Profits)　　*55, 162, 171, 175, 183*
インサイド・ベイシス　　*64, 95*　→　「アウトサイド・ベイシス」も参照
インテグレーション　　*63, 92, 99, 113, 124, 181, 187*
インピュテーション方式　　*64, 98, 102*　→　「インテグレーション」も参照
受取配当益金不算入　　*5, 79, 110, 182, 190*
受取配当控除　　*164, 174*　→　「受取配当益金不算入」も参照
エージェンシー問題　　*19*
exchenged basis　→　「substituted basis」を参照

【カ行】

カーター方式　　*117, 124, 187*　→　「インテグレーション」も参照
外国子会社配当益金不算入　　*201*　→　「受取配当益金不算入」も参照
外国税額控除　　*135*
合併　　*5, 30, 80, 99, 107, 148, 154*
金子＝竹内論争　　*3, 37*
株式譲渡所得の完全課税　　*91, 92, 99, 117, 188*　→　「株式譲渡損失の創出」も参照
株式譲渡損失の創出　　*106, 124, 134, 143, 174, 187*　→　「株式譲渡所得の完全課税」も参照
株主たる地位　　*22, 34, 49*
基準価格ステップ・アップ　　*95*
carry-over basis　　*49, 153*
組合方式　　*63, 94, 203*
グロス・アップ処理　　*97, 122*
経済的利益　　*12, 16, 58*
減資　　*67, 80*
原資の回収　　*30, 55, 183, 196*
源泉所得税　　*85, 116, 135, 146*
　　──化　　*124, 190*
権利落ち　→　「配当落ち」を参照
固有概念　　*3*

【サ行】

substituted basis　　*153*
残余財産の分配　　*5, 21, 30, 80, 94, 107*
General Utilities　　*92*
自己株式　　*153*
自己株式取得　→　「自己株式の取得」を参照
　　──の取得　　*5, 35, 68, 132, 142, 150, 155, 181, 199*
実現　　*17, 29, 46, 187*
　　──利益　　*6, 16, 49, 55, 71, 86*
　　──主義　　*17, 46, 191*
支払配当損金算入方式　　*64*　→　「インテグレーション」も参照
資本金等の額　　*6, 31, 57, 154, 182*
資本剰余金　　*54*
シャウプ勧告　　*2, 83, 86, 92, 99, 107, 113, 124, 187*
シャウプ税制改革　　*2, 30, 79, 93, 199*
借用概念　　*2, 29*
出国税　　*10*
純資産増加　　*13, 52*
譲渡益説　　*12*　→　「清算課税説」も参照
剰余金の配当　　*30, 51*　→　「利益の配当」も参照
所得税型キャッシュ・フロー課税　　*203*
所得なき所得課税　　*6, 188*
鈴や金融事件　　*2, 22*　→　「東光商事事件」も参照
spin-off　　*6, 44*
split-up　　*98*
清算課税説　　*10, 16, 28, 31, 46, 52*
清算所得　　*93, 113*
　　──課税　　*92, 111*
1993年 ALI 研究　　*124, 140, 189*
1992年米国財務省報告書　　*125, 190*
増加益　　*6, 16, 28, 31, 42, 51, 63, 79, 183*
遡及的キャピタルゲイン課税　　*203*
損益通算　　*40*
損失の処理　　*29, 31, 53*

【タ行】

統一説　　2
統合　→「インテグレーション」を参照
東光商事事件　　26　→「鈴や金融事件」も参照
投資調整　　178
transferred basis　→「carry-over basis」を参照
取引社会における利益配当　　2, 24, 32　→「利益配当」も参照

【ナ行】

二重課税排除　　65, 79, 92, 103, 107, 114, 188
二分肢テスト　　143

【ハ行】

パートナーシップ方式　→「組合方式」を参照
配当益説　　12, 29, 33, 46, 55　→「清算課税説」も参照
配当落ち　　11, 16, 52
配当控除　　5, 64, 70, 79, 97, 103, 109, 113, 187
非正常配当　　132, 158, 171, 175, 181
付加税アプローチ　　193
負債利子控除　　86
分割　　5, 30, 109
包括的所得概念　　13, 52, 63, 187

【マ行】

包括的平均課税　　103, 203
法人擬制説　　69, 86
法人実在説　　85
本来の配当　　22, 30, 189　→「利益の配当」も参照

【マ行】

未実現の所得　　6
みなし譲渡　　10, 92
　——収入　　91, 98, 106
みなし配当　　6, 30, 65, 79, 95, 99, 107, 134, 149, 189
　旧2項——　　37, 189
　旧2項1号——　　36, 58
　旧2項2号——　36, 58
　——課税　→「みなし配当」を参照
未分配利益税　　101

【ヤ行】

有償減資　→「減資」を参照

【ラ行】

利益消却　　34
利益剰余金　　31, 51
利益積立金額　　12, 31, 55, 65, 75, 109, 154, 184, 194
利益の資本組入れ　　65, 82, 108
利益の配当　　2, 16, 23, 80, 145
利益留保　　57, 82, 103, 119
利子附加税　　100

判例索引

行判昭 8 ・12・14行録44巻1040頁　　81
最判昭35・10・ 7 民集14巻12号2040頁　　22
最判昭43・10・31訟月14巻12号1442頁　　10, 30, 60
最大判昭43・11・13民集22巻12号2449頁　　26
最判昭45・ 7 ・16判時602号47頁　　27
最判昭47・12・26民集26巻10号2083頁　　18
最判昭48・ 7 ・13税資70号596頁　　111
最判昭50・ 5 ・27民集29巻 5 号641頁　　19
東京地判昭52・ 4 ・25訟月23巻 6 号1132頁　　28

東京地判平16・ 9 ・17税資254号順号9751　　8
東京地判平21・11・12判タ1324号134頁　　6
東京地判平26・ 3 ・18判時2236号25頁　　142
東京地判平26・ 5 ・ 9 判タ1415号186頁　　131
東京高判平27・ 3 ・25判時2267号24頁　　131
大阪地判昭55・12・19行集31巻12号2606頁　　12
名古屋地判平11・ 5 ・17税資242号602頁　　143
裁決平11・ 4 ・23裁集57号553頁　　28

アメリカ法判例索引

Basic Inc. v. United States, 549 F. 2d 740 (Cl. Ct. 1977)　*158*
Coltec Industries, Inc. v. United States, 454 F. 3d 1340 (Fed. Cir. 2006)　*144*
Commissioner v. Court Holding Co., 324 U.S. 331 (1945)　*161*
Commissioner v. Glenshaw Glass Co., 348 U.S. 426 (1955)　*19*
Cottage Savings Association v. Commissioner, 499 U.S. 544 (1991)　*47*
Doyle v. Mitchell Bros. Co., 247 U.S. 179 (1918)　*48*
Eisner v. Macomber, 252 U.S. 189 (1920)　*44*
General Utilities & Operating Co. v. Helvering, 296 U.S. 200 (1935)　*93*
Gregory v. Helvering, 293 U.S. 465 (1935)　*160*
Helvering v. Horst, 311 U.S. 112 (1940)　*19*
Litton Indus. v. Commissioner, 89 T.C. 1086 (1987)　*158*
Lynch v. Hornby, 247 U.S. 339 (1918), *rev'g* 236 F. 661 (8th Cir. 1916)　*47*
Lynch v. Turrish, 247 U.S. 221 (1918)　*48*
Peabody v. Eisner, 247 U.S. 347 (1918)　*44*
Rockfeller v. United States, 257 U.S. 176 (1921)　*44*
Taft v. Bowers, 278 U.S. 470 (1928)　*50*
Thor Energy Resources and Subsidiaries v. Commissioner, 70 TCM 1057 (1995)　*175*
TSN Liquidating Corp. v. United States, 624 F. 2d 1328 (5th Cir. 1980)　*158*
United States v. Phellis, 257 U.S. 156 (1921)　*43*
Waterman Steamship Corp. v. Commissioner, 430 F. 2d 1185 (5th Cir. 1970), *rev'g* 50 T.C. 650 (1968)　*158*

著者紹介
小塚 真 啓（こづか まさひろ）
岡山大学法学部准教授
京都大学法学研究科博士後期課程修了・京都大学博士（法学）
金沢大学法学系准教授を経て、2013年より現職。

税法上の配当概念の展開と課題
2016年3月30日　初版第1刷発行

　　　著　者　小　塚　真　啓
　　　発行者　阿　部　成　一

〒162-0041　東京都新宿区早稲田鶴巻町514番地
発 行 者　株式会社　成 文 堂
電話 03(3203)9201(代)　Fax 03(3203)9206
http://www.seibundoh.co.jp

印刷　シナノ印刷　　　　製本　弘伸製本
©2016 M. Kozuka　Printed in Japan　検印省略
☆乱丁・落丁本はおとりかえいたします☆
ISBN978-4-7923-0588-8　C3032

定価（本体4000円＋税）